钢壳沉管自密实混凝土

刘刚亮　荣国城　吴旭东　何　涛　张高展　著

武汉理工大学出版社

·武 汉·

图书在版编目(CIP)数据

钢壳沉管自密实混凝土/刘刚亮等著. —武汉:武汉理工大学出版社,2023.8
ISBN 978-7-5629-6679-1

Ⅰ.① 钢… Ⅱ.① 刘… Ⅲ.①沉管隧道-混凝土 Ⅳ.①U459.9

中国国家版本馆 CIP 数据核字(2023)第 059763 号

项目负责人:田道全   高　英   责任编辑:高　英
责任校对:张　晨   排版设计:正风图文
出版发行:武汉理工大学出版社
社　　　址:武汉市洪山区珞狮路 122 号   邮　　编:430070
网　　　址:http://www.wutp.com.cn
印　刷　者:武汉兴和彩色印务有限公司
经　销　者:各地新华书店
开　　　本:787×1092　1/16　　印张:14   字　　数:358 千字
版　　　次:2023 年 8 月第 1 版
印　　　次:2023 年 8 月第 1 次印刷
定　　　价:65.00 元

前　　言

　　钢壳沉管自密实混凝土是一种外裹钢壳、内填自密实混凝土的"三明治"结构,因其具有优越的防水性能、较短的施工工期、不均匀沉降适应性好等优点,在水下沉管隧道的建设中备受青睐。自密实混凝土本身具有填充能力好、强度高、耐久性能好等优点,不仅能改善钢壳沉管的浇筑效果,还能显著提升其整体性能。但自密实混凝土也存在收缩大的缺点,如何实现自密实混凝土在密闭环境下的持续体积膨胀和可控性仍是国内外研究的重点和难点。此外,钢壳沉管自密实混凝土结构不仅对自密实混凝土性能要求高,而且对施工浇筑参数要求严格,采用传统的混凝土浇筑工艺无法满足工程浇筑需求。

　　目前国内外对钢壳沉管自密实混凝土的研究主要集中在材料制备与结构设计方面,针对钢壳沉管自密实混凝土整体的施工流程,公开的技术资料非常有限,大量的核心技术和工艺细节还处于保密和未公开状态。深中通道沉管隧道是我国首次将钢壳沉管自密实混凝土结构应用于实际工程。为拉动我国钢壳沉管自密实混凝土的发展,同时为钢壳沉管自密实混凝土的施工应用起到良好的借鉴作用,本书依据深中通道工程应用案例,对钢壳沉管自密实混凝土的模型试验、施工技术与质量控制以及检测进行了详细的阐述。

　　本书从材料设计制备出发,系统介绍了钢壳沉管自密实混凝土原材料的施工性能指标,并对相应的影响实例进行了分析;同时,针对钢壳沉管自密实混凝土的配制技术,本书详细阐述了钢壳沉管自密实混凝土的工作性能需求、施工关键控制指标及配制流程等。在此基础上,对于钢壳沉管自密实混凝土的浇筑施工技术、质量控制及检测技术以及自主研发的智能浇筑装备与系统也进行了一定的讲解与分析。最后,本书总结分析了深中通道建设过程中的施工经验,介绍了工程的特点与施工难点、施工技术标准、隧道结构设计、浇筑施工工艺的选择、管节浮运与沉放等方面的情况。本书既包含传统的理论基础,也有丰富的工程案例,既可帮助初入门径之人了解钢壳沉管自密实混凝土,也可为钢壳沉管自密实混凝土的具体施工提供参考,亦可作为土木工程、无机非金属材料等相关学科本科生和研究生的教材或参考书。

　　全书共七章,主要研究和撰写工作由保利长大工程有限公司刘刚亮、荣国城、吴旭东、何涛和安徽建筑大学张高展完成,深中通道项目 S08 合同段项目经理部、武汉理工大学博士生钱浩、安徽建筑大学硕士生李洋和王梦茹也参与了部分研究和撰写工作。全书由何涛、张高展负责统稿。同时特别感谢武汉理工大学丁庆军教授对本书的指导。

　　由于本书作者水平有限,书中的疏漏在所难免,尚祈广大读者不吝赐教。

目　　录

1 概　　述

钢壳混凝土结构具有承载能力强、抗不均匀沉降和抗震适应性好、预制工期短等优势,更具有不需考虑混凝土自身暴露在侵蚀环境下所引起结构耐久性下降的优点,但钢壳沉管内部腔体混凝土填充密实性是影响钢壳混凝土结构安全性和耐久性的重要因素之一。钢壳沉管自密实混凝土技术已在日本、欧美一些国家和地区以及我国香港有了一定的应用,而自密实混凝土的性能是保证钢壳混凝土结构施工顺利开展的前提。

1.1　自密实混凝土发展概况

自密实混凝土(SCC)又称高流态混凝土或免振捣混凝土,最早由日本同江大学教授 Okamura[1-3] 于 1986 年提出。1988 年,Ozawa 等人[4]在东京大学使用市售材料研制出了第一款具有满意性能的自密实混凝土。与传统混凝土相比,自密实混凝土具有无需振捣,填充能力优良,抗离析性好,抗渗性以及耐久性好等优点。由于具备这些明显的优势,自密实混凝土一直以来都是国内外研究的焦点。迄今为止,自密实混凝土在日本、美国、欧洲等国家及地区都得到了较为广泛的应用。针对自密实混凝土的国际会议(北美会议、RILEM 会议、SCC 设计、性能和使用研讨会)多次被举行[5-6]。为推广自密实混凝土的应用,国际混凝土协会标准(ACI)、欧洲材料与结构协会标准(RILREM)和日本土木协会标准(JSCE)等都进行了大量的自密实混凝土试验,制定了诸如 EN 206-9,EN 12350 等标准[7-8]。

我国自密实混凝土起步较晚,陈宗严[9]于 1995 年在我国首次提出发展自密实混凝土的提议并给出相应的发展措施后,自密实混凝土在北京、上海、深圳等城市逐渐有了一些应用。2005 年 5 月,中南大学等单位举办了我国第一次自密实混凝土的国际研讨会。[10] 2006 年,为推动自密实混凝土的规范化发展,我国开始制定自密实混凝土的行业标准,并颁布了我国首部自密实混凝土规程 CECS203:2006《自密实混凝土应用技术规程》。2012 年,为进一步完善自密实混凝土的应用技术规程,我国颁布了《自密实混凝土应用技术规程》(JGJ/T 283—2012)[11-13]。在国内多所高校与研究院(江苏建筑材料研究院、天津市建筑科学研究院等)的推动下,自密实混凝土在我国有了长足的发展。但本书所介绍的深中通道双向八车道工程是我国首次采用钢壳沉管自密实混凝土结构的工程,所以本书针对深中通道钢壳沉管自密实混凝土的应用全过程进行全面介绍。

1.1.1　自密实混凝土的特点与原理

(1) 无需振捣,填充能力好[2,14]

自密实混凝土中所用的最大集料粒径不超过 20 mm,细砂表面圆滑,滚动时能起到一定的减水效果,同时掺入其中的矿物掺合料也能改善自密实混凝土的工作性能,因此新拌浆料往往具有较好的流动性,黏滞性偏小。在浇筑过程中,自密实混凝土具有良好的通过能力

（通过或绕过钢筋之间的密闭空间而不分离或堵塞的能力），在这种情况下，不需要振捣就可以保证自密实混凝土能较为均匀地到达混凝土的每一个部位。

（2）抗离析能力好[3,15]

自密实混凝土包含大量的矿物掺合料，如矿渣粉、粉煤灰及硅灰等，其中粉煤灰在胶凝材料中占比较大，取代水泥率通常达到 25%～40%。不同矿物掺合料之间的叠加效应，不仅能减少混凝土浆料的离析泌水现象，还能提高自密实混凝土的工作性能与耐久性能。此外，自密实混凝土中所包含的多种外加剂（如抗分散絮凝剂及增稠剂）也能起到良好的抗离析效果。

（3）抗渗性、耐久性好[16]

自密实混凝土中所选用的粗集料表面洁净，硬度较高，粗集料周围的聚集水少，因此，自密实混凝土的界面过渡区相比普通混凝土得到了较大的改善。自密实混凝土中细粉掺料较多，无需振捣即可达到密实。与传统混凝土相比，自密实混凝土的填充能力更好，分布更均匀，离散性更小，这使得自密实混凝土比普通混凝土的整体孔隙率更低，抗渗性及耐久性更好。

（4）施工效率高，经济效益好[17]

自密实混凝土摒弃了传统混凝土中的振捣过程，降低了人力成本，提高了施工效率，缓解了目前传统建筑行业中人力资源逐渐欠缺的困境。又由于自密实混凝土中矿物掺合料掺量较高，水泥含量较少，自密实混凝土可以减少水泥的消耗量，降低碳排放量，提高经济效益。

1.1.1.1 自密实混凝土受压状态的本构模型

为探究自密实混凝土的高力学性能，国内外学者对自密实混凝土的受压性能展开了大量的试验。基于钢纤维是目前自密实混凝土配制的重要组成部分，国内外研究学者提出了几种不同的自密实混凝土受压应力-应变关系模型。

（1）Soroushian 和 Lee 模型

Soroushian 和 Lee[18-19]考虑到钢纤维对混凝土受压峰值应力及对应应变的影响，对自密实混凝土受压应力-应变（σ-ε）关系，总结出了如下关系式：

$$\sigma=\begin{cases} -f_{cf}\left(\dfrac{\varepsilon}{\varepsilon_{pf}}\right)^2+2f_{cf}\left(\dfrac{\varepsilon}{\varepsilon_{pf}}\right), & \varepsilon<\varepsilon_{pf} \\ z(\varepsilon-\varepsilon_{pf})+f_{cf}\geqslant f_0, & \varepsilon\geqslant\varepsilon_{pf} \end{cases} \quad (1.1)$$

其中，

$$f_{cf}=f_c+3.6I_f \quad (1.2)$$
$$\varepsilon_{pf}=0.0007I_f+0.0021 \quad (1.3)$$
$$f_0=0.12f_{cf}+14.8I_f \quad (1.4)$$
$$I_f=V_f\frac{L_f}{d_f} \quad (1.5)$$
$$z=-343f_c(1-0.66\sqrt{I_f})\leqslant 0 \quad (1.6)$$

式中　I_f——纤维增强因子；

V_f——纤维体积掺量；

L_f——纤维长度；

d_f——纤维直径；

f_c——混凝土基体抗压强度，对应的峰值应变为 0.0021；

f_{cf}——纤维混凝土受压峰值应力；

ε_{pf}——纤维混凝土受压峰值应力对应的应变；

f_0——下降段残余抗压强度；

z——下降段曲线的斜率，是基体抗压强度关 f_c 和纤维增强因子 I_f 的函数。

（2）Ezeldin 和 Balaguru 模型

Ezeldin 和 Balaguru 等人[20-23]以 Carreira 和 Chu 单轴受压普通混凝土应力-应变关系为基础，给出了钢纤维混凝土（SFRC）单轴受压本构关系式，其具体表达形式如下：

$$\frac{\sigma}{f_{cf}} = \frac{\beta\left(\dfrac{\varepsilon}{\varepsilon_{pf}}\right)}{\beta - 1 + \left(\dfrac{\varepsilon}{\varepsilon_{pf}}\right)^{\beta}} \tag{1.7}$$

其中，

$$f_{cf} = f_c + 3.51(RI) \tag{1.8}$$

$$\varepsilon_{pf} = \varepsilon_{c0} + 446 \times 10^{-6}(RI) \tag{1.9}$$

$$RI = W_f L_f / D_f \tag{1.10}$$

式中　RI——纤维增强因子；

ε_{c0}——应变；

W_f——纤维的质量分数；

L_f——纤维长度；

D_f——纤维直径；

β——经验系数，可通过线性回归得到。

对普通平直钢纤维：β 取值范围在 2 和 5 之间；对端部弯钩钢纤维：β 取值范围在 0.75 和 2.5 之间；对于其他纤维（如聚丙烯纤维以及纳米纤维等）β 的取值是否发生变化，有待进一步探讨。

1.1.1.2　自密实混凝土流动状态的本构模型

数值计算方法可在一定程度上对自密实混凝土的流动和填充过程进行模拟。根据不同的建模方式，目前关于自密实混凝土流动填充的模拟主要有三类方法：①单相均匀流体模型；②离散颗粒流体模型；③悬浮颗粒流体模型。三个模型中单相均匀流体模型计算速度快，但其处理不规则的边界条件比较困难，因此不能模拟颗粒阻塞和离析等细观力学现象。为更好地模拟阻塞模型，在模拟过程中，通常采用离散颗粒流体模型与悬浮颗粒流体模型。

具有高工作性能和填充性能的自密实混凝土，在集料粒径过大或钢筋排布密实的情况下，仍会产生阻塞，从而导致浇筑的制件产生部分面积脱空。了解自密实混凝土的阻塞机理，对如何提升自密实混凝土的填充能力具有一定的借鉴与指导价值。

（1）自密实混凝土的阻塞机理

目前针对自密实混凝土在填充过程中产生阻塞现象的分析模型主要有以下三种：

① 流体阻塞模型

流体阻塞模型将新拌的自密实混凝土视为单相非牛顿流体，并用黏塑性流体模型描述混凝土的流变行为。[24]黏塑性流体认为只有当混凝土的剪切应力 τ 大于屈服应力 τ_0 时，混凝土才能产生流动。用于描述混凝土流变行为的模型众多，Bingham 模型和 Herschel-Bulkley 模型是最常使用的类型。Bingham 模型[24]由牛顿液体模型和圣维南固体模型组成，其流变方程为：

$$\begin{cases} \tau = \tau_0 + \mu_p \dot{\gamma}, & |\tau| > \tau_0 \\ \dot{\gamma} = 0, & |\tau| < \tau_0 \end{cases} \tag{1.11}$$

式中　　τ_0——屈服应力；

　　　　μ_p——塑性黏度；

　　　　$\dot{\gamma}$——剪切应变率。

自密实混凝土流动时具有幂律流体性质，因此 Herschel-Bulkley 等人[25-27]对 Bingham 模型进行了一定的改进，其流变方程为：

$$\begin{cases} \tau = \tau_0 + K\mu_p \dot{\gamma}^n, & |\tau| > \tau_0 \\ \dot{\gamma} = 0, & |\tau| < \tau_0 \end{cases} \tag{1.12}$$

式中　　K——连续性系数；

　　　　n——Power-Law 指数。

当 $n > 1$ 时流体为剪切变稠流体，$n < 1$ 时流体为剪切变稀流体。一般认为，自密实混凝土的屈服应力和塑性黏度比普通混凝土低，如果将自密实混凝土视为均匀的 Bingham 流体，则当外力所产生的剪切应力大于自密实混凝土本身的屈服应力时，自密实混凝土产生流动。而外力所产生的剪切应力小于自密实混凝土本身的屈服应力时，则会发生阻塞现象。[28,29]

②动态离析模型

自密实混凝土在流过浇筑结构中的狭小空间时，其中的集料与砂浆会因各自流速变化，导致部分粗集料的重新分布，从而产生粗集料与砂浆发生分离的现象。粗集料之间的距离会因此变小甚至相互接触，在狭小空间内大量堆积的粗集料导致阻塞。国内外研究人员利用 U 形箱和 J 环试验对自密实混凝土的稳定性（抗离析性）与填充性之间的关系展开了研究[30]，指出自密实混凝土的填充性与稳定性（抗离析性）密切相关，因此在配制自密实混凝土时，良好的稳定性是必不可少的。

但目前针对自密实混凝土稳定性的试验，因为未曾考虑到砂浆塑性黏度的影响，这些试验均存在一定的局限性。Noguchi 等[31]利用箱型试验装置，通过检测穿过钢筋前后的自密实混凝土的相对塑性黏度，对动态稳定性与水泥净浆的塑性黏度之间的关系做出了一定的解释，并指出它们之间的直系关系如下：

$$K = (0.0483\mu_p^{-1.01} + 0.0184)\left(\frac{l}{l+d}\right)^{-1.09\mu_p} + 1 \tag{1.13}$$

式中　　K——自密实混凝土通过钢筋时局部集料含量的增加率；

　　　　μ_p——水泥净浆的塑性黏度；

　　　　l——钢筋间距；

　　　　d——钢筋直径。

但式(1.13)也存在一定的局限性。式(1.13)只能用来定性动态离析与塑性黏度的关系，而不能判定自密实混凝土最终是否会发生阻塞。

③颗粒阻塞模型

Roussel 等[32]认为在自密实混凝土中集料在狭小空间的不断堆积是造成阻塞的重要原因，与混凝土自身的流变性能关系很小。为方便分析，离散颗粒流体模型被用于研究自密实混凝土的阻塞。将自密实混凝土视为粗集料（颗粒体）和砂浆（流体）共同组成的两相材料，自密实混凝土的阻塞现象则与颗粒流过狭小空间时的阻塞模式一致。研究发现：颗粒流在流过单一出口(或狭小空间)时,如果颗粒直径与出口尺寸比较接近,则有一定的概率会在出口处组成一个拱圈(拱效应),阻止后面的颗粒继续流动。[33]对于此类问题,国内外研究者给出了临界尺寸比的概念。在此基础上,Roussel 等[32]提出了混凝土在经过两个平行钢筋时发生拱效应而阻塞的概率:

$$P = (2.6\Omega/D_{max}^3)(0.1\phi)^{0.85\delta^2/0.81(\beta D_{max})^2} \tag{1.14}$$

式中　P——阻塞概率函数;

　　　Ω——需要通过的混凝土总量;

　　　D_{max}——混凝土中粒径最大的集料直径;

　　　ϕ——所有集料的体积含量;

　　　δ——钢筋间距;

　　　β——石子形状参数。

通过式(1.14)可以发现,自密实混凝土在通过钢筋时,其阻塞概率取决于最大集料粒径,集料体积含量,粗集料与钢筋间距的尺寸比,需要通过的混凝土体积和粗集料的形状。

(2)自密实混凝土的抗离析本构模型

由上可知,自密实混凝土的黏度与其稳定性(抗离析性能)息息相关,当自密实混凝土黏度不足时,自密实混凝土中的砂浆相与粗集料相易产生分离,粗集料容易产生堆积并阻塞新拌浆料流动,从而导致浇筑制件产生部分面积脱空现象。[34,35]

为进一步表征粗集料在砂浆相中的受力情况,国内外学者展开了大量的研究,并给出了以下关系式[36]:

$$v = \frac{2\Delta\rho g r^2}{9\eta_{mortar}} \tag{1.15}$$

式中　v——粗集料的相对运动速度;

　　　η_{mortar}——砂浆黏度;

　　　r——粗集料粒级;

　　　g——重力常数;

　　　$\Delta\rho$——粗集料相与砂浆相的密度差。

由上式总结可以发现,粗集料的相对运动速度受 η_{mortar} 的影响,当 η_{mortar} 过小时,粗集料相对于砂浆的竖向运动速度加快,砂浆产生离析,但过大的 η_{mortar} 也会造成新拌浆料流动性不足,从而填充能力较差。因此 η_{mortar} 应尽量控制在下限值之上,而又不应过高,国内外学者针对这一现象给出了如下的关系式:

$$\int_0^{T_f} v\,dt = \int_0^{T_f} \left(\frac{2\Delta\rho g r^2}{9\eta_{mortar}}\right) dt \leqslant \delta_{mortar} \Rightarrow \eta_{mortar} \geqslant \frac{20\Delta\rho g r^2}{9\delta_{mortar}} \tag{1.16}$$

式中　T_f——自密实混凝土流动时间;

　　　δ_{mortar}——砂浆膜厚。

1.1.2　自密实混凝土配制技术

关于自密实混凝土配制技术的研究,国内外已经发展出多个技术流派,其中日本和欧美的设计理念最为突出:日本以其高超的水泥制造工艺为依托,更倾向于通过使用大量水泥等粉体材料和相对少量的水及减水剂的调节作用来获得较好的抗离析性能;欧美国家则更倾向于通过使用更多的砂、石和水,必要的时候使用增稠剂,使自密实混凝土的流动性得到保障。本书通过参考大量国内外研究，将国内外主要的自密实混凝土配制技术罗列在表 1.1 与表 1.2 中，并进行了一定的总结与比较。

表 1.1 国内自密实混凝土配制技术[37-40]

方法	主要技术研究内容	优缺点
正交试验法	研究胶凝材料总量、矿物材料掺量、砂率、水胶比、浆体体积及外加剂掺量等不同因素对混凝土工作性能、强度以及耐久性的影响，确定各参数的合理取值范围，再参照普通振捣混凝土配合比设计方法进行配合比计算	避免了全面试验时工作量大、耗时长、材料消耗多、适应性差等缺点。正交试验方法是一种高效率、快速、经济的试验设计方法
固定砂石体积含量计算法	认为粗集料的体积含量和砂在砂浆中的体积含量是影响拌合物流动性的重要参数	过于笼统和经验化
高性能混凝土配合比计算法	利用或改进一些以往应用相对比较成熟的高性能混凝土配合比设计方法	延续了高性能混凝土配合比设计方法的优缺点
最佳填充因子法	引用填充因子的概念来控制混凝土中粗、细集料的用量，进而影响到拌合物的流动性和密实性	不适用于高强度等级的自密实混凝土配制

表 1.2 国外自密实混凝土配制技术[41-47]

国家	研究院/人	内容
日本	冈村甫教授	① 粗集料用量固定为固体体积的 50%； ② 细集料用量固定为砂浆体积的 40%； ③ 体积水胶比建议为 0.9～1.0，具体取决于胶凝材料的组成与性质； ④ 超塑化剂掺量和最终水胶比以保证达到其自密实要求来确定
法国	法国路桥实验中心	基于 BTRHEOM 流变仪和 RENELCPC 软件提出了高性能混凝土的配合比设计方法
瑞典	瑞典水泥和混凝土研究院	基于堵塞体积率和钢筋净距与粒径粒度比率之间的关系提出了 SCC 的配合比设计方法，但采用粗集料和浆体拌和的混凝土很容易导致严重的离析，且混凝土的试验手段尚不清楚
泰国	—	基于 SCC 拌合物流动性、黏聚性以及间隙通过性提出的 SCC 配合比设计计算方法，但此方法对混凝土强度与耐久性等考虑不足

1.1.2.1 自密实混凝土配合比的设计方法

足够的工作性能和特定的流变特征是自密实混凝土具有高工作性能、免振捣、填充性能好的特点的原因，因此这也成为设计自密实混凝土的基础。目前根据国内外研究者的成果总结，自密实混凝土配合比的设计方法主要包括以下几种：

（1）经验法

Okamura 和 Ozawa 等[1-4]在 1999 年针对自密实混凝土的配制提出了一种配合比设计方法，其主要思路是，在集料（粗集料以及细集料）用量固定的基础上，调整水胶比和减水剂的用量,使得配制浆料根据 U 形箱、L 型仪和坍落度等试验测得的通过能力、流动性能和黏结性能够达到自密实的效果,从而确定最终的减水剂用量与配制浆料的水胶比。

但 Okamura 的设计方法也存在一定的局限性,可适用于这种设计方法的集料种类较为单一。为涵盖更多种类的材料,Efnarc[48] 在 Okamura 的基础上进行了一定的改进,将粗集料(<20 mm)用量以及细集料(<5 mm)用量分别从占自密实混凝土体积的 50% 以及除粗集料外剩余砂浆的 40%,重新定义为密实混凝土体积的 50%~60% 以及除粗集料外剩余砂浆的 40%~50%。上述配合比设计试验均较为简单,但步骤烦琐,试验量大,缺乏一定的理论依据。

(2) 可压缩堆积模型

Sedran 和 De Larrard 等人[49,50] 在 1999 年提出了可用于自密实混凝土设计的可压缩堆积模型,该模型给出了自密实混凝土屈服强度和塑性黏度的计算方法。

Mu 等人[51] 认为混凝土中固体含量与堆积密度的比值是影响自密实混凝土新拌浆料塑性黏度的主要因素,通过回归分析 78 组不同配合比自密实混凝土的试验数据,总结得到塑性黏度的计算公式:

$$\mu = \exp\left[26.75\left(\frac{\phi}{\phi^*}\right) - 0.7448\right] \tag{1.17}$$

式中　　μ——塑性黏度;

　　　　ϕ——固体含量;

　　　　ϕ^*——堆积密度。

与此同时,屈服强度的计算公式为:

$$\tau_0 = \exp\left(2.537 + \sum_{i=1}^{n}[0.736 - 0.216\lg(d_i)]K_i' + [0.224 + 0.91 \times (1 - P/P^*)^3]K_c'\right) \tag{1.18}$$

式中　　τ_0——屈服强度;

　　　　d_i——i 级集料粒径;

　　　　K_i'——i 级集料的压缩量占总量的比例;

　　　　P/P^*——减水剂的固体含量;

　　　　K_c'——粉体材料的含量占总量的比例。

通过式(1.1)及式(1.2)可计算得到不同自密实混凝土配方的屈服应力和黏度系数,根据这两种性能可推导出自密实混凝土新拌浆料的工作性能,以此加以调整并优化可得到最终的理论配合比。

(3)过剩浆料厚度模型

Oh 与 Bui 等人[52,53] 研究发现,新拌浆料的工作性能、表观黏度与平均集料间距 d_s 存在一定的联系,通过调整平均集料间距 d_s 可调控优化自密实混凝土的各项性能,得到自密实混凝土的最佳配合比。

设自密实混凝土的浆体 V_p 由两部分组成,即集料间隙间填充的浆体 V_v 以及包裹在集料颗粒周围的过量浆体 V_{ex}。假定集料周围的浆体厚度相同,则集料间的平均间距为:

$$d_s = d_{av}\left[\sqrt[3]{1 + \frac{V_p - V_v}{V_c - V_p}} - 1\right] \tag{1.19}$$

式中　　d_{av}——粗集料粒径;

V_{c}——混凝土体积。

此外,相关研究表明除了集料周围的胶凝材料外,胶凝材料周围的水层厚度同样也是影响新拌自密实浆料的重要因素(水层厚度可通过分析胶凝材料的颗粒分布得到),当新拌自密实浆料的水层厚度相同时,砂浆工作性能与可工作时间基本保持不变。

(4)数理统计法

Khayat 和 Rooney 等[54-57]提出运用数理统计方法设计自密实混凝土的配合比,选取原材料作为影响因素,采用最少的试验量确定自密实混凝土的最佳配合比。目前影响自密实混凝土性能的影响因素主要包括各胶凝材料掺量、水胶比、减水剂、流变剂、引气剂以及胶砂比等,每个因素通常选择 3~4 个水平。该方法有助于了解不同影响因子对自密实混凝土性能的影响,在原材料替换或施工环境发生变化时,可及时对自密实混凝土配合比的设计进行优化。

1.1.2.2　自密实混凝土工作性能的影响因素

自密实混凝土的工作性能受到多方面因素的影响。影响自密实混凝土工作性能的主要因素如下:

(1)集料的影响

新拌自密实混凝土可看作由砂浆相和粗集料相两相组成,砂浆凭借其自身的变形能力和黏度,包裹着粗集料使其处于悬浮状态,在自重作用下向前流动,填充进浇筑模板的各个位置。但由于自密实混凝土不同组分之间的密度不同,当自密实混凝土流经狭小位置时,砂浆和粗集料两相流速发生变化,粗集料之间的距离变小,相互作用的粗集料变多,混凝土内部流动的阻力增加。当自密实混凝土的抗离析性能不足时,此种现象更为明显,会因粗集料极易分布不均,导致在混凝土浇筑时发生堵塞和离析,进而导致混凝土结构性能降低。为避免自密实混凝土因离析而出现阻塞现象,可通过以下两个措施加以调整优化:①添加黏度调节剂或矿物掺合料来增加自密实混凝土浆料的黏度;②调整自密实混凝土的颗粒级配以及粗集料的最大粒径。

(2)混凝土用水的影响

自密实混凝土新拌浆料的流动性与浆料中自由水的含量成正比,当自密实混凝土中所有固体颗粒的保水能力均达到最大后,多余的混凝土用水将作为包裹在固体颗粒表面的水膜而存在,从而起到提高自密实混凝土工作性能的作用。但过多的混凝土用水会使得自密实混凝土产生离析,因此混凝土用水的掺量应谨慎选择。为此,Kasemchaisiri 和 Tangtermsirikul 等[58,59]系统地研究了配合比各组分对混凝土拌合物变形性能的影响,建立了预测自密实混凝土坍落度的模型。

(3)矿物掺合料的影响

将矿物掺合料(如粉煤灰、矿渣粉、石灰粉以及硅灰等)加入自密实混凝土的配制中,可以优化混凝土的颗粒级配,与水泥共同作用从而改善胶凝材料的密实度,提高自密实混凝土新拌浆料的黏度,提高新拌浆料的抗离析性能,避免因粗集料堆积而发生堵塞现象。但当矿物掺合料的掺量过大时,会导致自密实混凝土的流动度下降,影响其浇筑过程中的工作性能与填充性能。

(4)化学外加剂的影响

化学外加剂是配制自密实混凝土的重要组成部分,目前常用的外加剂主要有:高效减水剂、增稠剂、起泡剂等。通过在自密实混凝土中添加高效减水剂,可提高新拌浆料的工作性能,但也存在导致自密实混凝土新拌浆料发生离析与泌水的风险。掺入高效减水剂时,会使自密实混凝土中形成直径大于 0.5 mm 的开放性气孔(有害气孔),而引气剂可在自密实混凝土中引入均匀细小的起泡,不仅可以通过滚珠效应来保证新拌浆料的流动性能,而且所形成的直径小于 0.3 mm 的封闭气孔对自密实混凝土力学性能的影响也较小[60-62]。此外,为提升自密实混凝土的稳定性,部分研究人员也将增稠剂掺加到自密实混凝土的配制中,但过高的增稠剂掺量会降低自密实混凝土的流动性与填充性。外加剂的掺加是"双刃剑",为保证自密实混凝土的性能,外加剂的掺量应控制在合适比例内。

1.1.3 自密实混凝土部分工程应用

自自密实混凝土兴起以来,因其无需振捣、填充性良好等特点,被广泛应用于无法振捣的地下工程(隧道)或具有配筋复杂、远距离输送等特点的大体积混凝土工程(桥梁、铁路工程)。目前,国内外已将自密实混凝土广泛应用于工程,并取得了较为可观的成果,图 1.1 为几个著名的施工案例。

图 1.1 国内外自密实混凝土部分工程应用实例

(a) 日本明石海峡悬索大桥(1995 年);(b) 瑞士 Loetschberg 铁路隧道(1999 年);(c) 北京国家大剧院工程(2002 年);(d) 三门 AP1000 核电工程(2013 年);(e) 佩列沙茨跨海大桥(2021 年)

1.2 钢壳沉管自密实混凝土的发展

沉管隧道的管节结构有普通钢筋混凝土与钢壳沉管自密实混凝土两类,钢管混凝土以其承载力高、塑性和韧性好、施工方便、经济效果好等特点越来越受到各国研究者和施工企业的关注。钢壳沉管自密实混凝土结构是钢-混凝土组合结构的一种,是将混凝土填入采用加劲钢板制成的封闭的舱室内,与传统的钢筋混凝土沉管结构相比,钢壳沉管自密实混凝土具有预制场地选址灵活(钢壳预制与混凝土浇筑分离)、管节防水性能优(钢壳整体外包)、预制工期短(无装拆模作业)、不均匀沉降适应性好等优点[63]。与此同时,普通钢壳沉管自密实混凝土在浇筑过程中,由于不便于振捣,成型后很容易产生蜂窝、狗洞等缺陷,影响钢壳沉管自密实混凝土整体的承载能力。因此,具有无需振捣、填充能力好等优点的自密实混凝土被引入钢壳沉管技术的开发中。但考虑到外部荷载对钢壳沉管自密实混凝土所产生的徐变的影响以及自密实混凝土存在收缩大的缺点(容易与钢管之间产生间隙),国内外学者针对钢壳沉管自密实混凝土的配制技术展开了研究。"三明治"钢壳自密实混凝土沉管结构近二十年才在日本沉管隧道中应用和兴起,但公开的技术资料非常有限[64,65]。本书介绍的深中通道双向八车道钢壳沉管隧道结构为目前世界上最大规模的钢壳沉管结构。

1.2.1 钢壳沉管自密实混凝土配制技术

钢壳沉管自密实混凝土中所包含材料类别众多,因此在设计基准配方时所要考虑的影响因子也较多。[66]为配制出各方面性能均优良的钢壳沉管自密实混凝土,其整个配制流程包括:室内理论配合比设计、施工配合比优化设计、质量控制措施以及模拟浇筑试验,大体流程如图 1.2 所示。

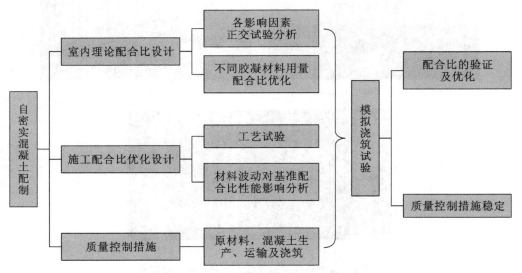

图 1.2 钢壳沉管自密实混凝土配制流程

根据《自密实混凝土应用技术规程》(JGJ/T 283—2012)[13]和《自密实混凝土设计与施工指南》(CECS 02—2004)[12],结合深中通道钢壳结构内部特有的结构,为了保证混凝土与钢壳内部肋板及钢板之间的填充紧密,自密实混凝土浇筑入仓的工作性能应满足表 1.3 中的要求。

表 1.3　钢壳自密实混凝土工作性指标要求

检测方法	指标要求	检测性能
坍落度/mm	≥250	填充性
扩展度/mm	650±50	填充性
T_{500}/s	3~8	填充性
V 形漏斗通过时间/s	5~15	抗离析性
U 形箱高度差 Δh/mm	≤30	间隙通过性、抗离析性
L 型仪高度比(H_2/H_1)	≥0.8	间隙通过性、抗离析性
J 环内外差 Δh/mm	20	间隙通过性、抗离析性
离析率 SR/%	SR≤20	抗离析性
跳桌试验(f_m)	f_m≤10%	抗离析性

1.2.2　钢壳沉管自密实混凝土模型试验

日本学者结合神户港、那霸、新若户等实际工程对钢壳混凝土沉管开展了大量的模型试验研究(图 1.3、图 1.4),主要集中在高流动性自密实混凝土的填充性、混凝土缺陷的检查方法以及带缺陷钢壳混凝土沉管的力学性能等三个方面,具体见表 1.4。

表 1.4　国外相关钢壳混凝土沉管模型试验

完成人/年份	试验目的及内容	试验模型	研究结论
日本学者高桥秀树、久米仁司等[67,68]/1995 年	依托神户港港岛隧道工程,确定高流动性自密实混凝土的配合比、工作性能及浇筑工艺,对混凝土在密闭钢壳内的填充性开展了试验研究	① 模型尺寸为 3 m×3 m×1.1m,共计两组 26 个试件;② 顶板上设有投料孔和排气孔;③ 浇筑方法采用泵管悬空法、泵管插入法和料斗法 3 种形式	① 混凝土顶面平均缺陷深度 3.1 mm,未出现超过 5 mm 的大间隙;② 考虑到操作性和经济性,选定免振捣、泵管悬空浇筑工艺;③ 建议从顶部 20 cm 以下浇筑速度为 30 m³/h,以上时浇筑速度为 15 m³/h;④ 建议扁钢不开孔,角钢开 60 mm×90 mm 大孔

续表 1.4

完成人 /年份	试验目的及内容	试验模型	研究结论
日本学者小门武、铃木雄三等[69]/1995年	研究混凝土浇筑速度以及下料位置对混凝土填充率的影响	① 模型尺寸为 3 m×3 m×1.1 m;② 顶板上设有投料孔和排气孔	下料孔设置在中央时填充率较高;混凝土顶部填充率为 88.1% ～ 97.7%,平均缺陷深度在 5 mm 以内
日本学者高桥秀树等[70]/2000年	开展了一组缺陷检测试验(缺陷分布及深度),对比多种非破坏性检测方法的适用性	① 模型尺寸为 2 m×2 m×1.1 m;② 在试件的顶板人工设置多种缺陷	超声波法精度不够且可操作性差;红外线热成像法精度最好,但耗时长;锤击法能较好地确定间隙范围;RI(γ射线)法的深度测量精度较高,因此配合使用 RI(γ射线)法与锤击法能达到较高的精度,适应性好
日本学者清宫理、木村秀雄等[71,72]/1995年	针对不同混凝土缺陷率的钢壳构件开展了弯曲和剪切荷载试验	① 模型尺寸为 3.6 m×0.3 m×0.25 m(两点弯曲)和 1.6 m×0.3 m×0.25 m(单点剪切加载);② 设置 0、10%、50% 和 100%四种缺陷率	构件抗弯(剪)能力随着未填充率增大而下降,100% 的未填充率将使得抗弯、抗剪能力分别下降 20% 和 30%

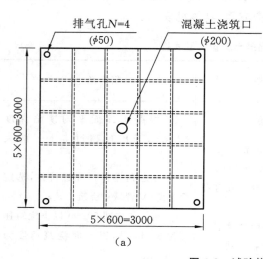

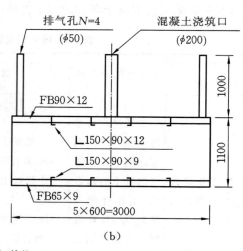

图 1.3　试验模型图(单位:mm)

(a)平面图;(b)侧面图

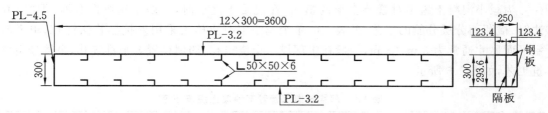

图 1.4　带缺陷抗弯试验梁(单位:mm)

1.2.3　钢壳沉管自密实混凝土施工技术

钢壳沉管自密实混凝土沉管结构("三明治"结构形式)于近 20 年在日本隧道工程中率先被采用,但大量的核心技术和工艺细节还处于保密和未公开状态。该结构形式管节混凝土施工主要有船厂(坞)浇筑、管节浮态浇筑、部分船厂(坞)浇筑与部分浮态浇筑结合等三种工艺,而日本已建的钢壳混凝土沉管管节主要以浮态浇筑混凝土为主。表 1.5 为日本已建钢壳混凝土沉管隧道管节混凝土浇筑案例。

表 1.5　日本已建钢壳混凝土沉管隧道管节混凝土浇筑案例

序号	隧道名称	建成时间	沉管基本参数	主要施工工艺	施工案例
1	日本神户港隧道	1999 年	沉管隧道总长 520 m,共 6 节;单个管节长度约 88 m;高度 9.1 m;宽度 34.6 m	钢壳沉管在船厂组装完成后,利用半潜驳将其运输至码头进行临时锚固,然后在管节浮式状态下进行混凝土浇筑	
2	日本大阪梦洲隧道	2009 年	沉管隧道总长 806 m,共 8 节;单个管节长度约 100 m;高度 8.6 m;宽度 35.4 m	钢壳管节制造完成后,采用拖轮将其拖曳至码头进行临时锚固,然后浮态浇筑混凝土	
3	日本那霸隧道	2011 年	沉管隧道总长 577 m,共 8 节;单个管节长度 90～92 m 不等;高度 8.7 m;宽度 36.9 m	钢壳沉管在船厂组装完成后,利用半潜驳将其运输至码头进行临时锚固,然后在管节浮式状态下进行混凝土浇筑	
4	日本新若户隧道	2012 年	沉管隧道总长 557 m,共 7 节;单个管节长度 66.5～106 m 不等;高度 8.4 m;宽度 27.9 m	钢壳沉管在船厂组装完成后,利用半潜驳将其运输至码头进行临时锚固,然后在管节浮式状态下进行混凝土浇筑	

为减小混凝土施工对管节变形的影响,在混凝土浇筑时,一般采用纵向分段(即"跳仓法")、横断面分层分舱的工艺,见表1.6;单个舱室混凝土施工采用外接导管法浇筑,单个舱室平面尺寸通常为3 m×3 m,一般在中部设一个浇筑孔,四周设置8个排气孔,泵管悬空浇筑工艺,如图1.5所示。

表1.6 那霸隧道沉管管节混凝土浇筑顺序

混凝土浇筑方向	浇筑顺序	示意图
纵向浇筑	⑥→②→⑧→④→ ⑤→①→⑦→③	①②③④⑤⑥⑦⑧⑧⑦⑥⑤④③②①
横断面浇筑	Ⅰ→Ⅱ→Ⅲ→ Ⅳ→Ⅴ	

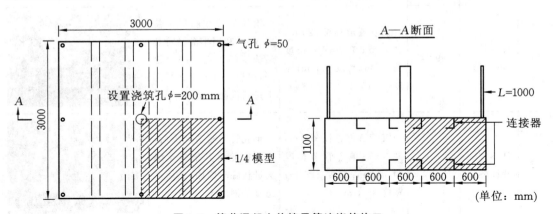

图1.5 管节混凝土外接导管法浇筑施工

1.2.4 钢壳沉管自密实混凝土的检测技术

目前国内尚无成熟的针对钢壳沉管自密实混凝土填充质量检测的相关技术和规范,而对于钢-混凝土拱桥的拱肋界面脱粘损失的无损检测有些研究。日本对该技术研究起步较早,从神户岛沉管隧道开始,西松建设(株)技术研究所和 SRE (Soil and Rock Engineering)岩土工程株式会社均对钢壳混凝土检测技术有所研究。[73]

总体上,对于钢壳沉管自密实混凝土填充质量检测的主要方法有人工敲击法、直接钻孔测量法、内窥镜法、射线检测法、红外热成像法和声学法等,各方法的优缺点见表1.7。其中,γ、中子射线法虽然精度高,但由于工程位置等因素的影响,难以在实际工程中大规模使用。因此,具有工程应用前景的应该是一种可替代射线法的综合检测手段,且具有安全、环保、高效、直观的特点。

表 1.7　缺陷检测方法调研结果

检测方法	优点	缺点
人工敲击法	成本低	缺乏理论依据,精确度不足,不直观
自动回弹仪法	成本低,可弥补人工敲击法的不足	精确度不足
预留孔(或钻孔)+内窥镜法	精确	仅能局部定量检测,且有损伤
光纤传感监测系统	可定位检测	精度低、成本高,只能检测重点区域
表面波法	有效、快捷	试验研究阶段,技术不成熟; 测试精度有待提高
超声波检测法	设备简单,方法简便	通常需具备对测条件; 不同介质条件对信号有干扰
红外热成像法	非接触,可视化; 面缺陷精度好	检测时间长; 受环境温度和混凝土水化热影响大
X 射线法	较精确	穿透力相对较小,用于检测厚壁时精度低; 有辐射,实际工程中多为局部使用
γ、中子射线法	穿透力强,精确	放射源(尤其是中子源)获取难度大;辐射强、危害大、管制严
核磁共振法	较精确	钢壳屏蔽,信号衰减快,速度慢,设备大,不易推广

由于钢壳沉管自密实混凝土结构体量大、检测方法的针对性不强,故钢壳沉管自密实混凝土浇筑过程中入仓的性能控制显得尤为关键。

1.3　钢壳沉管自密实混凝土施工的重难点与发展趋势

1.3.1　钢壳沉管自密实混凝土施工重难点

"三明治"钢壳混凝土沉管结构近二十年才在日本沉管隧道中应用和兴起,但公开的技术资料非常有限,大量的核心技术和工艺细节作为企业工法,还处于保密和未公开状态。在我国已建及在建的沉管隧道中均采用钢筋混凝土结构,钢壳混凝土沉管尚未有应用工程。

钢壳混凝土沉管虽然具有很多优点,但结合深中通道结构特点和施工条件,也面临如下主要问题:

① 超高性能自密实混凝土各项性能要求高,混凝土配合比设计综合难度大;
② 钢壳管节尺寸超大(在国际上尚属首次)、混凝土方量大,质量控制难度高;
③ 封闭钢壳内浇筑混凝土属于隐蔽工程施工,易产生不密实、气泡等缺陷,且准确检测及处理难度大;

④ 钢壳管节加工精度和水密性要求高,制造控制难度大;

⑤ 施工现场附近场地有限,施工条件复杂,施工工艺要求高,且组织难度大;

⑥ 工艺顺序不当会导致管节变形,精度控制难度大;

⑦ 水化热控制不当会导致钢壳的变形,控制难度大。

由于缺乏工程实践参考资料,这些问题还处于探索阶段,有必要通过开展研究提出具体、可行的控制参数、指标,工艺顺序和解决措施。本书旨在解决钢壳沉管自密实混凝土工作性能稳定性、水化热控制、体积稳定性等方面的问题,并根据钢壳混凝土的结构特点研究来确定预制施工工艺,给海底沉管隧道方案的选择提供参考。

1.3.2 钢壳沉管自密实混凝土的发展趋势

针对钢壳沉管自密实混凝土在实际施工过程中所遇到的问题,为给钢壳沉管自密实混凝土施工埋下坚实的基础,本书给出以下研究目标,对未来的探索和研究工作进行一定的指导。

① 研究自密实混凝土的水化特点、结构衍变机理,为钢壳沉管自密实混凝土的研发工作埋下理论基础。

② 结合钢壳沉管自密实混凝土性能需求及施工关键控制指标,优化自密实混凝土配合比参数,配制可运用于现场钢壳沉管的低水化热的低收缩自密实混凝土。

③ 结合“混凝土输送泵＋布料机”、“混凝土运输钢通道＋漏斗＋智能浇筑台车”两种浇筑工艺条件下的自密实混凝土工作性能要求,对自密实混凝土的力学性能、水化热以及低收缩体积稳定性进行控制,提出钢壳沉管自密实混凝土质量提升技术。

2 钢壳沉管自密实混凝土的原材料

2.1 水 泥

水泥对传统工程建设起了很大的作用。水泥属于水硬性无机胶凝材料,是目前重要的建筑材料,主要包括:硫铝酸盐系列水泥、铝酸盐系列水泥以及硅酸盐系列水泥等。

2.1.1 硫铝酸盐系列水泥

硫铝酸盐系列水泥根据石膏和其他混合物的掺入量主要分为:膨胀硫铝酸盐水泥、快硬硫铝酸盐水泥、低碱度硫铝酸盐水泥以及自应力硫铝酸盐水泥等。普通硫铝酸盐水泥熟料的主要矿物组成是 $2CaO \cdot SiO_2$ 以及 $3CaO \cdot 3Al_2O_3 \cdot CaSO_4$,这些矿物组成相是由石灰石、矾石和石膏等原材料在升温过程中发生一系列物理、化学反应形成的[74,75]。

普通硫铝酸盐水泥与水接触后所迅速发生的水化反应如下所示:

$$3CaO \cdot 3Al_2O_3 \cdot CaSO_4 + 2(CaSO_4 \cdot 2H_2O) + 34H_2O \longrightarrow$$
$$3CaO \cdot Al_2O_3 \cdot 3CaSO_4 \cdot 32H_2O + 2(Al_2O_3 \cdot 3H_2O) \tag{2-1}$$
$$2CaO \cdot SiO_2 + 2H_2O \longrightarrow CaO \cdot SiO_2 \cdot H_2O + Ca(OH)_2 \tag{2-2}$$

在石膏含量充足的情况下,普通硫铝酸盐水泥还将发生以下反应:

$$2(Al_2O_3 \cdot 3H_2O) + 3Ca(OH)_2 + 3(CaSO_4 \cdot 2H_2O) + 17H_2O \longrightarrow$$
$$3CaO \cdot Al_2O_3 \cdot 3CaSO_4 \cdot 32H_2O \tag{2-3}$$

而当石膏不足的情况下,普通硫铝酸盐水泥将发生以下反应:

$$3CaO \cdot 3Al_2O_3 \cdot CaSO_4 + 18H_2O \longrightarrow$$
$$3CaO \cdot Al_2O_3 \cdot CaSO_4 \cdot 12H_2O + 2(Al_2O_3 \cdot 3H_2O) \tag{2-4}$$
$$3CaO \cdot 3Al_2O_3 \cdot 3CaSO_4 \cdot 32H_2O \longrightarrow$$
$$3CaO \cdot Al_2O_3 \cdot CaSO_4 \cdot 12H_2O + 2(CaSO_4 \cdot 2H_2O) + 16H_2O \tag{2-5}$$

2.1.2 铝酸盐系列水泥

铝酸盐水泥是以铝酸钙为主的铝酸盐水泥熟料磨细制成的,根据 Al_2O_3 含量百分数不同,铝酸盐水泥可分为 4 类:CA-50:50%≤Al_2O_3<60%;CA-60:60%≤Al_2O_3<68%;CA-70:68%≤Al_2O_3<77%;CA-80:Al_2O_3≥77%。铝酸盐水泥主要是采用矾石和石灰石等材料通过熔融法和烧结法生产而来,因此其主要矿物组成:铝酸一钙(CA)、二铝酸一钙(CA_2)、七铝酸十二钙($C_{12}A_7$)、钙铝黄长石(C_2AS)及六铝酸一钙(CA_6)等[63]。

铝酸盐水泥的主要矿物组成中铝酸一钙(CA)水化很快,其水化进程受温度影响较大,一般认为:

当温度为 15～20 ℃时,CA 的水化过程为:

$$CA + 10H \longrightarrow CAH_{10} \qquad (2\text{-}6)$$

当温度为 20~30 ℃时,CA 的水化过程为:

$$(2m+n)CA + (10n+11m)H \longrightarrow nCAH_{10} + mC_2AH_8 + mAH_3 \qquad (2\text{-}7)$$

当温度大于 30 ℃时,CA 的水化过程为:

$$3CA + 12H \longrightarrow C_3AH_6 + 2AH_3 \qquad (2\text{-}8)$$

2.1.3 硅酸盐系列水泥

钢壳沉管自密实混凝土中,主要使用的是硅酸盐系列水泥及普通硅酸盐水泥,了解硅酸盐水泥的水化反应对决定钢壳沉管自密实混凝土的凝结时间和硬化时间,确保自密实混凝土的成功浇筑十分重要。硅酸盐类水泥熟料的主要矿物组成为 C_3A、C_4AF、C_3S、C_2S,水化速率的顺序大体为: $C_3A > C_3S > C_4AF > C_2S$。在硫酸盐存在时,硅酸盐类水泥熟料中铁铝酸盐($C_4AF$)的水化产物与铝酸盐($C_3A$)的水化产物结构类似。因此,将 C_3A 与铁铝酸盐的水化一起研究,更便于自密实混凝土浇筑过程中水化过程的讨论。[76-78]

硅酸盐类水泥中铝酸盐的水化可用下式表示:

$$3CaO \cdot Al_2O_3 + Ca(OH)_2 + 12H_2O \longrightarrow 4CaO \cdot Al_2O_3 \cdot 13H_2O \qquad (2\text{-}9)$$

$$4CaO \cdot Al_2O_3 \cdot 13H_2O + 3(CaSO_4 \cdot H_2O) + 17H_2O \longrightarrow$$
$$3CaO \cdot Al_2O_3 \cdot 3CaSO_4 \cdot 32H_2O + Ca(OH)_2 \qquad (2\text{-}10)$$

$$3CaO \cdot Al_2O_3 \cdot 3CaSO_4 \cdot 32H_2O + 2(4CaO \cdot Al_2O_3 \cdot 13H_2O) \longrightarrow$$
$$3(3CaO \cdot Al_2O_3 \cdot CaSO_4 \cdot 12H_2O) + 2Ca(OH)_2 + 20H_2O \qquad (2\text{-}11)$$

硅酸盐类水泥的凝结时间与铝酸盐的水化有着重要的关系,目前有若干理论认为,铝酸盐的水化大致可分为 4 个阶段。第一阶段,对应于 C_3A 的溶解和钙矾石的生成;第二阶段,对应于 C_3A 表面被钙矾石所覆盖,水化反应进入休眠期;第三阶段,对应于无水石膏全部溶解,钙矾石的覆盖层破裂,C_3A 的水化继续加速;第四阶段,对应于水泥中石膏耗尽,钙矾石与 C_3A 继续反应,并生成单硫性硫铝酸钙。综上所述,石膏的掺量对水泥的水化速度起着重要的作用,另外,水泥中石膏量的多少也直接影响整个体系中钙矾石以及单硫型水化硫铝酸钙量,对水泥的机械力学性能以及耐久性能有着重要的影响。因此,水泥中 SO_3 含量是衡量硅酸盐类水泥性能的重要指标。与此同时,部分缓凝剂的缓凝机理也是通过吸附在 C_3A 表面阻碍其水化生成钙矾石,从而起到缓凝作用。

硅酸盐类水泥中,C_3S 与 C_2S 的水化过程近似,会形成一族水化硅酸钙,虽然结构近似,但 Ca/Si 以及化学结合水量有较大差异,因此不同的水化产物性能也略有不同。

硅酸盐类水泥中 C_3S 的水化可用下式表示:

$$3CaO \cdot SiO_2 + nH_2O \longrightarrow xCaO \cdot SiO_2 \cdot yH_2O + (3-x)Ca(OH)_2 \qquad (2\text{-}12)$$

硅酸盐类水泥中 C_2S 的水化可用下式表示:

$$2CaO \cdot SiO_2 + mH_2O \longrightarrow xCaO \cdot SiO_2 \cdot yH_2O + (2-x)Ca(OH)_2 \qquad (2\text{-}13)$$

C_2S 比 C_3S 的水化速度慢,但其水化过程也可大致分为诱导前期、诱导期、加速期、减速期和稳定期 5 个阶段。作为 C_3S 与 C_2S 的水化产物,水化硅酸钙的形成会对水泥的终凝时间以及早期强度产生重要的影响。水化硅酸钙的化学组成随水胶比、原料化学组成以及养护条件的变化而变化,根据不同的 Ca/Si 比,C-S-H 凝胶可分为 C-S-H(Ⅰ)和 C-S-H(Ⅱ),

这些不同类型的 C-S-H 凝胶性能差距巨大。这也为钢壳沉管自密实混凝土的原料组成、养护制度等设计提供了一定的理论支持。

钢壳沉管自密实混凝土稳健性的控制是保证其浇筑质量的关键,相比于硅酸盐类水泥,硫酸盐系以及铝酸盐系的水泥虽然具有早强、耐蚀等特点,但凝结时间过快,工作性能损失较快,严重影响自密实混凝土的填充密实度,为更好地调控自密实混凝土的工作性能、水化热以及体积稳定性等,同时考虑市场目前的应用情况,最终选择硅酸盐水泥为钢壳沉管自密实混凝土的主要胶凝材料。

2.1.4 硅酸盐类水泥的施工性能指标

钢壳沉管自密实混凝土所选用的硅酸盐水泥强度等级不低于 42.5,为保证钢壳沉管自密实混凝土基础性能达到指标要求,水泥基础性能的指标要求见表 2.1。此外,为达到施工过程中的温控要求,除加冰、控制原材料入库温度、夜间浇筑等调控手段外,采用低热水泥控制水泥的水化热也是较为可行的方案,但目前因为市场供应的问题低热水泥并没有得到广泛推广。

表 2.1　水泥主要性能指标及其测试标准

序号	检测工程	性能指标	测试标准
1	比表面积	≥300 m²/kg(生产进料过程中波动应不超过约定值±20 m²/kg)	GB/T 8074—2008
2	凝结时间	初凝≥45 min,终凝≤390 min	GB/T 1346—2011
3	抗压强度	28 d 的抗压强度≥42.5 MPa	GB/T 17671—2021
4	MgO 含量	≤5.0%	GB/T 176—2017
5	SO₃ 含量	≤5.0%	GB/T 176—2017
6	安定性	沸煮法合格	GB/T 1346—2011
7	Cl⁻ 含量	≤0.03%	GB/T 176—2017
8	烧失量	≤3.5%	GB/T 176—2017
9	C₃A 含量	≤6.0%	GB/T 176—2017
10	碱含量	≤0.6%	GB/T 176—2017

2.1.5 硅酸盐水泥性能影响实例分析

我国硅酸盐系列的水泥主要包括硅酸盐水泥,普通硅酸盐水泥,矿渣、火山灰和粉煤灰硅酸盐水泥,复合硅酸盐水泥等通用硅酸盐水泥。在钢管混凝土的配制中,主要使用硅酸盐水泥及普通硅酸盐水泥[63]。《通用硅酸盐水泥》(GB 175—2007)将不掺混合料的硅酸盐水泥称为Ⅰ型硅酸盐水泥,代号 P·Ⅰ,将掺加不超过水泥质量 5% 的石灰石或粒化高炉矿渣混合材料的硅酸盐水泥称为Ⅱ型硅酸盐水泥,代号为 P·Ⅱ。考虑市场供应与长期性能,本书选用 P·Ⅱ42.5 作为主要胶凝材料。

在保证混凝土其他参数一样的基础上,不同水泥细度对混凝土工作性能所产生的影响见表 2.2。

表 2.2　不同细度水泥所制成混凝土的性能

水泥 45 μm 筛余百分比/%	抗压强度/MPa			坍落度/mm
	3 d	7 d	28 d	
4.6	34.27	53.45	60.43	270
6.1	31.42	50.23	56.37	275
7.0	30.23	46.18	52.12	280

通过表 2.2 可以发现,随着普通硅酸盐水泥颗粒细度与比表面积逐渐降低,混凝土拌合物初始流动度逐渐增加,未磨细普通硅酸盐水泥初始坍落度为 270 mm,而当普通硅酸盐水泥 45 μm 筛余百分比从 4.6% 增加至 7.0% 时,混凝土的初始坍落度变为 280 mm。通过表 2.2 也可发现不同水泥细度对混凝土力学性能的影响。当水泥细度不断增加时,随着养护时间的增长,水化程度逐渐加大,因此混凝土抗压强度也逐渐增加。相同养护 7 d 龄期时,水泥 45 μm 筛余百分比为 4.6% 的混凝土强度最高。混凝土养护后期,随着养护时间增长,水泥颗粒越细的混凝土后期强度增长越缓慢,水泥颗粒细度对混凝土强度的影响主要体现在后期。

2.2　集　　料

集料的选择和合理利用是配制钢壳沉管自密实混凝土的关键技术之一。钢壳沉管自密实混凝土的砂率相对较高,采用的砂不宜太细,砂的含泥量要严格控制,以保证混凝土的工作性能、强度和弹性模量达到设计要求。碎石的选择也是自密实混凝土配制的关键点之一。碎石应具有良好的级配,堆积密实,这样可以在尽量减小胶凝材料用量的同时保证拌合物的流动性。为更好地理解如何选择适合的集料,下面将对集料的性质以及性能指标做一定的阐述。

2.2.1　集料的性质

集料的性质,如粒径分布、含泥量、压碎指标以及吸水率等特性,会对钢壳沉管自密实混凝土的性能产生重要的影响,集料的选择和合理利用是配制钢壳沉管自密实混凝土的关键技术之一。

① 集料的表观密度和堆积密度:集料的表观密度和堆积密度受集料的组成矿物的密度、孔隙数量以及外观形貌的影响,直接决定了自密实混凝土的机械力学性能、耐久性以及抗渗性等性能。同时,越高的堆积密度,也意味着水泥填充的孔隙越小,因此集料的密度计算与设计是钢壳沉管自密实混凝土设计的基础。

② 集料的含泥量、吸水率和有机物含量:集料的含泥量指集料中颗粒粒径小于

0.08 mm的黏土、游泥和尘屑的总含量,由于其体积不稳定且会和有机物一样影响自密实混凝土的孔隙率,国家标准《建设用卵石、碎石》(GB/T 14685—2022)以及《建设用砂》(GB/T 14684—2022)对粗细集料中的含泥量以及有机物含量进行了明确的规定。一般情况下,集料的吸水率与集料的孔隙率直接挂钩,但也受集料本身的化学组成以及含泥量的影响。为保证施工的正常运行,必须经常测量集料的含水率,以实时调整混凝土配合比中的用水量。

③ 集料的压碎指标:集料在钢壳沉管自密实混凝土起骨架支撑的作用,集料的强度在很大程度上决定了混凝土的强度。对于强度等级不高的混凝土,由于天然集料一般强度较高,因此一般不会成为影响混凝土强度的主要因素。但对于强度等级为C60及以上的混凝土,根据我国行业标准《普通混凝土用碎石或卵石质量标准及检验方法》(JGJ 53—2006)的要求,应对集料进行抗压强度检测,且集料的抗压强度与混凝土等级之比不应小于1.5。

④ 集料的硫化物及硫酸盐含量与碱集料反应:存在于集料中的硫酸盐会产生一种膨胀反应,同时还会对混凝土产生硫酸盐侵蚀。因此,国家标准《建设用卵石、碎石》(GB/T 14685—2022)以及《建设用砂》(GB/T 14684—2022)中指出应将集料中的硫酸盐限制在一定范围内。对于碱集料反应,当集料中含有的活性硅等物质较多时,有可能与混凝土中的碱发生碱硅酸盐反应,使得混凝土发生膨胀破坏。但由于其潜伏期较长,因此需根据国家标准《建设用卵石、碎石》(GB/T 14685—2022)以及《建设用砂》(GB/T 14684—2022)对集料的碱集料反应进行测试与限制。

2.2.2　集料的选取要求

自密实混凝土中集料选取的要求如下:

① 集料应符合现行国家标准《建设用卵石、碎石》(GB/T 14685—2022)以及《建设用砂》(GB/T 14684—2022)的一般技术要求。

②选择料场时必须对集料进行潜在活性的检测,检测标准和方法参照《普通混凝土用砂、石质量标准及检验方法》(JGJ 52—2006)的规定,当用该方法评判不确定时,可参照 JGJ 52—2006 中附录 A 的方法来评定矿物掺合料抑制混凝土碱-硅酸反应的有效性。不得采用碱-集料反应(AAR)的活性集料。

③ 集料坚固性(硫酸钠溶液法):5 次循环后的质量损失应小于 8%;水溶性氯化物折合氯离子含量应不超过集料质量的 0.02%。

④ 场源不同、粒级不同的集料不得混合或储存在同一料堆。

⑤ 进行粗集料供应源选择时,应进行岩石抗压强度检验,岩石抗压强度应大于100 MPa。

⑥为提高混凝土的匀质性、抗渗性,混凝土粗集料应采用反击破或圆锥破+整形机工艺生产的坚硬碎石,同时采用水洗或风吹以降低其含泥量和泥块含量。

⑦ 采用两级配碎石(5～10 mm 和 10～20 mm),混合后粗集料应符合 5～20 mm 连续级配的要求,碎石各粒径级配的要求见表 2.3。

表 2.3　粗集料级配范围(累计筛余)

粒径/mm	方筛孔/mm(累计筛余)						
	2.36	4.75	9.50	16.0	19.0	26.5	31.5
5～20 连续级配	95～100	90～100	40～80	—	0～10	0	—
5～10 连续级配	95～100	80～100	0～15	0	—	—	—
10～20 单粒粒级	—	95～100	85～100		0～15	0	—

参考以上集料性质对混凝土所产生的不同影响,为保证钢壳沉管自密实混凝土具有良好的体积稳定性与耐久性,国家标准《建设用卵石、碎石》(GB/T 14685—2022)以及《建设用砂》(GB/T 14684—2022)中对粗细集料的基础性能要求见表 2.4、表 2.5。

表 2.4　粗集料的主要性能指标及其测试标准

序号	检测项	性能指标	测试标准
1	含泥量	≤0.5%	
2	泥块含量	≤0.25%	
3	针片状颗粒总含量	≤15%	
4	有机物	合格	
5	坚固性(硫酸钠溶液法)	≤8.0%	
6	硫化物及硫酸盐含量	≤1.0%	GB/T 4685—2022
7	碎石压碎指标	≤14%	
8	表观密度	≥2600 kg/m³	
9	松散堆积孔隙率	≤47%	
10	吸水率	≤2%	
11	碱集料反应(膨胀率)	<0.1%	

表 2.5　细集料的主要性能指标及其测试标准

序号	检测项	性能指标	测试标准
1	含泥量	≤3.0%	
2	泥块含量	≤1.0%	
3	云母含量	≤2.0%	
4	轻物质	≤1.0%	GB/T 14684—2022
5	有机物	合格	
6	硫化物及硫酸盐含量	≤0.5%	

序号	检测项	性能指标	测试标准
7	氯化物（以氯离子质量计）	≤0.02%	
8	坚固性	≤8.0%	
9	表观密度	≥2500 kg/m³	GB/T 14684—2022
10	松散堆积孔隙率	≤1400 kg/m³	
11	孔隙率	≤44%	
12	碱集料反应（膨胀率）	<0.1%	

2.2.3 集料性能影响实例分析

（1）粗集料影响分析

①级配的影响

在推荐配合比均如表 2.6 所示的基础上，改变混凝土中大小石的比例从而变动其级配，研究粗集料级配对钢壳沉管自密实混凝土性能的影响，试验结果见表 2.7。通过表 2.7 可以看出，粗集料级配变化对新拌混凝土性能影响较大，所以现场施工过程中应严格控制粗集料级配。

表 2.6 不同级配的自密实混凝土配合比（kg/m³）

编号	水泥	粉煤灰	矿渣粉	硅灰	碎石1(小)	碎石2(大)	河砂	水	减水剂
A	220	165	165	—	406	406	812	171	5.5
B	220	165	165	—	324	488	812	171	5.5
C	220	165	165	—	244	568	812	171	5.5
D	220	165	165	—	81	731	812	171	5.5

表 2.7 不同级配下自密实混凝土各项性能

编号	V形漏斗通过时间/s	T_{500}/s	扩展度/mm	容积密度/(kg/m³)	U形箱高度差 Δh/mm	黏聚性	保水性
A	21.1	4.1	650×650	2380	28.9	优良	优良
B	15.9	5.5	550×560	2365	31.4	良好	良好
C	12.8	4.4	615×600	2370	31.8	良好	良好
D	14.2	2.8	640×670	2365	32.2	较好	较好

② 压碎值的影响

为考察不同压碎值对钢壳沉管自密实混凝土的性能影响，在其他配合比均相同的基础上，不同压碎值的碎石被运用于试验中，具体配合比见表 2.8。

表 2.8　不同压碎值混凝土配合比及坍落度测试结果

混凝土配合比/(kg/m³)						压碎值 /%	用水量 /(kg/m³)	坍落度 /mm
水泥	粉煤灰	矿渣粉	砂	碎石(5~20 mm)	外加剂			
302	165	83	812	812	5.5	14.2	171	280
302	165	83	812	812	5.5	16.2	171	275
302	165	83	812	812	5.5	18.2	171	270

　　压碎值为 14.2%、16.2%、18.2% 的三种粗集料对混凝土工作性能及力学性能的影响如表 2.8 和图 2.1 所示。随着粗集料压碎值的增大，混凝土初始流动度逐步减小，坍落度值从 280 mm 变化到 270 mm 左右，总体波动不大。随着养护龄期增加，掺加不同压碎值粗集料的混凝土抗压强度逐渐增加，相同养护龄期里随着粗集料压碎值的增加，混凝土的抗压强度逐渐降低。

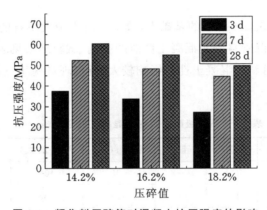

图 2.1　粗集料压碎值对混凝土抗压强度的影响

　　(2)细集料影响分析

　　将河砂重新筛分掺配出细度模数为 1.94、2.70、2.90、3.47 的砂，系统研究细集料细度模数变化对自密实混凝土工作性能、力学性能的影响(表 2.9)。

表 2.9　不同细度模数砂的混凝土配合比

细度 模数	混凝土配合比/(kg/m³)					外加剂 掺量/%	用水量 /(kg/m³)	和易性
	水泥	粉煤灰	矿渣粉	砂	碎石(5~20 mm)			
1.94	220	165	165	812	812	1.0	171	良好
2.70	220	165	165	812	812	1.0	171	好
2.90	220	165	165	812	812	1.0	171	一般
3.47	220	165	165	812	812	1.0	171	差,不裹浆

　　从表 2.9 和图 2.2 可以看到,细度模数变化对混凝土工作性能有很大的影响,随着砂的细度模数减小,混凝土拌合物坍落度减小,细集料细度模数愈小,颗粒愈细,在相同用量下总表面积大,用以包裹其表面并填充砂子空隙的水泥浆需要量也愈多,单位用水量也就愈大,若保持混凝土水胶比不变,要提高混凝土流动性,需采用细度模数大的细集料。但细集料细度模数与混凝土拌合物的和易性密切相关,细集料细度模数较大时,混凝土和易性差,且易出现离析、泌水现象。

　　从图 2.3 可知,不同细度模数砂的混凝土随龄期增长其抗压强度都增加,相同养护龄期里,随着砂的细度模数减小,混凝土抗压强度降低。28 d 龄期时采用细度模数为 1.94 的细砂混凝土抗压强度比用中砂(细度模数 2.70)时的混凝土抗压强度小 3.1 MPa,砂的细度模数为 3.47 时混凝土 28 d 抗压强度达到最大值。砂的细度模数越小,抗压强度值越低,细度模数在 -2.90~2.60 范围内变化时混凝土抗压强度相差不大。其主要原因是随着细集料的细度模数变小,其表面积及孔隙率增大,体系的堆积密度降低,匀质性变差,从而使硬化混凝土的密实度下降,混凝土抗压强度降低。

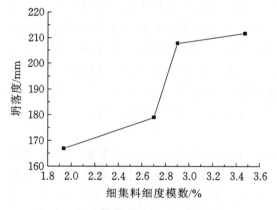

图 2.2　细度模数对混凝土坍落度的影响

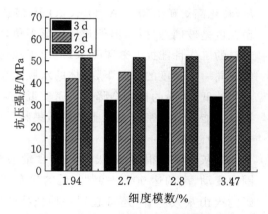

图 2.3　细度模数对混凝土抗压强度的影响

2.3　矿物掺合料

　　为了保证混凝土工作性能满足无振捣自密实的施工要求,钢壳沉管自密实混凝土的胶凝材料用量通常比相同强度等级的普通振捣混凝土要大,除了采用水泥外,还需要采用大量的矿物掺合料。矿物掺合料宜与水泥形成良好的颗粒级配,降低配制混凝土的需水量,提高工作性能。当需要采用其他的掺合料(如石灰石粉、偏高岭土等)时,需要开展相关混凝土配制试验,务必使钢壳沉管自密实混凝土性能满足设计要求。混凝土用矿物掺合料包括粉煤灰和粒化高炉矿渣粉和硅灰,下面将对矿物掺合料的性质与作用以及性能指标进行简单的阐述。

2.3.1 矿物掺合料的性质与作用

（1）粉煤灰

粉煤灰的主要组成为 SiO_2、Al_2O_3、Fe_2O_3、CaO、MgO、SO_3 等。一般来说，主要组成含量的多寡与矿物掺合料的反应活性直接挂钩。Al_2O_3、CaO 及 MgO 含量越高，反应活性越高，SiO_2 含量越高，反应活性越低。粉煤灰的 SiO_2 含量在 48％左右，Al_2O_3 含量在 27％左右，因此粉煤灰的反应活性相比于传统胶凝材料低很多。与此同时，作为自密实混凝土中常用的矿物掺合料，粉煤灰由大量表面光滑的球状玻璃体组成，这些球状玻璃体可通过"滚珠润滑作用"，在一定程度上改善自密实混凝土的工作性能。此外，一定掺量的粉煤灰也可弥补自密实混凝土体系细粉不足的缺点，改善自密实混凝土的级配，在优化孔隙分布、提升整个体系机械力学性能的同时，降低自密实混凝土的泌水率。[79,80]

（2）粒化高炉矿渣粉

粒化高炉矿渣粉的主要组成为 CaO、SiO_2、Al_2O_3、Fe_2O_3、MgO、SO_3 等，相比于粉煤灰，粒化高炉矿渣粉中 Al_2O_3、CaO 及 MgO 含量更高，因此活性也更高。粒化高炉矿渣粉颗粒也是玻璃态材料，但外观呈粒形多角，因此，将水泥替换为粒化高炉矿渣粉颗粒对新拌浆料的工作性能提升效果不大，但由于粒化高炉矿渣粉的表面吸附水更少，自密实混凝土在保证同一流动度的情况下，整体的水胶比会下降。此外，虽然粒化高炉矿渣粉的反应活性比水泥的低，矿粉的掺杂会降低自密实混凝土的早期强度，但后期强度将会上升，同时矿粉的掺杂还能降低自密实混凝土中的碱集料反应，并提升自密实混凝土的耐久性。[81,82]

（3）硅灰

硅灰的种类很多，硅灰中 SiO_2 含量会根据所生产合金类型的变化而变化，并在较宽范围内变动，高的达 90％～98％，低的只有 25％～54％。当硅灰在水泥中分散时，除能发挥极好的火山灰效应外，还可起到一种独特的微集料效应，即改善胶凝材料系统的颗粒粒径分布，减少混凝土内部的孔隙率和孔隙尺寸，同时还能充当"晶核"，提高凝胶体形成数量并使水化产物在整个浆体内部空间分布趋于均匀，提高混凝土的强度。硅灰常与减水剂同时掺入，因为硅灰的掺入虽然会改善黏聚性，减少离析、泌水现象，有利于泵送，但也会使得新拌混凝土的流动性降低。

2.3.2 不同矿物掺合料的选取

钢壳沉管自密实混凝土矿物掺合料选取的建议如下：

① 矿物掺合料应由生产厂家进行产品检验并出具产品合格证书。

② 粉煤灰须来自燃煤工艺先进的电厂，且组分均匀，各项性能指标稳定，不得使用高钙灰和磨细灰；细度（45 μm 方孔筛筛余）不大于 12％、需水量比不大于 100％、烧失量不大于5％，其他指标应符合《用于水泥和混凝土中的粉煤灰》（GB/T 1596—2017）中Ⅰ级粉煤灰的规定，关键技术指标要求见表 2.10。

表 2.10 粉煤灰技术指标及其测试标准

序号	检测工程	性能指标（Ⅰ级）	测试标准
1	细度（45μm 方孔筛筛余）	≤12.0%	GB/T 1596—2017
2	烧失量	≤5.0%	GB/T 176—2017
3	需水量比	≤95%（其他条件均满足时可放宽至≤100%）	GB/T 1596—2017
4	含水量	≤1.0%	GB/T 1596—2017
5	SO_3 含量	≤3.0%	GB/T 176—2017
6	游离氧化钙	≤1.0%	GB/T 176—2017
7	流动度比	≥100%	—
8	氨含量	无明显氨气放出	—

③ 粒化高炉矿渣粉比表面积应为 $400\sim460$ m²/kg，7 d 活性指数≥65%，其他指标应符合《用于水泥、砂浆和混凝土中的粒化高炉矿渣粉》（GB/T 18046—2017）中 S95 级矿粉的规定，关键技术指标见表 2.11。

表 2.11 粒化高炉矿渣粉技术指标及其测试标准

序号	检测工程		性能指标（S95 级）	测试标准
1	密度		≥12.8 g/cm³	GB/T 208—2014
2	比表面积		$400\sim450$ m²/kg	GB/T 8074—2008
3	活性指数	7 d	≥75%（其他条件均满足时可放宽至≤100%）	GB/T 18046—2017
4		28 d	≥95%	
5	流动度比		≥95%	GB/T 18046—2017
6	含水量		≤1.0%	GB/T 18046—2017
7	SO_3 含量		≤4.0%	GB/T 176—2017
8	Cl^- 含量		≤0.02%	GB/T 176—2017
9	烧失量		≤3.0%	GB/T 18046—2017
10	玻璃体含量（质量分数）		≥85%	GB/T 18046—2017
11	放射性		合格	GB 6566—2010

④ 硅灰的二氧化硅含量应大于 85%，烧失量应小于 5%，比表面积应大于 20000 m²/kg，其他指标应符合《矿物掺合料应用技术规范》（GB/T 51003—2014）中的要求。

2.3.3 粉煤灰影响实例分析

Ⅰ级灰、Ⅱ级灰配合比及其对混凝土性能的影响如表 2.12 和图 2.4 所示。

表 2.12　不同品质粉煤灰的混凝土配合比及混凝土性能

粉煤灰品质	混凝土配合比/(kg/m³)					外加剂掺量/%	用水量/(kg/m³)	坍落度/mm
	水泥	粉煤灰	矿渣粉	砂	碎石(5～20 mm)			
Ⅰ级灰	302	165	83	812	812	1.0	171	270
Ⅱ级灰	302	165	83	812	812	1.0	171	272

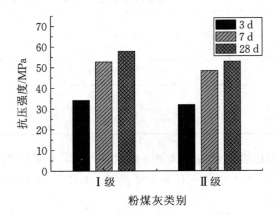

图 2.4　不同品质粉煤灰混凝土抗压强度与养护龄期的关系

　　保持胶凝材料用量、水胶比、外加剂掺量等参数不变的情况下,Ⅰ级、Ⅱ级粉煤灰对混凝土工作性能及力学性能的影响如表 2.12 和图 2.4 所示。掺加Ⅰ级、Ⅱ级粉煤灰时混凝土初始流动度都在 270 mm 左右,粉煤灰品质对混凝土工作性能影响没有影响。掺加Ⅰ级、Ⅱ级粉煤灰混凝土力学性能经时变化如图 2.4 所示,随着养护龄期增加,掺加不同品质粉煤灰混凝土抗压强度逐渐增加,相同养护龄期里Ⅰ级粉煤灰混凝土的力学性能经时变化大于Ⅱ级粉煤灰混凝土,但相差不大。

2.4　外　加　剂

　　外加剂是配制钢壳沉管自密实混凝土的关键材料,选择适宜的外加剂可以使混凝土在较低的水胶比下保持高流动性,使混凝土拌合物在保持高流动性的同时还具有合适的黏聚性和保塑性。因此,外加剂除了具备良好的减水效果外,还需要具备一定的增稠作用,同时避免混凝土出现泌水。钢壳沉管自密实混凝土的工作性能通常比较敏感,因此要求外加剂与水泥之间具有良好的适应性。

2.4.1　减水剂

2.4.1.1　减水剂的性质与作用

（1）减水剂的作用机制

　　水泥水化后会产生一定的絮凝结构,并将 10%～30% 的拌和水包裹在絮凝结构中,从而降低新拌浆料的流动度。虽然减水剂的种类多样,但减水剂的作用机理基本一致,即破坏自密实混凝土中的絮凝结构,将包裹在其中的拌和水释放出来,从而提高新拌浆料的流动度。[83]

（2）减水剂的性质

一般减水剂的主要成分是表面活性剂,其主要作用是降低水的表面张力,从而起到减水的效果。与此同时,减水剂离解后的极性亲水基团会定向吸附于水泥颗粒表面,从而在水泥颗粒表面形成一层溶剂化水膜,提高水泥颗粒表面的润湿度。此外,对于不同类型的减水剂,其性质也会有些许差异,如:萘系、改性木钙系以及三聚氰胺系高效减水剂分子会在水泥颗粒表面定向吸附,并在亲水性基团的作用下,使得水泥表面带上电性相同的电荷,从而产生静电斥力,使得絮凝结构解构,自由水被释放出来;聚羧酸系的高效减水剂在掺入混凝土后,会在水泥颗粒表面形成一定厚度的聚合物分子吸附层,当水泥颗粒相互接近时,就会在水泥颗粒间产生空间位阻作用,从而起到减水、提升新拌浆料工作性能的作用。[84,85]

2.4.1.2　减水剂的选取

减水剂的主要性能指标见表 2.13,其具体选取建议如下:

① 本工程应使用缓凝型聚羧酸类高性能减水剂,其生产厂家必须具有母液合成生产能力和大型重点工程应用实例,产品必须经过权威机构检测并附有检验合格证。

② 减水剂进场时,厂商应提供产品的推荐掺量、主要成分（包括复配组分）的化学名称、氯离子含量百分比、碱含量,以及施工中的注意事项（如超量或欠量使用时的有害影响,掺入方法,特殊的施工工艺或者养护方式等）。

③ 聚羧酸类高性能减水剂的进场检验及其质量应满足《混凝土外加剂匀质性试验方法》(GB/T 8077—2012)和《混凝土外加剂》(GB 8076—2008)的要求。

④ 聚羧酸类高性能减水剂的验收应采用施工用的原材料和配合比配制出的混凝土,该混凝土性能指标应满足设计要求。

⑤ 减水剂的复配成分应根据环境温度、施工条件、混凝土原材料的变化进行调整,减水剂的最佳掺量应通过试验确定。

⑥ 聚羧酸减水剂应在混凝土开盘前复验其效果,使用时应符合产品说明及规范关于混凝土配合比、拌制及浇筑等的规定。

⑦ 聚羧酸减水剂中氯离子含量不得大于混凝土中胶凝材料总重的 0.01%。

表 2.13　减水剂主要性能指标及其测试标准

序号	检测项		性能指标	测试标准
1	减水率		≥25%	
2	含气量		≤6%	
3	抗压强度比	7 d	≥150%	
4		28 d	≥140%	GB 8076—2008
5	凝结时间差	初凝	−90～+120 min	
6		终凝		
7	28 d 干燥收缩比		≤100%	

续表 2.13

序号	检测项	性能指标	测试标准
8	氯离子含量	不超过厂控指标,建议指标≤0.6%(按折固计)	
9	pH 值	应在生产厂控制范围内	GB/T 8077—2012
10	碱含量	不超过厂控指标,建议指标≤10%(按折固计)	
11	泌水率比	≤60%	GB 8076—2008

2.4.2 缓凝剂

为使得新拌混凝土在较长时间内保持塑性,降低自密实混凝土坍落度随时间的损失,方便浇筑施工的进行,配制自密实混凝土时经常会掺加一定量的缓凝剂,以延缓水泥水化放热,从而降低混凝土温升和温度梯度。缓凝剂一般有木质素磺酸盐、羟基羧酸、糖类以及无机盐这几类。多数有机缓凝分子吸附于水泥颗粒表面,使其难以较快生成钙矾石结晶而起到缓凝作用。

2.4.3 消泡剂

在钢壳沉管自密实混凝土配制与施工过程中,为防止气泡聚集于钢管内壁与核心混凝土制件中,常掺加适量的消泡剂。

2.4.4 膨胀剂

膨胀剂种类多样,按功能、膨胀源、组成原料可分为不同的类别,具体分类如图 2.5 所示。

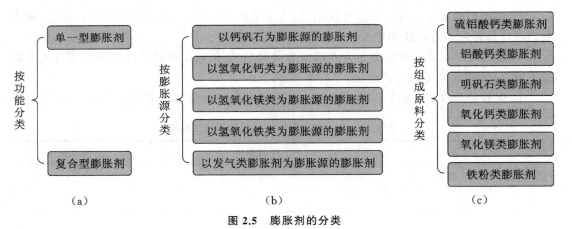

图 2.5 膨胀剂的分类

(1) 以钙矾石为膨胀源的膨胀剂

掺加钙矾石类的膨胀剂引起水泥石膨胀的原因是由于水泥石中形成了一定数量的分子式为 $3CaO \cdot Al_2O_3 \cdot 3CaSO_4 \cdot 32H_2O$ 的钙矾石。而以钙矾石为膨胀源的膨胀剂,其钙矾石形成机理又随着膨胀剂类别的改变而改变。

① 硫铝酸钙类膨胀剂

硫铝酸钙类膨胀剂通过硫铝酸盐熟料等与石膏配制磨细而成,在 $Ca(OH)_2$ 存在的条件下,掺杂硫铝酸钙类膨胀剂的自密实混凝土中钙矾的形成机理如下式所示[86,87]:

$$3CaO \cdot 3Al_2O_3 \cdot CaSO_4 + 6Ca(OH)_2 + 8CaSO_4 + 90H_2O \longrightarrow$$
$$3(3CaO \cdot Al_2O_3 \cdot 3CaSO_4 \cdot 32H_2O) \tag{2-14}$$

硫铝酸钙类膨胀剂的形成产物中还存在少量单硫型硫铝酸钙(AFm),钙矾石与 AFm 相的数量受液相中 SO_3 浓度以及 $Ca(OH)_2$ 浓度的影响,当液相浓度发生变化时,钙矾石相与 AFm 相之间可相互转换。

② 铝酸钙类膨胀剂

铝酸钙类膨胀剂通过高铝水泥熟料和石膏等配制磨细而成,其主要矿物组成相为:CA $(CaO \cdot Al_2O_3)$、$CA_2(CaO \cdot 2Al_2O_3)$、$C_{12}A_7(12CaO \cdot 7Al_2O_3)$等。若配制自密实混凝土时掺加铝酸钙类膨胀剂,钙矾石在自密实混凝土中的形成机理如下所示[86,88-89]:

$$3(CaO \cdot Al_2O_3) + 3(CaSO_4 \cdot 2H_2O) + 32H_2O \longrightarrow$$
$$3CaO \cdot Al_2O_3 \cdot 3CaSO_4 \cdot 32H_2O + 4Al(OH)_3 \tag{2-15}$$
$$3(CaO \cdot 2Al_2O_3) + 3(CaSO_4 \cdot 2H_2O) + 41H_2O \longrightarrow$$
$$3CaO \cdot Al_2O_3 \cdot 3CaSO_4 \cdot 32H_2O + 10Al(OH)_3 \tag{2-16}$$
$$2(12CaO \cdot 7Al_2O_3) + 3(CaSO_4 \cdot 2H_2O) + 41H_2O \longrightarrow$$
$$24CaO \cdot 9Al_2O_3 \cdot 3CaSO_4 \cdot 32H_2O + 10Al(OH)_3 \tag{2-17}$$

铝酸钙类膨胀剂水化产物的主要组分为钙矾石和铝胶,钙矾石可使水泥石体积膨胀,而铝胶可以使水泥石更加密实。

③ 明矾石类膨胀剂

明矾石类膨胀剂由天然或煅烧过的明矾石、适量石膏及其他混合材粉磨制而成。明矾石类膨胀剂主要矿物组成相是 $K_2SO_4 \cdot Al_2(SO_4)_3 \cdot 4Al(OH)_3$,在有 $Ca(OH)_2$ 和石膏存在的溶液中,其水化反应是[90]:

$$K_2SO_4 \cdot Al_2(SO_4)_3 \cdot 4Al(OH)_3 + 13Ca(OH)_2 + 5CaSO_4 + 78H_2O \longrightarrow$$
$$3(3CaO \cdot Al_2O_3 \cdot 3CaSO_4 \cdot 32H_2O) + 2KOH \tag{2-18}$$

但由于明矾石类膨胀剂里含碱量较高,因此会增加自密实混凝土产生碱集料反应的风险。

以钙矾石为膨胀源的膨胀剂通过消耗水泥水化产生的氢氧化钙生成钙矾石,因此采用此类膨胀剂时会对混凝土中矿物掺合料水化及混凝土抗碳化、抗硫酸盐侵蚀造成影响。

(2) 以氢氧化钙为膨胀源的膨胀剂

以氢氧化钙为膨胀源的膨胀剂由石灰石等原材料煅烧而成,其有效成分是 f-CaO。其在自密实混凝土中的主要反应机理是:

$$CaO + H_2O \longrightarrow Ca(OH)_2 \tag{2-19}$$

虽然 CaO 类膨胀剂具有膨胀效能高、对工作性能和强度影响小等优点,但 $Ca(OH)_2$ 的稳定性受压力的影响很大,从而限制了此类膨胀剂的使用范围。

(3) 以氢氧化镁为膨胀源的膨胀剂

该类膨胀剂一般由经 1000 ℃左右煅烧的菱镁矿细磨而成,MgO 含量大于 85%。当其加入自密实混凝土后发生的水化反应如下:

$$MgO+H_2O \longrightarrow Mg(OH)_2 \qquad (2\text{-}20)$$

氧化镁膨胀剂具有延迟膨胀的性能。大体积混凝土在 3～7 d 时内部温升较高,可加速 MgO 的水化,并在 1 年内趋于稳定。氧化镁所造成的膨胀刚好可弥补混凝土温降收缩。

但工程应用中常因为对氧化镁类膨胀剂活性与剂量掌控得不到位,不能产生良好的补偿收缩效果,从而无法控制裂纹的形成。此外,氧化镁类膨胀剂用于普通的混凝土工程中时,它的延迟膨胀效果有可能导致结构破坏。

(4) 以氢氧化铁、氢氧化亚铁为膨胀源的膨胀剂

此类膨胀剂主要由铁屑和氧化剂组成,其中铁屑主要来源于金属切削的固体废弃物,氧化剂则主要有高锰酸盐以及过铬酸盐等。铁粉类膨胀剂主要利用铁氧化生锈的膨胀效果造成膨胀。将其加入自密实混凝土后,主要反应如下:

$$Fe+RX_2+2H_2O \longrightarrow FeX_2+R(OH)_2+H_2 \qquad (2\text{-}21)$$
$$FeX_2+R(OH)_2 \longrightarrow Fe(OH)_2+RX_2 \qquad (2\text{-}22)$$

或

$$2Fe+2RX_3+6H_2O \longrightarrow 2FeX_3+2R(OH)_3+3H_2 \qquad (2\text{-}23)$$
$$FeX_3+R(OH)_3+H_2 \longrightarrow Fe(OH)_3+RX_3 \qquad (2\text{-}24)$$

以氢氧化铁、氢氧化亚铁为膨胀源的膨胀剂的耐热性较好,膨胀稳定较早,适用于干燥高温环境,但其膨胀量不太大,因此此类膨胀剂在工程中应用较少,目前主要应用于修补地坪基座和填缝等。

(5) 复合型膨胀剂(氧化钙及氧化镁)

由于单一型膨胀剂用于制备膨胀混凝土或者补偿收缩混凝土时难以实现与混凝土强度发展和收缩变形的协调发展,因此常需将多种膨胀剂复合调配以获得良好的膨胀性能。

硫铝酸钙-氧化钙类复合膨胀剂通过煅烧铝土矿、石灰石和石膏等后粉磨而成,既包含能生产 AFt 的铝酸盐或硫铝酸盐,又包含能生成 Ca(OH)$_2$ 的 f-CaO。其中石灰石使混凝土产生早期膨胀,钙矾石使混凝土产生中期膨胀。氧化镁-氧化钙类复合膨胀剂通过煅烧菱镁矿、石灰石等材料后粉磨而成。其中利用 CaO 补偿早期自收缩,利用 MgO 延迟膨胀特性,补偿温降收缩和后期干燥收缩,覆盖混凝土全历程的收缩。相比于氧化镁-氧化钙类复合膨胀剂,硫铝酸钙-氧化钙类复合膨胀剂早期放热更多,有一定促凝效果,考虑到水化热、工作性能等因素,本书以氧化钙-钙矾石类复合类膨胀剂以及新型氧化镁类膨胀剂调控体积稳定性,制备自密实混凝土,形成膨胀剂调控技术。

2.4.5 水化温升抑制剂

水化温升抑制剂作为近几年发展起来的一种外加剂,它可在基本不影响混凝土总放热量的基础上,有效降低水泥加速期水化放热速率,推迟混凝土结构中温峰出现时间,进而延长散热时间,最终降低结构混凝土温升,减少温度裂缝的形成。目前,常用的水化温升抑制剂主要有淀粉基水化温升抑制剂,其主要通过溶解并附着于水泥颗粒的形式,延迟水泥的水化。

2.4.6 减缩剂

减缩剂主要通过降低水泥石毛细管中水的表面张力,从而控制混凝土的自收缩。目前

常使用的减缩剂通常具有下列特征:①挥发性低;②对水泥吸附性弱;③无异常引气性;④在强碱性环境下可大幅度降低水的表面张力;⑤对水泥的水化凝结无异常影响。基于减缩剂的减缩机理,本书利用梳形共聚物聚醚侧链与低分子减缩剂化学性质上的相似性,结合表面吸附学说和空间位阻理论,采用现代分子裁剪技术将具有减缩和提供空间位阻效应的聚醚接枝到共聚物主链中,开发出能够提高混凝土耐久性的减缩型聚羧酸外加剂,在低掺量条件下实现高减缩与高减水性能的统一。

2.5 混凝土用水

水中所包含的不同物质,如钙、钾、钠、镁、铁等的氯化物、硫酸盐、磷酸盐等,可在一定程度上影响钢壳沉管自密实混凝土的工作性能。在工业生产中,混凝土用水的种类主要包含:自来水、地下水、工业用水、回收水等,为保证钢壳沉管自密实混凝土性能达标,国家标准以及行业标准中对混凝土用水的性能要求都作出了一定的规定,具体检测指标和检测频率见表2.14。

表 2.14　混凝土用水主要检测指标及其检测频率

序号	检测指标	检测频率
1	pH 值	
2	碱含量	
3	可溶物含量	
4	硫化物及硫酸盐含量	使用同一非饮用水源,每三个月应对所选工程进行检验
5	氯离子含量	
6	不溶物含量	
7	物理性能	

3 钢壳沉管自密实混凝土配制技术

3.1 钢壳沉管自密实混凝土工作性能需求及施工关键控制指标

钢壳沉管自密实混凝土管节是双层钢壳内部填充混凝土的结构形式,这就需要混凝土具有足够的自密实效果,即在无需振捣的条件下,混凝土在钢壳内依靠自身流动性和填充性形成密实结构,并最终与钢壳共同作用达到协同受力的效果。由此易见,钢壳沉管自密实混凝土的配制是钢壳混凝土管节预制的一项非常关键的工作。本书介绍的深中通道双向八车道钢壳沉管隧道结构为目前世界上最大规模的钢壳沉管结构,所以本书针对深中通道钢壳沉管自密实混凝土的应用全过程进行全面介绍。

一方面,钢壳沉管自密实混凝土需要具备良好的工作性能,在钢壳仓隔内依靠自身流动性形成密实填充;另一方面,为了增加混凝土与钢壳之间的协同作用效果,混凝土还需要具备良好的水化放热量及体积稳定性,保证钢壳外部形状的同时,提升混凝土与钢壳之间的黏结效果。同时,混凝土还需要具备足够的强度,保证应有的受力作用。钢壳混凝土管节的服役是一个长期的过程,钢壳沉管自密实混凝土在这个长期过程中的性能演变对整个管节的正常服役具有重要影响,因此要研究其长期性能。

3.1.1 钢壳沉管自密实混凝土的工作性能需求

钢壳沉管自密实混凝土需要具备良好的流动性、填充性能、抗离析性能等工作性能,在实现混凝土在钢壳内的流动和自动填充密实的同时还要有一定的黏聚性,防止混凝土发生明显分层。自密实混凝土工作性能主要以流动性、黏聚性、通过性、抗离析性为主。

作为钢壳中间的填充材料,混凝土还要具备一定的强度,以满足沉管的受力要求。此外,混凝土作为钢壳-混凝土-钢壳"三明治"结构的中间组分,需要尽量降低混凝土的收缩,以便发挥"三明治"结构的协调作用[91]。在达到以上主要性能的前提下,还需考虑自密实混凝土的经济性,实现混凝土的高性价比。

3.1.2 钢壳沉管自密实混凝土的关键控制指标

根据应用要求及施工环境特点着重对其中几项指标做主要考核。配合比设计配制的过程试验检测主要采用坍落扩展度、T_{500}、V 形漏斗、L 型仪、U 型仪来控制自密实混凝土的工作性能[13,92-98]。表 3.1 为钢壳沉管自密实混凝土配合比试验检测工程与内容。

表 3.1 自密实混凝土配合比试验检测工程与内容

检测项	指标要求	检测性能
坍落扩展度/mm	650±50	流动性
U 形箱高度差 Δh/mm	≥300	填充性
T_{500}/s	3~10	流动性
V 形漏斗通过时间/s	5~15	抗离析性
L 型仪高度比(H_2/H_1)	≥0.8	间隙通过性、抗离析性
新拌混凝土容积密度/(kg/m³)	2300~2400	间隙通过性、抗离析性
新拌混凝土含气量	≤4%	—

（1）新拌自密实混凝土工作性能及试验方法

① 用坍落扩展度、T_{500} 值测量新拌自密实混凝土的流动性能

a. 试验目的：测试新拌混凝土的流动能力。

b. 试验器具：坍落度筒、坍落扩展度测定仪、钢直尺、秒表等。

c. 试验内容：检测方法如图 3.1 和图 3.2 所示。测算扩展度达 500 mm 所需时间。检视粗粒料是否被浆体带至最外缘，如有粗粒料堆积、浆体离析等现象，则必须重新调整配合比。

图 3.1 扩展度试验

图 3.2 T_{500} 试验

d. 仪器要求：

（a）坍落扩展度、T_{500} 流动时间试验所用主要仪器为混凝土坍落度筒，该仪器应符合《混凝土坍落度仪》（JG/T 248—2009）中有关技术要求的规定。

（b）底板应为硬质不吸水的光滑正方形平板，边长为 1000 mm，最大挠度不超过 3 mm。在平板表面标出坍落度筒的中心位置和直径分别为 500 mm、600 mm、700 mm、800 mm、900 mm 的同心圆，如图 3.3 所示。

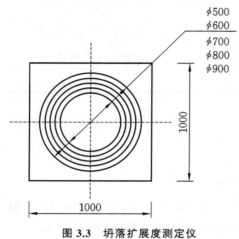

图 3.3　坍落扩展度测定仪

（c）铲子、抹刀、钢尺（精度 1 mm）、秒表、盛料容器等辅助工具。

e. 试验步骤：

（a）润湿底板和坍落度筒，并且应保证坍落度筒内壁和底板上无明水；底板应放置在坚实的水平面上，并把筒放在底板中心，然后用脚踩住两边的脚踏板，坍落度筒在装料时应保持在固定的位置。

（b）用铲子将混凝土加入坍落度筒中，每次加入量为坍落度筒体积的三分之一，中间间隔 30 s，不用振捣，加满后用抹刀抹平，并将底盘坍落度筒周围多余的混凝土清除。

（c）垂直平稳地提起坍落度筒，使混凝土自由流出。坍落度筒的提离过程应在 5 s 内完成；从开始装料到提离坍落度筒的整个过程应不间断地进行，并应在 150 s 内完成。

f. 试验记录

（a）自提离坍落度筒开始立即读表并记录混凝土扩散至 500 mm 圆圈所需要的时间。（T_{500}，单位：s）。

（b）用钢尺测量混凝土扩展后最终的扩展直径，测量在相互垂直的两个方向上进行，并计算两个所测直径的平均值（单位：mm）。

（c）观察最终坍落后混凝土的状况，如发现粗集料在中央堆积或最终扩展后的混凝土边缘有较多水泥浆析出，表示此混凝土拌合物抗离析性不好，应予以记录。

② 用 V 形漏斗测量自密实混凝土的黏稠性和抗离析性（流速试验）

a. 试验目的：测试混凝土稠度、离析性。

b. 试验器具：V 形漏斗、接料容器、平直刮刀、秒表等。

c. 试验内容：测试新拌混凝土完全流出 V 形漏斗下方出口所需时间。流出漏斗时间愈短，则自密实混凝土的黏稠度愈小。若混凝土阻塞于漏斗中，则可能是新拌混凝土黏稠度太高所致，或黏稠度太低，以致粗粒料下沉，或粗粒料用量太多。若流经漏斗时间太长，表示新拌混凝土黏稠度太高，充填能力不佳，需要调整。若流出漏斗时间太短，则表示黏稠度偏低，新拌混凝土于施工时可能易产生离析。如使用颗粒形状及化学性质较佳之粉体，也有可能在短时间内流经漏斗而不发生离析现象。

d. 仪器要求：

(a) V形漏斗的形状和内部尺寸如图3.4所示,漏斗的容量约为10 L,其内表面应经加工修整呈平滑状。V形漏斗制作材料可用金属,也可用塑料。在漏斗出料口的部分,应附设快速开启且具有水密性的底盖。漏斗上端边缘部位应加工平整,构造平滑。

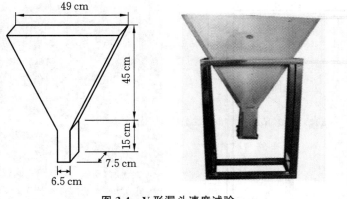

图3.4 V形漏斗速度试验

(b) 支撑漏斗的台架宜有调整装置,应确保台架的水平,且易于搬运。

(c) 应备有混凝土投料用容器(容量约5 L,附有把手的塑料桶)、接料容器(容量约12 L的水桶)、刮平混凝土顶面的平直刮刀、能准确量测至0.1 s的秒表和湿布等。新拌混凝土试样可按现行国家标准《普通混凝土拌合物性能试验方法标准》(GB/T 50080—2016)的相关规定制作。

e. 试验步骤:

(a) V形漏斗经清水冲洗干净后置于台架上,使其顶面呈水平,本体侧为垂直状态。应确保漏斗稳固。用拧过的湿布擦拭漏斗内表面,使其保持湿润状态。

(b) 在漏斗出口的下方,放置承接混凝土的接料容器。混凝土试样填入漏斗前,应先行确认漏斗流出口的底盖是否已经关闭。

(c) 用混凝土投料用容器盛装混凝土试样,由漏斗的上端平稳地填入漏斗内至容器被装满。

(d) 用刮刀沿漏斗上端将混凝土的顶面刮平。

(e) 将混凝土顶面刮平,待静置1 min后,将漏斗出料口的底盖打开,用秒表测量自开盖至漏斗内混凝土全部流出的时间(t_0),精确至0.1 s,同时观察并记录混凝土是否有堵塞等状况。应注意的是:若新拌混凝土的黏滞性较高,全量流空瞬间的判定较为困难时,可由漏斗上方向下观察,透光的瞬间即为混凝土由卸料口流完的瞬间,测量流下时间时,应用精度为0.1 s以上的秒表进行测定;流下时间的测定,宜在5 min内对试样进行2次以上的试验,以2~3次试验结果的平均值进行评价,从而减少取样的误差。

③用U形箱、L型仪测量新拌混凝土通过钢筋间隙与自行填充至模板角落的能力(U型仪试验和L型仪试验)

a. U型仪试验

（a）试验目的：测试新拌混凝土通过钢筋间隙及自行充填至模板角落的能力。

（b）试验器具：U 形箱（图 3.5、图 3.6）、平直刮刀、秒表等。

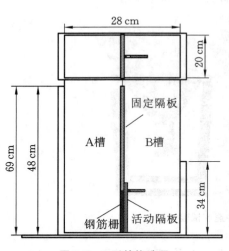

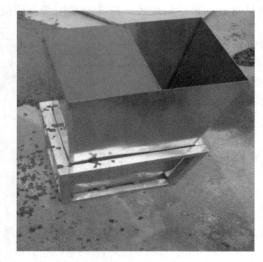

图 3.5　U 形箱构造图　　　　　　　　　　图 3.6　U 型仪试验

（c）试验内容：测量新拌混凝土由 A 槽静置 1 min 后流至 B 槽之高度。若新拌混凝土阻塞于 A 槽中，可能是由于新拌混凝土黏稠度太高而造成阻塞，此时应调整配合比。若粗粒料下沉仅有浆体通过障碍，则可能是黏稠度太低、粗粒料用量过多或粗粒料粒径过大所致，此时一般可以通过增加粉体用量、提高砂石比、降低粗粒料粒径来改善。

b. L 型仪试验

（a）试验目的：L 型仪法是将混凝土装在 L 形筒的竖筒内，将插板提起使其向水平槽内绕过钢筋流动。

（b）试验器具：L 型仪（图 3.7）、平直刮刀、秒表等。

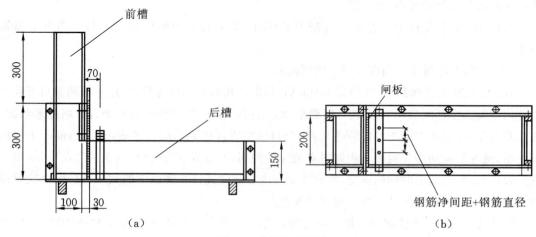

（a）　　　　　　　　　　　　　　　　　　　　　（b）

图 3.7　L 型仪构造图

(c) 试验内容:测算新拌混凝土通过钢筋间隙后在水平槽内流至 70 cm 处的时间 T_{70}(s);新拌混凝土在水平槽内流动的最大距离 L(cm);新拌混凝土停止流动后,侧箱内混凝土降落的高度 D(cm)。

(d) 仪器要求:L 型仪用硬质不吸水材料制成,由前槽(竖向)和后槽(水平)组成,具体外形尺寸如图 3.7 所示。前槽与后槽之间有一活动门隔开。活动门前设有一垂直钢筋栅,钢筋栅由 3 根(或 2 根)长为 150 mm 的 φ12 光圆钢筋组成,钢筋净间距为 40 mm 或 60 mm。

(e) 试验步骤:

ⓐ 将仪器水平放在地面上,保证活动门可以自由地开关。

ⓑ 润湿仪器内表面,清除多余的水。

ⓒ 用混凝土将 L 型仪前槽填满。

ⓓ 静置 1 min 后,迅速提起活动门使混凝土拌合物流进水平部分。

④ 含气量试验(图 3.8)

a. 试验目的:测定自密实混凝土含气量,控制混凝土的质量。

b. 试验器具:含气量测定仪[图 3.8(a)]、捣棒、平直刮刀等。

 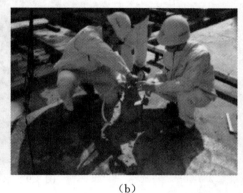

(a) (b)

图 3.8 含气量试验

c. 试验内容:测试新拌混凝土含气量、运输后混凝土含气量、泵送后混凝土含气量。

d. 仪器要求:含气量测定仪量钵与玻璃板合计质量取值应准确至 1 g,含气量测定仪应有良好的密封性。

e. 试验步骤:

(a) 用湿布擦净容器和盖的内表面后装入混凝土拌合物试样。

(b) 捣实可采用手工或机械方法。当拌合物坍落度大于 70 mm 时,宜采用手工插捣,当拌合物坍落度不大于 70 mm 时,宜采用机械振捣。用捣棒捣实时,应将混凝土拌合物分 3 层装入,每层捣实后高度约为 1/3 容器高度;每层装料后由边缘向中心均匀地捣 25 次,捣棒应插透本层高度,再用木槌沿容器外壁重击 10～15 次。

(c) 捣实完毕后立即用刮尺刮平,表面如有凹陷应予填平抹光;然后在正对操作阀孔的混凝土拌合物表面贴一小片塑料薄膜,擦净容器上口边缘,装好密封垫圈,加盖并拧紧螺栓。

(d) 关闭操作阀和排气阀,打开排水阀和加水阀,通过加水阀向容器内注水;当排水阀流出的水流不含气泡时,在注水的状态下,同时关闭加水阀和排水阀。

（e）开启进气阀，用气泵注入空气至气室内压力略大于 0.1 MPa，待压力示值仪表示值稳定后，微微开启排气阀，调整压力至 0.1 MPa，关闭排气阀。

（f）开启操作阀，待压力值稳定后，测得压力值 P_{01}（MPa）。

（g）开启排气阀，压力仪示值回零；重复上述步骤（e）、（f），对容器内试样再测一次压力值 P_{02}（MPa）。

（2）力学性能

自密实混凝土的抗压强度、弹性模量按照国家标准《混凝土物理力学性能试验方法标准》（GB/T 50081—2019）的相关要求测定。压力机采用 SYE-2000 型，精确等级为Ⅰ级，最大负荷为 2000 kN。

（3）热学性能（水化热和绝热温升测试）

所用水化热测试仪：TAM Air Thermostat 八通道水化热分析仪，如图 3.9 所示。

图 3.9 水化热分析仪

（4）体积稳定性

本试验中体积稳定性用非接触法测试。

按《普通混凝土长期性能和耐久性能试验方法标准》（GB/T 50082—2009）中的相关规定测试材料早期的自收缩变形。收缩测定仪简图如图 3.10 所示。

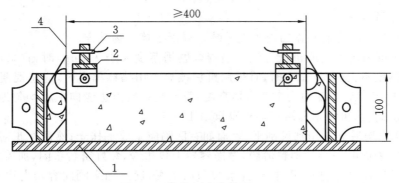

图 3.10 收缩测定仪简图（mm）

1—试模；2—固定架；3—传感器探头；4—反射靶

试件尺寸为 515 mm×150 mm×150 mm。提前准备好试模并于其内侧均匀涂刷润滑油后铺设双层塑料薄膜,最后将反射靶稳固于试模两端规定范围内。浇筑混凝土,振捣成型后抹平,并立即采用塑料薄膜作密封处理,最后置于恒温恒湿[(20±2)℃,相对湿度为(60±5)%]环境中。

(5)耐久性

28 d 电通量测试试验参照《普通混凝土长期性能和耐久性能试验方法标准》(GB/T 50082—2009)的相关规定执行。

3.1.3　钢壳沉管自密实混凝土工作性能指标

目前常用的坍落度筒方法并不能全面评价混凝土拌合物的工作性能,更难准确评价具有超高性能自密实混凝土拌合物的工作性能。

为了满足自密实混凝土的工程应用需求,各国根据自身的实际特点,在相关的自密实混凝土技术指南中规定了一些常用的自密实混凝土工作性能标准测试方法,通过相应的标准测试方法可以对自密实混凝土拌合物性能特征有一个严格的评估和认知。

自密实混凝土的各项工作性能并不需要同时达到最佳,而应该根据应用要求及施工环境特点着重对其中几项指标做主要考核。自密实混凝土的填充性可以通过坍落扩展度和 T_{500} 时间来评价,间隙通过性可以通过 L 型仪、U 型仪试验来评价,抗离析性可以通过 L 型仪、U 型仪等指标测试来评价。本次试验采用坍落度、坍落扩展度、T_{500}、V 形漏斗、L 型仪、U 型仪控制自密实混凝土的工作性能[13,112-117]。表 3.2 为钢壳沉管自密实混凝土(C50)的工作性能指标,并且混凝土匀质性应满足硬化混凝土上表面砂浆层的厚度小于10 mm的要求。

表 3.2　钢壳沉管自密实混凝土(C50)工作性能指标

检测方法	指标要求	检测性能
坍落扩展度/mm	650±50	填充性
坍落度/mm	≥270	填充性
T_{500}/s	5～10	填充性
V 形漏斗通过时间/s	5～15	抗离析性
L 型仪高度比(H_2/H_1)	≥0.8	间隙通过性、抗离析性
新拌混凝土容积密度/(kg/m³)	2300～2400	设计抗浮要求
离析率/%	≤10	抗离析性
粗集料振动离析率/%	≤7	抗离析性
新拌混凝土含气量	2.5%±0.5%	—
强度等级	C50	—

3.2 钢壳沉管自密实混凝土配制流程

钢壳沉管自密实混凝土的组成类别多样,在设计试验过程中,影响因子众多,为简化试验量,保证自密实混凝土的性能,钢壳沉管自密实混凝土的配制流程如图 3.11 所示。

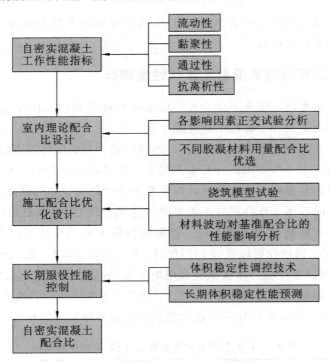

图 3.11 钢壳沉管自密实混凝土配制流程图

(1) 理论配合比设计

为获得并维持设计所规定的品质、性能,通过高流动混凝土的填充试验和模拟现场施工管理示范试验等设计基本配合比。

(2) 理论配合比设计修正

考虑到施工季节,使用的集料、粉料外加剂等的品质特性,搅拌机的特性等,在不影响标准配合比基本条件的范围内,对标准配合比进行修改。其中,正确评估细集料的粒度分布和微粒度成分是非常重要的。配合比通过室内试验决定。

(3) 施工配合比优化设计

针对修改的配合比的集料表面含水量进行水分补偿,并根据气温变化对高性能减水剂的使用量进行调整。

3.2.1 钢壳沉管自密实混凝土理论配合比设计

(1) 各组成原料组分正交试验分析

① 试验设计方法

提高胶凝材料用量有利于提高混凝土的工作性能,但胶凝材料用量过高会增大混凝土体积收缩,容易产生分层、提高混凝土的成本等不利影响。通过调研,现拟采用 490 kg/m³、520 kg/m³、550 kg/m³、580 kg/m³ 四种胶凝材料用量,通过各种性能的测试,了解不同胶凝材料条件下不同影响因素对混凝土性能的影响。

影响自密实混凝土性能的因素很多,而且每个因素的水平数也很多,如果对影响自密实混凝土的每个因素及每个水平都相互搭配进行全面试验,例如 5 因素、4 水平需要做 $4^5 =$ 1024 次试验,现场施工准备时间紧,不利于对施工现场高效、快速地进行科学性指导。采用正交设计安排试验,可使试验次数大大减少,而且统计分析计算简明、科学,指导性强。

针对四种胶凝材料用量自密实混凝土试验选取 5 个影响因素,分别为水胶比(A)、砂率(B)、粉煤灰掺量(C)、矿渣粉掺量(D)和硅灰掺量(E)。根据每种因素 4 水平的变化(表 3.3),通过统计计算分析各因素对混凝土 7 d 抗压强度、28 d 抗压强度、初始 V 型仪试验、L 型仪试验、U 型仪试验、扩展度、T_{500} 和容积密度的影响规律。

表 3.3 设计因素与水平表

水平	水胶比(A)	砂率(B)/%	粉煤灰掺量(C)/%	矿渣粉掺量(D)/%	硅灰掺量(E)/%
1	0.30	46	0	0	0
2	0.31	48	15	15	1
3	0.32	50	30	30	2
4	0.33	52	45	45	3

根据设计抗浮要求,混凝土容积密度主要控制指标在 2300~2400 kg/m³,混凝土设计理论容积密度为 2350 kg/m³。本次正交试验选取 L16(4⁵) 正交设计表,正交试验设计因素与水平表见表 3.3,表中粉煤灰掺量、矿渣粉掺量以及硅灰掺量均为胶凝材料的质量百分比,胶凝材料总量固定,正交试验表头及试验配合比见表 3.4 至表 3.8。

表 3.4 不同胶凝材料用量自密实混凝土正交试验表头

不同胶凝材料用量自密实混凝土试验号				列号				
490 kg/m³	520 kg/m³	550 kg/m³	580 kg/m³	A	B	C	D	E
1-1	2-1	3-1	4-1	1	1	1	1	1
1-2	2-2	3-2	4-2	1	2	2	2	2
1-3	2-3	3-3	4-3	1	3	3	3	3
1-4	2-4	3-4	4-4	1	4	4	4	4
1-5	2-5	3-5	4-5	2	1	2	3	4
1-6	2-6	3-6	4-6	2	2	1	4	3
1-7	2-7	3-7	4-7	2	3	4	1	2
1-8	2-8	3-8	4-8	2	4	3	2	1

续表 3.4

不同胶凝材料用量自密实混凝土试验号				列号				
490 kg/m³	520 kg/m³	550 kg/m³	580 kg/m³	A	B	C	D	E
1-9	2-9	3-9	4-9	3	1	3	4	2
1-10	2-10	3-10	4-10	3	2	4	3	1
1-11	2-11	3-11	4-11	3	3	1	2	4
1-12	2-12	3-12	4-12	3	4	2	1	3
1-13	2-13	3-13	4-13	4	1	4	2	3
1-14	2-14	3-14	4-14	4	2	3	1	4
1-15	2-15	3-15	4-15	4	3	2	4	1
1-16	2-16	3-16	4-16	4	4	1	3	2

表 3.5　490 kg/m³ 胶凝材料用量自密实混凝土正交试验配合比

试验号	配合比/(kg/m³)								
	水泥	粉煤灰	矿渣粉	硅灰	碎石1	碎石2	河砂	水	减水剂
1-1	490	0	0	0	369	553	786	147	4.9
1-2	338.1	73.5	73.5	4.9	355	533	820	147	4.9
1-3	186.2	147	147	9.8	342	512	854	147	4.9
1-4	34.3	220.5	220.5	14.7	328	492	888	147	4.9
1-5	254.8	73.5	147	14.7	368	552	783	151.9	4.9
1-6	259.7	0	220.5	9.8	354	531	818	151.9	4.9
1-7	264.6	220.5	0	4.9	341	511	852	151.9	4.9
1-8	269.5	147	73.5	0	327	491	886	151.9	4.9
1-9	117.6	147	220.5	4.9	367	550	781	156.8	4.9
1-10	122.5	220.5	147	0	353	530	815	156.8	4.9
1-11	401.8	0	73.5	14.7	340	509	849	156.8	4.9
1-12	406.7	73.5	0	9.8	326	489	883	156.8	4.9
1-13	186.2	220.5	73.5	9.8	366	549	779	161.7	4.9
1-14	328.3	147	0	14.7	352	528	813	161.7	4.9
1-15	196	73.5	220.5	0	339	508	847	161.7	4.9
1-16	338.1	0	147	4.9	325	488	881	161.7	4.9

表 3.6　520 kg/m³ 胶凝材料用量自密实混凝土正交试验配合比

试验号	配合比/(kg/m³)								
	水泥	粉煤灰	矿渣粉	硅灰	碎石1	碎石2	河砂	水	减水剂
2-1	520	0	0	0	360	541	768	156	5.2
2-2	358.8	78	78	5.2	347	521	801	156	5.2
2-3	197.6	156	156	10.4	334	501	834	156	5.2
2-4	36.4	234	234	15.6	320	481	868	156	5.2
2-5	270.4	78	156	15.6	359	539	765	161.2	5.2
2-6	275.6	0	234	10.4	346	519	799	161.2	5.2
2-7	280.8	234	0	5.2	333	499	832	161.2	5.2
2-8	286	156	78	0	319	479	865	161.2	5.2
2-9	124.8	156	234	5.2	358	537	763	166.4	5.2
2-10	130	234	156	0	345	517	796	166.4	5.2
2-11	426.4	0	78	15.6	332	498	829	166.4	5.2
2-12	431.6	78	0	10.4	318	478	862	166.4	5.2
2-13	197.6	234	78	10.4	357	536	760	171.6	5.2
2-14	348.4	156	0	15.6	344	516	794	171.6	5.2
2-15	208	78	234	0	331	496	827	171.6	5.2
2-16	358.8	0	156	5.2	317	476	860	171.6	5.2

表 3.7　550 kg/m³ 胶凝材料用量自密实混凝土正交试验配合比

试验号	配合比/(kg/m³)								
	水泥	粉煤灰	矿渣粉	硅灰	碎石1	碎石2	河砂	水	减水剂
3-1	550	0	0	0	352	528	750	165	5.5
3-2	379.5	82.5	82.5	5.5	339	508	782	165	5.5
3-3	209	165	165	11	326	489	815	165	5.5
3-4	38.5	247.5	247.5	16.5	313	469	847	165	5.5
3-5	286	82.5	165	16.5	351	526	747	170.5	5.5
3-6	291.5	0	247.5	11	338	507	780	170.5	5.5
3-7	297	247.5	0	5.5	325	487	812	170.5	5.5
3-8	302.5	165	82.5	0	312	468	844	170.5	5.5
3-9	132	165	247.5	5.5	350	524	745	176	5.5
3-10	137.5	247.5	165	0	337	505	777	176	5.5

续表 3.7

试验号	配合比/(kg/m³)								
	水泥	粉煤灰	矿渣粉	硅灰	碎石1	碎石2	河砂	水	减水剂
3-11	451	0	82.5	16.5	324	486	809	176	5.5
3-12	456.5	82.5	0	11	311	466	842	176	5.5
3-13	209	247.5	82.5	11	348	523	742	181.5	5.5
3-14	368.5	165	0	16.5	336	503	774	181.5	5.5
3-15	220	82.5	247.5	0	323	484	807	181.5	5.5
3-16	379.5	0	165	5.5	310	465	839	181.5	5.5

表 3.8　580 kg/m³ 胶凝材料用量自密实混凝土正交试验配合比

试验号	配合比/(kg/m³)								
	水泥	粉煤灰	矿渣粉	硅灰	碎石1	碎石2	河砂	水	减水剂
4-1	580	0	0	0	345	517	729	174	5.5
4-2	381	96.5	96.5	6	324	511	756	174	5.8
4-3	221	173	173	13	314	476	801	174	5.8
4-4	41	260.5	260.5	18	307	455	829	174	5.8
4-5	295	96	168	21	339	510	737	179	5.8
4-6	296.5	0	263.5	20	326	494	766	179	5.8
4-7	312	260.5	0	7.5	316	475	795	179	5.8
4-8	312.5	171	96.5	0	304	450	832	179	5.8
4-9	141	172	259.5	7.5	338	509	734	184	5.8
4-10	143.5	256.5	180	0	327	494	760	184	5.8
4-11	462	0	97.5	20.5	316	476	789	184	5.8
4-12	472.5	91.5	0	16	300	454	827	184	5.8
4-13	214	254.5	95.5	16	337	509	730	189	5.8
4-14	381.5	179	0	19.5	325	489	762	189	5.8
4-15	231	92.5	256.5	0	310	468	798	189	5.8
4-16	383.5	0	185	11.5	299	448	829	189	5.8

② 试验结果

四种胶凝材料用量自密实混凝土正交试验的工作性能测试、工作性能及力学性能见表 3.9 至表 3.16。

表 3.9　490 kg/m³ 胶凝材料用量自密实混凝土正交试验工作性能测试

试验号	工作性能测试					
	扩展度/mm	T_{500}/s	容积密度/(kg/m³)	V型仪试验/s	L型仪试验(H_2/H_1)	U型仪试验(Δh)/mm
1-1	560	7.65	2330	20.73	0.62	35
1-2	470	29.08	2380	43.74	0.41	40
1-3	480	32.72	2380	52.44	0.44	40
1-4	610	12.97	2400	39.46	0.76	30
1-5	635	9.90	2330	31.18	0.85	28
1-6	585	6.96	2320	17.50	0.65	36
1-7	480	18.27	2330	31.62	0.44	39
1-8	530	12.44	2330	28.70	0.54	38
1-9	675	5.96	2386	32.39	0.87	28
1-10	645	8.41	2411	34.82	0.78	30
1-11	455	16.58	2306	16.16	0.49	40
1-12	495	9.94	2282	14.63	0.46	41
1-13	615	6.96	2352	18.37	0.67	30
1-14	585	5.19	2290	10.20	0.56	37
1-15	645	6.36	2320	16.80	0.88	28
1-16	615	5.51	2860	10.40	0.79	29

表 3.10　490 kg/m³ 胶凝材料用量自密实混凝土正交试验工作性能和力学性能

试验号	工作性能描述	力学性能测试	
		7 d 抗压强度/MPa	28 d 抗压强度/MPa
1-1	流动慢	43.4	52.2
1-2	流动性差	39.5	50.1
1-3	流动性差	32.6	44.5
1-4	流动性差,泌水临界	26.8	39.6
1-5	流动慢、黏	41.1	50.3
1-6	流动慢、黏	36.3	47.8
1-7	流动慢、很黏	39.6	51.1
1-8	流动慢、黏	31.5	43.2

续表 3.10

试验号	工作性能描述	力学性能测试	
		7 d 抗压强度/MPa	28 d 抗压强度/MPa
1-9	浮浆、泌水临界	29.8	39.6
1-10	浮浆明显、大量气泡	38.0	49.8
1-11	流动性差,扩展度小	40.1	52.0
1-12	流动性差,黏,扩展度小	42.2	51.1
1-13	浮浆明显	34.3	45.7
1-14	良好	41.2	53.6
1-15	浮浆明显、泌水	36.8	44.4
1-16	浮浆	42.1	50.1

表 3.11 520 kg/m³ 胶凝材料用量自密实混凝土正交试验工作性能测试

试验号	工作性能测试					
	扩展度/mm	T_{500}/s	容积密度 /(kg/m³)	V 型仪试验 /s	L 型仪试验 (H_2/H_1)	U 型仪试验 (Δh)/mm
2-1	670	4.80	2300	11.10	0.95	23
2-2	690	3.50	2300	10.08	1	24
2-3	675	3.84	2300	13.52	0.88	28
2-4	645	7.97	2390	26.78	0.81	29
2-5	655	3.82	2300	13.42	0.78	31
2-6	675	3.12	2280	11.55	0.80	30
2-7	690	3.37	2280	13.73	0.82	30
2-8	670	3.37	2300	10.54	0.79	30
2-9	710	3.90	2320	14.92	0.93	24
2-10	680	4.99	2340	14.98	1	22
2-11	660	2.57	2250	8.29	0.90	25
2-12	655	3.15	2240	7.56	0.88	27
2-13	685	3.08	2260	9.29	0.89	24
2-14	665	3.14	2290	7.73	0.87	25
2-15	725	3.16	2280	11.90	0.94	22
2-16	700	2.88	2250	7.42	0.87	25

表 3.12 520 kg/m³ 胶凝材料用量自密实混凝土正交试验工作性能和力学性能

试验号	工作性能描述	力学性能测试	
		7 d 抗压强度/MPa	28 d 抗压强度/MPa
2-1	泌水、浮浆	49.1	60.2
2-2	微浮浆	42.6	54.4
2-3	好	36.5	49.6
2-4	黏、流速慢	36.2	46.8
2-5	较好	40.3	55.4
2-6	较好	42.1	53.2
2-7	微离析	34.8	47.8
2-8	微泌水、浮浆	43.5	50.5
2-9	泌水、浮浆	42.1	54.1
2-10	泌水、浮浆	40.0	51.1
2-11	好	44.4	56.8
2-12	好	45.6	58.1
2-13	微离析、浮浆	40.6	51.2
2-14	较好	43.2	54.4
2-15	泌水、浮浆、离析	45.6	55.8
2-16	浮浆	46.7	57.0

表 3.13 550 kg/m³ 胶凝材料用量自密实混凝土正交试验工作性能测试

试验号	工作性能测试					
	扩展度/mm	T_{500}/s	容积密度/(kg/m³)	V 型仪试验/s	L 型仪试验(H_2/H_1)	U 型仪试验(Δh)/mm
3-1	720	2.95	2330	11.06	0.92	20
3-2	665	4.27	2320	12.02	0.95	19
3-3	675	4.67	2330	14.78	1	19
3-4	675	4.37	2310	14.08	0.89	22
3-5	645	3.95	2300	9.49	0.87	23
3-6	705	3.62	2250	11.00	0.93	22
3-7	710	3.78	2262	8.90	0.93	21
3-8	695	3.46	2390	13.69	0.91	23

续表 3.13

试验号	工作性能测试					
	扩展度/mm	T_{500}/s	容积密度/(kg/m³)	V 型仪试验/s	L 型仪试验(H_2/H_1)	U 型仪试验（Δh）/mm
3-9	700	3.08	2316	9.40	0.90	24
3-10	725	2.86	2282	10.26	0.94	22
3-11	655	2.80	2260	6.70	0.85	25
3-12	700	2.47	2244	6.22	1	18
3-13	705	2.53	2252	8.69	0.88	27
3-14	680	1.18	2246	5.98	1	17
3-15	725	2.48	2278	8.65	0.90	26
3-16	720	2.50	2282	7.68	0.90	27

表 3.14　550 kg/m³ 胶凝材料用量自密实混凝土正交试验工作性能和力学性能

试验号	工作性能描述	力学性能测试	
		7 d 抗压强度/MPa	28 d 抗压强度/MPa
3-1	泌水、微离析	48.2	58.9
3-2	较好	53.6	64.8
3-3	较好	42.8	55.4
3-4	浮浆	42.6	53.7
3-5	泌水	49.8	60.1
3-6	浮浆	51.8	62.1
3-7	浮浆	41.9	53.2
3-8	泌水、浮浆	49.6	59.6
3-9	泌水	42.1	51.2
3-10	泌水、离析	46.7	52.0
3-11	好	55.2	67.1
3-12	较好	46.3	58.5
3-13	泌水	51.2	63.5
3-14	较好	52.3	65.0
3-15	浮浆、泌水、离析	50.1	60.1
3-16	微浮浆	54.0	63.3

表 3.15　580 kg/m³ 胶凝材料用量自密实混凝土正交试验工作性能测试

试验号	工作性能测试					
	扩展度/mm	T_{500}/s	容积密度 /(kg/m³)	V 型仪试验 /s	L 型仪试验 (H_2/H_1)	U 型仪试验 (Δh)/mm
4-1	650	3.81	2370	11.74	0.90	16
4-2	675	4.40	2350	11.94	0.92	14
4-3	745	2.89	2320	11.69	0.93	14
4-4	725	4.45	2380	13.28	0.90	16
4-5	690	3.49	2340	11.04	1	14
4-6	745	2.35	2370	11.75	0.95	13
4-7	740	3.45	2360	13.12	0.89	17
4-8	740	3.08	2350	11.54	1	13
4-9	780	3.20	2400	15.92	0.91	17
4-10	725	3.75	2350	11.02	0.96	14
4-11	680	2.62	2320	6.98	1	7
4-12	695	3.19	2330	9.06	1	9
4-13	695	3.69	2360	11.59	0.93	10
4-14	700	3.60	2340	8.96	0.89	17
4-15	730	4.50	2370	10.78	0.93	13
4-16	725	2.55	2320	7.82	0.95	13

表 3.16　580 kg/m³ 胶凝材料用量自密实混凝土正交试验工作性能和力学性能

试验号	工作性能描述	力学性能测试	
		7 d 抗压强度/MPa	28 d 抗压强度/MPa
4-1	较好	62.6	72.1
4-2	较好	55.8	67.9
4-3	轻微泌水、浮浆	36.9	48.3
4-4	轻微浮浆	26.2	40.4
4-5	轻微浮浆	48.9	57.2
4-6	浮浆	53.6	63.5
4-7	浮浆	36.9	48.0
4-8	浮浆	49.7	60.1
4-9	离析严重、浮浆严重	44.6	56.6
4-10	离析、浮浆	38.4	49.3
4-11	轻微浮浆	47.2	58.0

续表 3.16

试验号	工作性能描述	力学性能测试	
		7 d抗压强度/MPa	28 d抗压强度/MPa
4-12	较好	58.5	70.2
4-13	浮浆	34.7	45.1
4-14	轻微浮浆	43.3	54.0
4-15	浮浆、离析严重	47.7	58.2
4-16	浮浆、离析	51.0	64.7

490 kg/m³ 胶凝材料体系中,扩展度影响因素主次顺序为 D>B>A>E>C,即 D 因素(矿渣粉掺量)是扩展度指标的主要影响因素;容积密度影响因素主次顺序为 D>E>A>C>B,即 D 因素(矿渣粉掺量)是容积密度指标的主要影响因素;T_{500} 测试影响因素主次顺序为 A>B>D>E>C,即 A 因素(水胶比)是 T_{500} 测试指标的主要影响因素;V 型仪试验测试影响因素主次顺序为 A>C>D>B>E,即 A 因素(水胶比)是 V 型仪测试指标的主要影响因素,如图 3.12 所示。

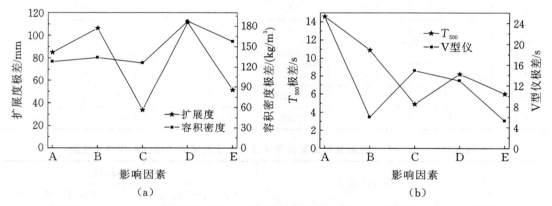

图 3.12 490 kg/m³ 胶凝材料体系中,扩展度、容积密度、T_{500} 与 V 型仪影响因素曲线图

520 kg/m³ 胶凝材料体系中,扩展度影响因素主次顺序为 E>A>B>D>C,即 E 因素(硅灰掺量)是扩展度指标的主要影响因素;容积密度影响因素主次顺序为 A>C>D>E>B,即 A 因素(水胶比)是容积密度指标的主要影响因素;T_{500} 测试影响因素主次顺序为 A>C>D>E=B,即 A 因素(水胶比)是 T_{500} 测试指标的主要影响因素;V 型仪试验测试影响因素主次顺序为 D>C>A>E>B,即 D 因素(矿渣粉掺量)是 V 型仪测试指标的主要影响因素,如图 3.13 所示。

550 kg/m³ 胶凝材料体系中,扩展度影响因素主次顺序为 E>A>D>C>B,即 E 因素(硅灰掺量)是扩展度指标的主要影响因素;容积密度影响因素主次顺序为 A>E>C>D>B,即 A 因素(水胶比)是容积密度指标的主要影响因素;T_{500} 测试影响因素主次顺序为 A>D>B=E>C,即 A 因素(水胶比)是 T_{500} 测试指标的主要影响因素;V 型仪试验测试影响因素主次顺序为 A>D>E=C>B,即 A 因素(水胶比)是 V 型仪测试指标的主要影响因素,如图 3.14 所示。

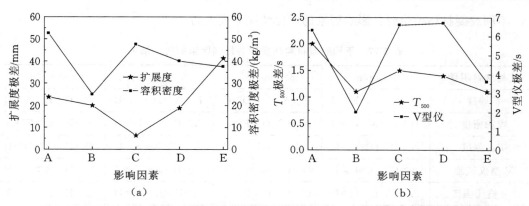

图 3.13 520 kg/m³ 胶凝材料体系中,扩展度、容积密度、T_{500} 与 V 型仪影响因素曲线图

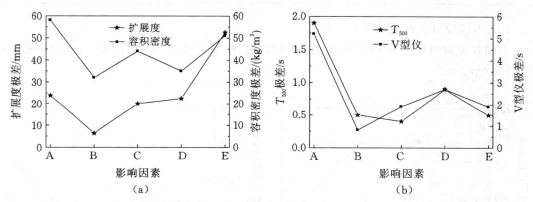

图 3.14 550 kg/m³ 胶凝材料体系中,扩展度、容积密度、T_{500} 与 V 型仪影响因素曲线图

580 kg/m³ 胶凝材料体系中,扩展度影响因素主次顺序为 D>C>E>A>B,即 D 因素(矿渣粉掺量)是扩展度指标的主要影响因素;容积密度影响因素主次顺序为 D>B>C>E>A,即 D 因素(矿渣粉掺量)是容积密度指标的主要影响因素;T_{500} 测试影响因素主次顺序为 C>E>A>D>B,即 C 因素(粉煤灰掺量)是 T_{500} 测试指标的主要影响因素;V 型仪试验测试影响因素主次顺序为 C>D>A>E>B,即 C 因素(粉煤灰掺量)是 V 型仪测试指标的主要影响因素,如图 3.15 所示。

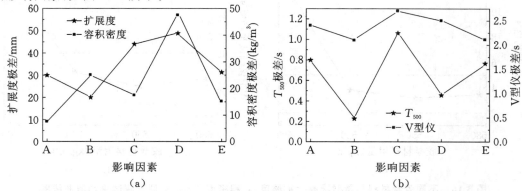

图 3.15 580 kg/m³ 胶凝材料体系中,扩展度、容积密度、T_{500} 与 V 型仪影响因素曲线图

不同胶凝材料用量时各影响因素的对比情况见表 3.17。

表 3.17 不同胶凝材料用量时各影响因素的对比情况

胶凝材料用量	490 kg/m³	520 kg/m³	550 kg/m³	580 kg/m³
扩展度	D>B>A>E>C	E>A>B>D>C	E>A>D>C>B	D>C>E>A>B
容积密度	D>E>A>C>B	A>C>D>E>B	A>E>C>D>B	D>B>C>E>A
T_{500} 测试	A>B>D>E>C	A>C>D>E=B	A>D>B=E>C	C>E>A>D>B
V 型仪试验	A>C>D>B>E	D>C>A>E>B	A>D>E=C>B	C>D>A>E>B
7 d 抗压强度	A>C>B>D>E	C>E>D>B>A	C>E>B>A>D	C>E>D>B>A
28 d 抗压强度	A>C>B>D>E	C>E>D>B>A	C>E>B>A>D	C>E>D>B>A

（2）不同胶凝材料用量配合比优选

不同胶凝材料用量时混凝土扩展度、容积密度、T_{500} 和 V 型仪测试平均值曲线图如图 3.16 所示。

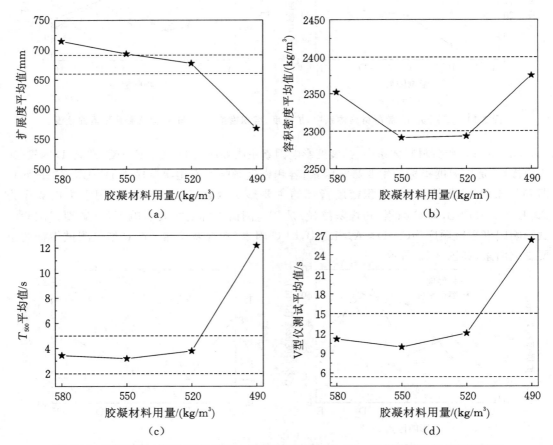

图 3.16 不同胶凝材料用量时混凝土扩展度、容积密度、T_{500}、V 型仪测试平均值曲线图

由图 3.16 可知,通过不同胶凝材料体系试验,490 kg/m³ 胶凝材料体系中,各种性能测试发生突变,可见胶凝材料总量对混凝土性能影响明显,但是通过扩展度、T_{500} 测试、V 型仪测试发现,580 kg/m³ 胶凝材料体系与 550 kg/m³、520 kg/m³ 胶凝材料体系的混凝土流动性相差很小,但更不经济。所以主要选取 550 kg/m³、520 kg/m³ 胶凝材料体系。

550 kg/m³、520 kg/m³ 胶凝材料体系容积密度低于控制区间下限(2300~2400 kg/m³)。通过图 3.17 进一步分析,选择配合比。

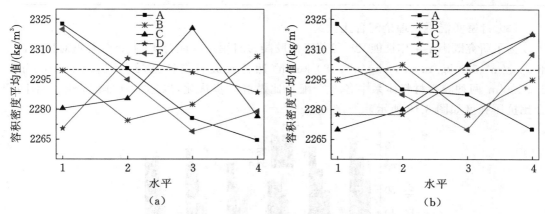

图 3.17 550 kg/m³、520 kg/m³ 胶凝材料体系容积密度平均值曲线图

(a) 550 kg/m³;(b) 520 kg/m³

采用 520 kg/m³ 胶凝材料体系时,用量配合比通过容积密度与 T_{500} 测试 A 因素选取 A2(A 因素下第 2 个水平);由于 B 因素对于其他指标都为次要影响因素,通过容积密度测试选取 B2(B 因素下第 2 个水平);通过容积密度、T_{500} 测试、V 型仪测试选取 C3(C 因素下第 3 个水平);综合选取 D3(D 因素下第 3 个水平,其余表达类似)。于是选取三组配合比作为 520 kg/m³ 胶凝材料体系初步基准配合比,见表 3.18。

表 3.18 520 kg/m³ 胶凝材料体系配合比

试验号	配合比/(kg/m³)								
	水泥	粉煤灰	矿渣粉	硅灰	碎石1	碎石2	河砂	水	减水剂
2-Ⅰ	208	156	156	0	346	520	799	161	5.2
2-Ⅱ	203	156	156	5	346	520	799	161	5.2
2-Ⅲ	260	156	104	346	346	520	799	161	5.2

通过各项测试 550 kg/m³ 胶凝材料体系中 A 因素选取 A2;由于 B 因素对于其他指标都为次要影响因素,通过 7 d 抗压测试选取 B3;通过容积密度测试选取 C3;综合选取 D2、E1。于是选取三组配合比作为 550 kg/m³ 胶凝材料体系初步基准配合比,见表 3.19。

表 3.19　550 kg/m³ 胶凝材料体系配合比

试验号	配合比/(kg/m³)								
	水泥	粉煤灰	矿渣粉	硅灰	碎石 1	碎石 2	河砂	水	减水剂
3-Ⅰ	302	165	83	0	324	488	812	171	5.5
3-Ⅱ	296	165	83	6	324	488	812	171	5.5
3-Ⅲ	220	165	165	0	324	488	812	171	5.5

（3）自密实混凝土理论配合比优选

为了研究既满足工作性能又尽可能降低胶凝材料用量的配合比,上小节着重对比分析了 490 kg/m³、520 kg/m³、550 kg/m³、580 kg/m³ 四种胶凝材料体系,最后选定 520 kg/m³、550 kg/m³ 两种胶凝材料体系中各 3 个配合比做进一步优化,以选取基准配合比。不同配合比抗压强度如图 3.18 所示。

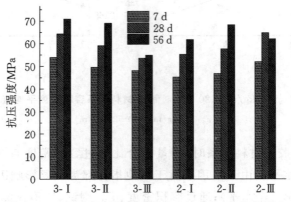

图 3.18　不同胶凝材料体系的 7 d、28 d、56 d 抗压强度

图 3.18 所示为不同胶凝材料体系自密实混凝土在 20 ℃密封状态条件下 7 d、28 d 和 56 d 龄期时的抗压强度测试结果。整体分析强度可知,在水胶比确定为 0.31 的条件下,不同胶凝材料用量配合比中,水泥用量较高时混凝土早期强度较高;掺入大掺量矿物掺合料的混凝土早期强度略低,后期强度与水泥用量较高的接近;3-Ⅰ和 2-Ⅲ大掺量矿物掺合料配合比配制的混凝土 28 d 抗压强度均在 60 MPa 以上,满足 C50 配制强度的要求。

由于钢壳沉管中自密实混凝土处于封闭状态,本研究中在混凝土成型后对混凝土进行密封处理,具体做法是在混凝土表面涂抹有机防水膏体并包裹上严密的塑料薄膜,以此来尽可能模拟钢壳沉管内的环境状态,开展混凝土的收缩研究。混凝土的收缩越小,其体积变形越小,体积稳定性越高,越有利于自密实混凝土在钢壳内的有效填充,提高钢壳与混凝土的协同受力效果。因此,本研究将收缩性能作为自密实混凝土配合比优选的关键指标之一,通过对比不同配合比混凝土的收缩值,优选出收缩较小的混凝土配合比。不同配合比收缩试验结果如图 3.19 和图 3.20 所示。从试验结果可知,采用大掺量的粉煤灰和矿粉复掺的混凝土具有较小的干缩值,520 kg/m³ 胶凝材料体系中 56 d 收缩率为 210.3×10^{-6},550 kg/m³ 胶凝材料体系中 56 d 收缩率为 220.6×10^{-6}。而掺入少量硅灰和水泥用量较高的配合比,其混凝土收缩率明显增大。

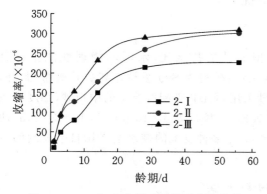

图 3.19　520 kg/m³ 体系收缩率变化趋势　　图 3.20　550 kg/m³ 体系收缩率变化趋势

钢壳沉管自密实混凝土是一种大体积混凝土,在密闭的钢壳内,尽可能小的水化放热量和小的绝热温升显得尤为重要。图 3.21 和图 3.22 所示为 520 kg/m³、550 kg/m³ 体系的绝热温升趋势图,可以明显看出,随着水泥用量的提高其绝热温升越大,因此在保证强度、耐久性、体积稳定性的情况下需要尽可能地减少水泥用量。同时少量的硅灰掺入会使得温升略微地增长。综上可知,可使用大掺量的粉煤灰和矿渣粉来替代水泥组分,从而减少水化热的产生。

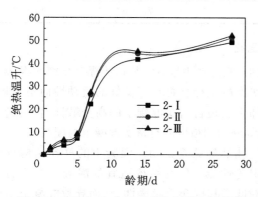
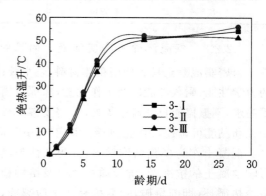

图 3.21　520 kg/m³ 体系绝热温升变化趋势　　图 3.22　550 kg/m³ 体系绝热温升变化趋势

通过对比不同胶凝体系的抗压强度、体积稳定性和绝热温升,综合考虑不同配合比的经济性,分析得出最稳定适宜的室内理论配合比,见表 3.20。

表 3.20　基准配合比

试验号	配合比/(kg/m³)								
	水泥	粉煤灰	矿渣粉	硅灰	碎石1	碎石2	河砂	水	减水剂
2-Ⅰ	208	156	156	0	346	520	799	161	5.2
3-Ⅲ	220	165	165	0	324	488	812	171	5.5

3.2.2 钢壳沉管自密实混凝土配制与优化

3.2.2.1 原材料

本次试验所采用的水泥为 P·Ⅱ 42.5R 型的硅酸盐水泥,水泥的物理性能指标见表 3.21;粉煤灰为Ⅰ级粉煤灰,其性能指标见表 3.22;矿粉为 S95 级粒化高炉矿渣粉;此外,胶凝材料配合比采用硅灰比对试验;混凝土用砂采用西江Ⅱ级配区要求的中粗砂(细度模数为 2.6~2.7),含泥量低于 1.1%;碎石采用反击破碎石,粒径为 5~10 mm 和 10~20 mm 两个级配碎石,含泥量低于 0.5%,针片状含量低于 5%;多种复配的减水剂采用自行开发的自密实混凝土专用减水剂(减水率不低于 25%)。

表 3.21　水泥物理性能指标

凝结时间/min		抗压强度/MPa		抗折强度/MPa		标准稠度用水量/%	0.08 mm 筛余/%
初凝	终凝	3 d	28 d	3 d	28 d		
170	215	25.3	50.6	5.5	7.9	28.0	2.1

表 3.22　粉煤灰性能指标

0.045 mm 筛余/%	需水比/%	烧失量/%	三氧化硫/%	含水量/%
8	91	2.3	1.73	0.43

3.2.2.2 钢壳沉管自密实混凝土的性能优化

自密实混凝土具有使用粉体材料多、水胶比低、低集料用量等特征。为提升自密实混凝土的力学性能、耐久性能以及工作性能,保证自密实混凝土拌合物具有良好的流动性而不离析、不泌水,不振捣能自动流平等性能,需要掺加外加剂实现自密实混凝土的高分散性、含气量可调控和黏度可调控,为此膨胀剂、消泡剂、引气剂等外加剂被引入自密实混凝土的配制中。

混凝土作为多孔结构材料,其耐久性与其气孔结构关系密切。混凝土的气孔结构直接影响混凝土的抗冻融、抗介质渗透以及结构稳定等性能。气孔结构适宜的混凝土在经历环境冷热循环(即冻融破坏)后极易产生微裂缝,降低了其抗介质渗透性,从而导致混凝土结构性破坏。高稳、匀质气泡对混凝土工作性能起调节使用,并使其工作性能与其他性能能够完美匹配。

引入的这种大量微小、均匀独立的高稳气泡,起到了滚珠轴承的作用,使集料颗粒间摩擦力减小,同时相对增加了水泥浆的体积,提高新拌混凝土的流动性;大量的气泡增加了浆体的体积,从流变学的角度提高了混凝土的塑性黏度,使混凝土和易性也得到了改善。这类高稳气泡的均匀、细小的特性有效地阻断了水分泌出的毛细通道,同时也减小了水分泌出的可能性,还增加了混凝土拌合物的黏聚性,针对该钢壳沉管自密实混凝土,这种减水剂可以很好地保证混凝土有较好的流动性,抗离析能力高,填充性能优异。

(1) 聚羧酸类外加剂构效关系的研究

① 溶液性能

聚羧酸类外加剂是基于聚醚和丙烯酸类的共聚物,其主链是弱聚电解质,侧链为亲水的

PEG（聚乙二醇）长链，兼具了弱聚电解质和梳型聚合物的特点，可能存在分子内或者分子间的氢键以及分子内静电相互作用所导致的聚集行为，因为这些相互作用使其具有丰富的溶液行为，而在水泥体系溶液状态下的高分子链的形态有可能影响其与水泥的相互作用，从而影响聚合物在水泥体系中吸附、分散、引气和流变等一系列性能，为此动静态光散射被用于研究高分子聚合物在不同 pH 溶液以及不同离子 Ca^{2+}、Na^+ 离子中的构象变化。

如图 3.23 所示，同 pH 条件下，受静电屏蔽效应影响，PCA（聚己内酰胺）分子的 Rh 值（溶液中氢压的负对数值，是表示溶液"氧化还原电位"的一种方式。Rh 值越大，氢压越小，其氧化性越强，还原性越弱；Rh 值越小，氢压越大，其氧化性越弱，还原性越强）随着 $NaNO_3$ 水溶液浓度的增大而降低。而同钠盐浓度、pH 值在 6～9.5 条件下，PCA 分子的尺寸随 pH 值的变大而变大，即电离度（链内静电排斥力）是决定溶液尺寸的直接因素，电离羧基产生的分子内斥力（膨胀）远大于分子内离子键（收缩），推测其原因大致为 Na^+ 络合能力较小，不能克服空间位阻，很难产生离子键（水分子、—COONa 的氢键）。一价金属阳离子盐对阴离子型聚电解质的影响主要在于改变了溶液中的离子强度，减弱了阴离子型聚电解质在溶液中电离后带负电基团之间的相互斥力。

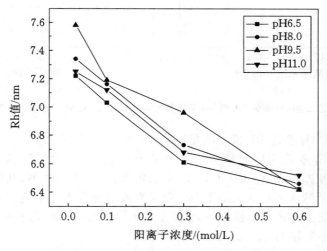

图 3.23　PCA（聚己内酰胺）的 Rh 值随 $NaNO_3$ 水溶液浓度的变化图（不同 pH 条件下）

3 种 PEG（聚乙二醇）分子模型被用于研究不同离子浓度对 PCE 尺寸的影响，其结构特点为羧基比例均为 1∶6.3，但主链长度不同，得到羧基比例相同但是主链长度不同的减水剂，如图 3.24 所示。将样品分别配制于不同浓度的 $NaNO_3$、KNO_3 及 $Ca(NO_3)_2$ 水溶液和盐溶液中，并进行动静态光散射同步测试。

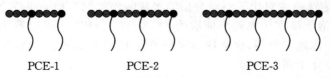

图 3.24　不同接枝密度的 PCE 模型分子结构图

图 3.25 结果表明，PCE（聚乙二醇）样品的 Rh 值随着 Na^+、K^+ 水溶液浓度的增大而降低，其主要原因是：PCE（聚乙二醇）是一种共聚物和阴离子型聚电解质于一身的聚合物，当它溶于水时，聚合物分子链 COO—Na^+ 基团上的 Na^+ 发生电离，致使聚合物分子带负电，从而导致聚合物分子链上离子基团间相互排斥，促使聚合物分子链呈现排斥状态。而加入离子盐之后，离子盐对 PCE（聚乙二醇）大分子链上羧基负离子之间的静电排斥起到了屏蔽作用，导致羧基负离子之间的静电排斥力大大降低，故使 PCE 大分子链卷曲和收缩而排除水分子包裹的作用增强，导致 Rh 值减小。但继续增加离子盐的浓度时，其对 PCE（聚乙二醇）大分子链上羧基负离子之间的静电排斥的屏蔽作用增强程度已不大，因而聚合物分子尺寸的 Rh 值变化也趋于稳定。

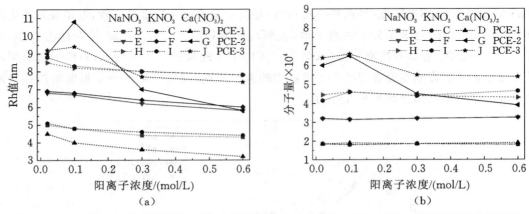

图 3.25　PCE（聚乙二醇）样品的 Rh 值、分子量随 Ca(NO₃)₂ 及 NaNO₃、KNO₃ 水溶液浓度的变化图

PCE（聚乙二醇）样品的 Rh 值并不是随着 $Ca(NO_3)_2$ 水溶液浓度的增大呈现大幅下降的趋势，而是呈现出多元变化的趋势。从理论上来说，电荷数不同的正离子，如 Na^+ 和 Ca^{2+}，其离子半径相差不多，但由于 Ca^{2+} 电荷数较多，使扩散层变薄，从而减小了双电层厚度。此外，Ca^{2+} 电荷数比 Na^+ 大，所以 Ca^{2+} 能更有效地屏蔽大分子链上羧基负离子之间的相互排斥作用，促使分子链卷曲程度增大，分子线团尺寸变小。阳离子对聚合物分子线团的 Rh 值影响程度大小顺序为 $Ca^{2+} > Na^+ > K^+$。

② 起泡引气性能

聚羧酸共聚物以不同的方式引入引气基团，掺加混凝土后使混凝土在拌和时产生大量气泡并能以较稳定的形式存在，又能使这些气泡的直径较小且均匀。溶液性能试验就是要了解外加剂的起泡及稳泡性能。其中 PC_1 为常规聚羧酸外加剂复配引气剂，PC_2 为改性高稳泡型聚羧酸外加剂，PC_3 为常规的聚羧酸外加剂。

a. 起泡高度

图 3.26 采用泡沫高度对比了不同类型的聚羧酸外加剂在相同条件下的起泡引气能力。相同浓度下，最大泡沫高度从大到小依次为 $PC_1 > PC_2 > PC_3$。可以看出，采用复配引气剂的聚羧酸外加剂泡沫高度最高，而常规的聚羧酸外加剂泡沫高度最低，改性的高稳泡型聚羧酸外加剂泡沫高度介于两者之间。

b. 泡沫大小及稳定性

表 3.23 显示了掺加不同类型外加剂溶液的泡沫大小及稳定性。PC_1 起泡性优，但泡沫

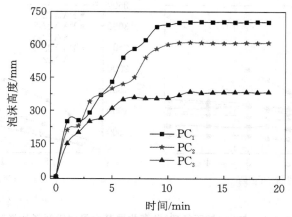

图 3.26　不同外加剂溶液的泡沫高度

较大且泡沫稳定性差；PC$_3$ 起泡性一般，但泡沫较细较均匀，泡沫稳定性较优；PC$_2$ 起泡性较优，泡沫细而均匀，且泡沫稳定性优。总体来说，起泡性从优到差依次为：PC$_1$＞PC$_2$＞PC$_3$，泡沫稳定性从优到差依次为：PC$_2$＞PC$_3$＞PC$_1$。

表 3.23　不同外加剂溶液泡沫大小及稳定性（半衰期）

聚羧酸外加剂	泡沫半衰期			平均值	泡沫形态
PC$_1$	6′08″75	6′06″95	6′10″48	6′08″73	粗糙、均匀
PC$_2$	10′39″23	10′30″04	10′36″48	10′35″25	细且均匀
PC$_3$	7′22″67	7′16″03	7′27″75	7′22″48	较小且较均匀

③ 吸附分散性能

a. 分子结构与吸附

（a）离子基团含量对吸附的影响（图 3.27）：通过研究分子结构对吸附的影响规律发现，接枝共聚物在水泥—水界面的吸附行为符合 Langmuir 等温吸附规律，不同共聚物的饱和吸附量和吸附快慢同主链中离子基团种类、含量和主链结构密切相关。对于阴离子型共聚物，主链中 COO—基团含量增加，则饱和吸附量增加，吸附快，但当羧基含量增大到一定程度后，吸附量反而下降。

（b）侧链长度对吸附的影响：图 3.28 为不同聚醚侧链长度的接枝共聚物的等温吸附曲线。对于所有接枝共聚物，吸附曲线体现出了相类似的趋势，在 0～2.0 mg/g 范围内，水泥粒子的吸附量不断增加，且增加的速度较快；在掺量较高时（＞2.0 mg/g），吸附量也在增加，但增加的速度变缓；外加剂掺量大于 3.0 mg/g 后，吸附量的变化较小，基本上趋于稳定，达到饱和吸附。

b. 分子结构与分散

水泥外加剂的性能依赖于它的吸附参数，如吸附的分子数量、吸附层厚度以及表面覆盖的程度。聚合物结构的每个变化，尤其是离子基团种类和数量的变化都会极大地影响这些参数，进而影响外加剂的性能（如分散性和分散保持性）。

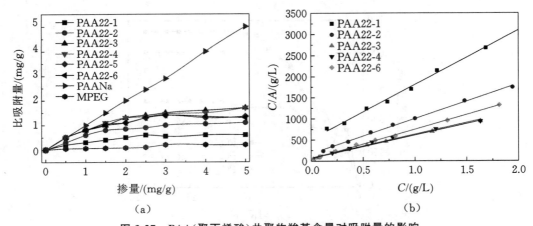

图 3.27　PAA（聚丙烯酸）共聚物羧基含量对吸附量的影响

（a）PAA 掺量与吸附量的关系；（b）Langmuir 方程计算

C—三元共聚物溶液的质量浓度；A—三元共聚物溶液的紫外吸光度值

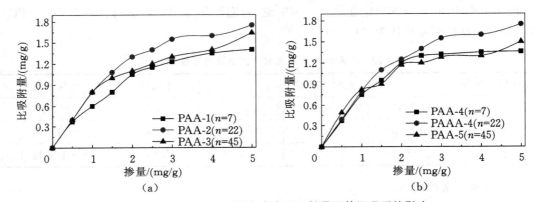

图 3.28　侧链长度对共聚物在水泥颗粒界面等温吸附的影响

（a）每摩尔接枝共聚物羧基含量相同；（b）每克接枝共聚物羧基含量相同

羧基含量对分散性的影响：不同阴离子基团含量的接枝共聚物掺量对水泥分散性的影响如图 3.29 所示。当侧链长度 n 固定，改变羧基/酯基的比例（x/y）时，随 x/y 增加，水泥分散性提高，但当 $x/y \geqslant 4.0$ 后，随着 x/y 的继续增大，分散性反而下降。同时试验结果表明，对于 $3 \leqslant x/y \leqslant 4$ 时，当掺量在 0.1% 到 0.3% 之间时，其分散性迅速增加，继续增大掺量，分散性还会改善。相反，当 $x/y \leqslant 2$ 或 $x/y \geqslant 6$ 时，掺量从 0.15% 开始到0.2% 时，其分散性随掺量的增加而增大，掺量到 0.2% 时分散性基本达到了最高点。在同样掺量情况下，$x/y = 4$ 的接枝共聚物分散性最高，添加 $x/y = 1$ 的接枝共聚物主链中 COO—含量低，在水泥颗粒上吸附很小，分散性最差。图 3.29（b）中吸附量和分散性的关系曲线还表明，在吸附量大致相同的情况下，随 x/y 增加，由于其分子构象较蜷曲导致发挥的空间位阻效应降低，使得分散性降低。

侧链长度对分散性的影响：聚氧乙烯侧链的分子量即侧链长度对水泥净浆的流动性起着关键的作用。目前大量的研究表明，侧链越长空间位阻越强，则分散性越强，但这个结论必须在保证每克外加剂 COO—数目相同的条件下才成立。

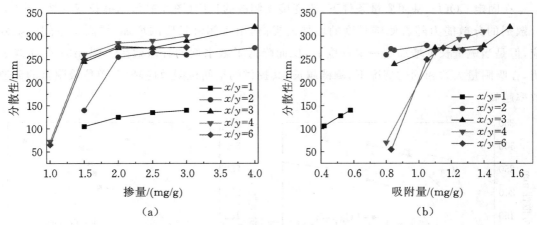

图 3.29 共聚物分子中羧基含量对水泥悬浮体分散性的影响
（a）掺量与分散性；（b）吸附量与分散性

在 x/y 的值固定的条件下，改变接枝侧链的长度（图 3.30），当接枝侧链 $n=45$ 时，同掺量条件下，其分散性反而比 $n=7$ 的短侧链共聚物差。由于外加剂在水泥中的掺量是按照质量掺加，不同的侧链长度，在同样的 x/y 条件下，每克外加剂所含有的 COO— 数目截然不同，PC_1 含有 5135 $\mu mol/g$ COO—，而 PC_3 仅含有 1064 $\mu mol/g$，相差了将近 5 倍，因此其吸附能力也截然不同。当侧链长度 $n=45$ 时，大部分共聚物残留在溶液中不能起到分散作用。相反，当链较短时（$n=7$），由于主链上 COO— 基团多，不但可以提高共聚物的吸附能力，赋予共聚物发挥空间位阻的作用，而且可以提供静电排斥力，从而进一步提高了分散性。图 3.30(b) 中的吸附量和分散性的关系曲线也表明，含有较高吸附基团的短侧链共聚物分散性相对更高应该是静电排斥和空间位阻协同作用的结果。

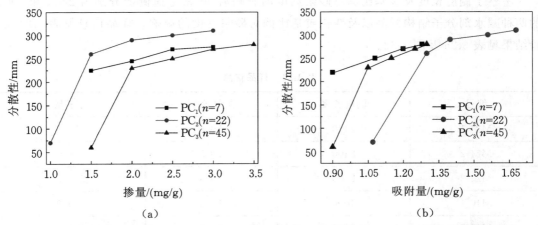

图 3.30 接枝共聚物（每摩尔接枝共聚物羧基含量相同）中侧链长度对水泥悬浮体分散性的影响
（a）掺量与分散性；（b）吸附量与分散性
注：$PC_1(n=7)$ 为接枝侧链的长度等于 7 的 PC_1 型聚羧酸外加剂；$PC_2(n=22)$ 为接枝侧链的长度等于 22 的 PC_2 型聚羧酸外加剂；$PC_3(n=45)$ 为接枝侧链的长度等于 45 的 PC_3 型聚羧酸外加剂

在固定 COO—基团质量条件下，改变接枝侧链的长度（图 3.31），侧链长度 n 为 $7\sim50$，分散剂的分散能力随着侧链长度的增加而提高，由于侧链长度的增加，提高了空间位阻效应，但是当侧链长度增加到一定程度后，反而降低了减水剂的分散效果。图 3.31 的曲线表明，在吸附量大致相同的情况下，侧链越长，其提供的空间位阻效应越大，单位吸附量的分散效率越高。

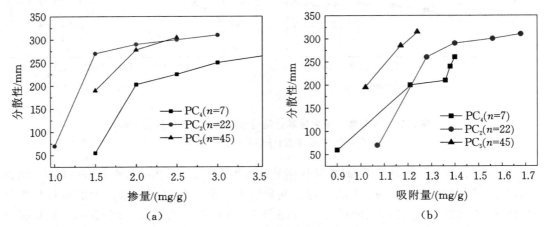

图 3.31 接枝共聚物（每克接枝共聚物羧基含量相同）中侧链长度对水泥悬浮体分散性的影响

（a）掺量与分散性；（b）吸附量与分散性

注：$PC_4(n=7)$ 为接枝侧链的长度等于 7 的 PC_4 型聚羧酸外加剂；$PC_5(n=45)$ 为接枝侧链的长度等于 45 的 PC_5 型聚羧酸外加剂

④ 流变性能

考察了侧链长度及羧基比例对砂浆黏度的影响后，再来考虑侧链分别为 2400 和 4000 的两种减水剂分子结构样品以及变化羧基比例对砂浆黏度的影响。样品信息见表 3.24，试验结果见表 3.25 及图 3.32。

表 3.24 样品信息

编号	侧链长度	羧基比例	分子量
M24-1	2400	1∶4	31800
M24-2	2400	1∶5	30600
M24-3	2400	1∶6	27100
M40-1	4000	1∶6	30000
M40-2	4000	1∶8	30600
M40-3	4000	1∶10	30400
M40-4	4000	1∶12	29900

表 3.25　侧链长度及羧基比例对砂浆新拌性能的影响

编号	掺量/%	扩展度/mm	容积密度/(kg/m³)	H-B 拟合			
				屈服应力/Pa	稠度系数/(Pa·s)	流性指数	塑性黏度/(Pa·s)
M24-1	0.101	230	2170	39.305	6.734	0.903	5.093
M24-2	0.103	230	2170	34.456	4.834	0.960	4.307
M24-3	0.110	220	2160	49.322	4.715	0.936	3.921
M40-1	0.114	230	2180	76.312	8.833	0.943	7.495
M40-2	0.108	230	2140	80.548	3.958	1.007	4.039
M40-3	0.1	220	2140	88.705	2.874	1.075	3.570
M40-4	0.107	225	2160	72.113	2.798	1.071	3.435

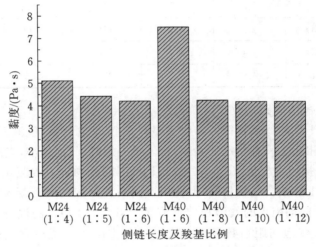

图 3.32　侧链长度及羧基比例对黏度的影响

上述结果表明：相同侧链长度时，改变羧基比例不仅对减水剂减水率有影响，同样也影响砂浆的黏度。对于侧链长度为 2400 聚醚类的减水剂来说，随着羧基比例的增大，减水剂减水率提高，即相同扩展度时可减少减水剂用量而且可使砂浆黏度显著降低。侧链长度为 4000 聚醚类的减水剂的变化规律与侧链为 2400 的类似。比较羧基比例相同、侧链长度不同的减水剂（M24-3 和 M40-1）可以发现，侧链长度的增加将导致减水剂减水率下降，砂浆黏度也显著增大。

（2）高稳泡型外加剂的应用

将具有调节气孔结构的表面活性剂用化学方法引入聚羧酸外加剂上可得到改性高稳泡型聚羧酸外加剂，这种结构的外加剂不仅具有良好的水泥分散性能，而且能使水泥混凝土具有较好的耐盐碱性能，同时聚合物分子在气-液界面膜上排列更为紧密，能够大幅提升分子膜的黏弹性，使气泡直径更小、稳定性更高且分布均匀，同时其具有低表面张力、低临界胶束浓度、良好的起泡性和泡沫稳定性等优点，能够满足自密实混凝土对外加剂的需求。

① 高稳泡型外加剂对新拌混凝土性能的影响

下面所有性能评价中，PC_1 为常规聚羧酸外加剂复配引气剂，PC_2 为改性高稳泡型聚羧酸外加剂，PC_3 为常规的聚羧酸外加剂。

表 3.26 为相同初始含气量下，不同外加剂对混凝土新拌性能的影响。通过掺量大小可对比不同外加剂的引气性能和分散性能，引气性能从优到差依次为 $PC_2 > PC_1 > PC_3$；通过初始含气量及含气量 1 h 经时变化量可对比不同外加剂的稳泡性能，从优到差依次为 $PC_2 > PC_1 > PC_3$。由此可见，高稳泡型外加剂具有掺量低、引气能力强，且含气量稳定等优点，同时具有良好的坍落度保持能力。

表 3.26　不同外加剂混凝土新拌性能

外加剂	掺量/%	含气量/%		坍落度/mm		硬化混凝土含气量/%
		初始	1 h 经时	初始	1 h 经时	
基准	—	1.5	1.7	215	75	—
PC_1	0.23	4.2	3.5	210	200	6.4
PC_2	0.22	4.4	4.3	220	215	6.5
PC_3	0.24	4.8	3.0	220	205	5.2

② 硬化混凝土气泡间距系数

表征硬化混凝土气泡体系特征的参数主要有 3 个，即含气量、气泡平均直径和气泡间距系数。这 3 个参数相互之间有一定的关系，含气量一定时，气泡越小，气泡间距系数就越小。图 3.33 显示了相同初始含气量[(5.0 ± 0.5)%]下，不同外加剂对混凝土气泡间距系数的影响。虽然新拌混凝土初始含气量相同，但使用不同品种外加剂时混凝土气泡间距系数有明显差别，这主要与分散剂引入的气泡稳定性有关。其中，用 PC_2 的混凝土气泡间距系数最小，用 PC_3 的混凝土气泡间距系数最大。掺 PC_3 的混凝土硬化后含气量为 5.2%，相当于 PC_2 的 80%，这是造成掺 PC_3 混凝土气泡间距系数偏大的主要原因。可见，在初始含气量相同的情况下，气泡间距系数可准确反映出分散剂引入的气泡稳定性。

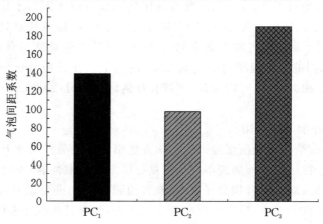

图 3.33　硬化混凝土气泡间距系数的影响

③ 硬化混凝土孔径分布的影响

研究表明,加入优质外加剂,可以在混凝土中形成很多直径在 $20\sim200\mu m$ 的微小气泡。从混凝土结构理论上来讲,直径如此小的气泡形成的空隙属于毛细孔范围或称无害孔、少害孔,它不但不会降低强度,还会大大提高混凝土耐久性。图 3.34 显示了在新拌混凝土含气量相近[$(5.0\pm0.5)\%$]条件下,不同外加剂对硬化混凝土孔径分布的影响。由图 3.34 可见,在新拌混凝土含气量相近[$(5.0\pm0.5)\%$]条件下,采用不同外加剂时混凝土气泡分布差异较大。掺外加剂的混凝土直径小于 $200~\mu m$ 的气泡个数从多到少依次为 $PC_2 > PC_3 > PC_1$,大量微小气泡的引入有助于减小混凝土的气泡间距系数。

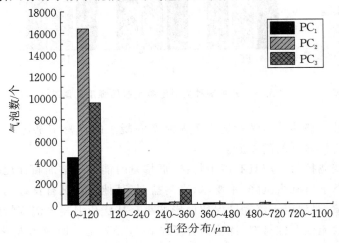

图 3.34　外加剂种类对孔径分布的影响

④ 混凝土抗压强度

图 3.35 显示了在新拌混凝土含气量相近[$(4.5\pm0.5)\%$]条件下,不同外加剂对硬化混凝土抗压强度的影响。由表 3.26 可见,同水胶比下,掺不同外加剂混凝土硬化后含气量从大到小依次为 $PC_2 > PC_1 > PC_3$。而混凝土 28 d 抗压强度从小到大依次为 $PC_3 < PC_2 < PC_1$,抗压强度与含气量之间并无对应关系,这进一步证实强度变化不仅与含气量有关,也与引入气泡的尺寸分布和大小有关。由于 PC_2 引入的直径小于 $200~\mu m$ 的气泡最多,占 95% 左右,即使混凝土硬化后含气量最大为 6.0%,但其 28 d 抗压强度仍大于掺其他外加剂的混凝土。

⑤ 性能综合评价

高稳泡型外加剂在混凝土中表现出优异的分散性能、引气性能和含气量稳定性,并且引入混凝土中的气泡更为细密,在硬化结构的气泡间距系数相比传统的外加剂分子更小。这一类新型高稳泡型外加剂不仅能使水泥具有良好的分散性能,而且可有效地调控混凝土的塑性和硬化阶段的气孔结构,为混凝土耐久性提升提供了关键材料。

(3) 流变调控剂的应用

考虑到集料及粉体材料波动对混凝土性能的影响较大,且其市场供应时控制难度较大;针对钢壳沉管自密实混凝土性能及施工工艺特点,现研究流变调控材料以改善混凝土性能。采用高分子量的两性离子聚合物作为混凝土的流变调控材料,可以有效减少混凝土的泌水现象,同时由于浆体屈服应力的提升,浆体对于集料的包裹和稳定作用增强,从而显著改善

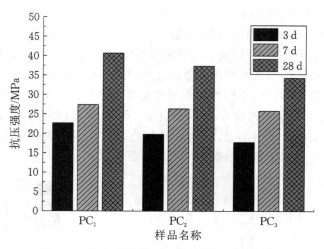

图 3.35　外加剂种类对混凝土抗压强度的影响

了混凝土的和易性。该项技术特别适用于大流态混凝土的自密实泵送施工,解决了以往混凝土大流态同离析泌水之间的矛盾。

一种好的流变调控材料应具有以下特性:低掺量时能明显增加新拌混凝土的黏度;新拌混凝土在塑性状态下可减少沉降,不泌水,高耐盐,与其他外加剂有良好的相容性,且无严重的缓凝或引气现象;对混凝土流动度保留值影响小。从优化混凝土流变特性的角度出发,设计开发新型结构的流变调控材料,探明其分子结构与混凝土屈服应力及塑性黏度间的构效关系,对解决高性能混凝土高流动性和抗离析性之间的矛盾,提升高性能混凝土的工作性、力学性及耐久性具有重要意义。

① 两性离子聚合物型黏度调控材料的开发与应用

针对钢壳沉管自密实混凝土的特点,设计、合成系列新型两性离子聚合物混凝土流变调控材料,分子中的阳离子基团使聚合物与水泥颗粒表面相互作用的方式由单一氢键吸附变为氢键与静电吸附同时存在,增强了聚合物分子在水泥表面的吸附能力,阴离子水化基团可通过水化作用包覆在水泥颗粒上,聚合物分子的吸附基团和水化基团在水泥颗粒表面形成"水泥颗粒-线性高分子-水分子吸附层"的三维网状结构,束缚住更多的自由水,保证水泥浆体的稳定性,具体形式如图 3.36 所示。

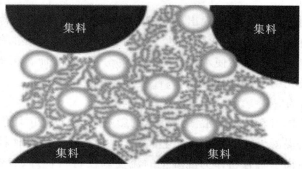

图 3.36　"水泥颗粒-线性高分子-水分子吸附层"三维网状结构示意图

② 两性离子聚合物对于黏度调控作用的构效关系研究

通过优化聚合条件,详细探究聚合物分子量、两性离子比例对于产品性能的影响规律。对于分子量的构效关系,产品分子量越大,浆体的屈服应力越大,同时浆体的泌水现象削弱(图 3.37),这意味着在一定程度内增加聚合物的分子量,可以显著提高水泥浆体的屈服应力并且减少泌水。

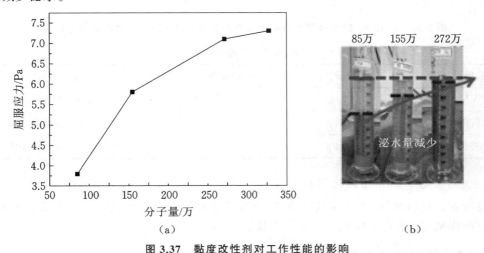

(a)   (b)

图 3.37   黏度改性剂对工作性能的影响

(a) 分子量对于屈服应力的影响;(b) 分子量对于泌水的影响

根据上述的构效关系研究的结果,VM1002 型混凝土黏度调控材料得以开发。由图 3.38 以及表 3.27 可以发现,对比目前市场上的聚合物型流变改性剂(BASF420)和纤维素醚型流变改性剂(羟丙基改性纤维素),工程中开发的两性离子型聚合物调控材料具有较高的屈服应力(达到 7.3 Pa),对于水泥浆体的泌水抑制作用最强。同时由图 3.39 可以发现,掺杂 VM1002 的样品在黏度调控材料的掺量只有市售产品 50% 的条件下,能达到更优异的混凝土和易性。

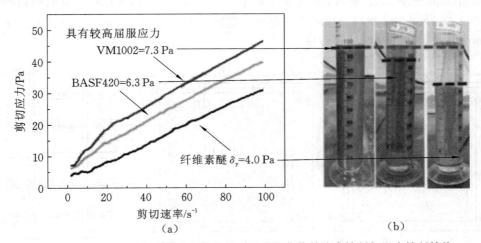

(a)   (b)

图 3.38   VM1002 混凝土黏度调控材料对于水泥浆体的流变控制与泌水控制性能

图 3.39　VM1002 黏度调控产品同传统产品之间的混凝土和易性改善效果对比

表 3.27　性能对比表

黏度调控剂	掺量/%	坍落度(扩展度)/mm	和易性说明
VM1002	0.03	19.0(50)	裹浆最好,和易性最好
传统产品	0.03	20.0(52)	裹浆一般,和易性一般
传统产品	0.06	17.2(52)	裹浆良好,和易性较优

3.2.2.3　施工配合比优化调整

通过钢壳模型试验、足尺模型试验、坞内原位试验等对混凝土配合比进行验证和优化,具体分析详见 4.2 节自密实混凝土浇筑模拟试验。

3.2.3　不同施工浇筑工艺模拟试验

（1）静态浇筑工艺模拟试验研究

在室内研究的基础上得出了室内推荐的配合比,本节通过选取钢壳沉管典型的节段模型,开展模型试验,以便对室内配合比性能进行进一步的验证和优化,在此基础上选取推荐的施工配合比。

① 模型制作

如图 3.40 至图 3.42 所示,本试验加工 1 套 1.5 m×1.5 m×1.5 m 全钢模型,2 套 1.5 m×1.5 m×1.5 m 侧板和顶板为亚克力的透明板模型,2 套 1.5 m×1.5 m×0.75 m 顶板和 1 块侧板为亚克力的透明板模型。

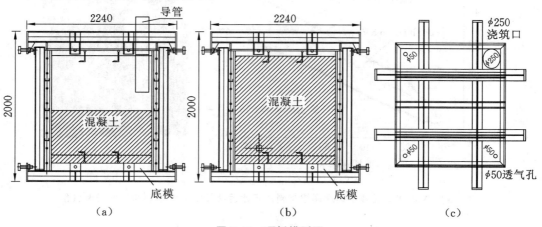

图 3.40　顶板模型图

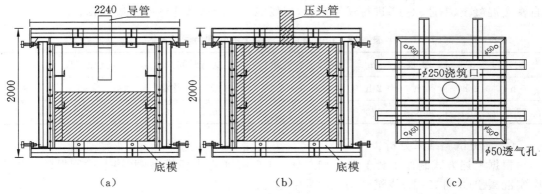

图 3.41 腹板模型图

图 3.42 现场模板拼装图

内肋焊缝采用玻璃胶或者双面胶带模拟,浇筑孔压头采用带法兰钢管或者直径为25 cm 的 PVC 管,排气孔处安装直径为 5 cm 的 PVC 管。

② 推荐施工工艺

顶(腹)板浇筑工艺。顶(腹)板浇筑采用直灌,浇筑前对模板进行降温。开始浇筑时浇筑速度可适当加快,控制在 30 m³/h 左右,浇筑至距离顶(腹)板 10～20 cm 时降低浇筑速度(控制在 10 m³/h 以内),使混凝土液面尽量不受后面浇筑的混凝土扰动反而形成波浪状。同时增加 1 m 混凝土压头,加速排清排气孔周边的气泡。

由于顶(腹)板加劲肋阻碍了混凝土及气泡的横向移动,建议在加劲肋上开设通气孔,通气口为直径为 5 cm 的半圆形,框格每侧至少开一个通气孔。

③ 自密实混凝土配合比及其性能

以水泥、粉煤灰以及矿渣粉作为胶凝材料,以体积稳定性调控剂、专用减水剂等多种外加剂复配调控自密实混凝土的性能,配制出胶凝材料体系分别为 550 kg/m³ 和 520 kg/m³ 的两种自密实混凝土(3-Ⅲ、2-Ⅰ)进行现场试验,现场混凝土测试性能试验结果见表 3.28。

表 3.28　C50 自密实混凝土的物理力学性能

坍落度/mm		扩展度/mm		混凝土含气量/%	凝结时间/h		抗压强度/MPa		
0 h	2 h	0 h	2 h	—	初凝	终凝	3 d	7 d	28 d
275	265	680	670	2.4	10	18	42.3	51.7	63.7

④ 顶板试验结果分析

根据上述方式制作 1 套 1.5 m×1.5 m×1.5 m 亚克力膜模型,并将上述所提的两种自密实混凝土(3-Ⅲ、2-Ⅰ)浇筑到钢壳模具中进行试验分析。

a. 第一次试验(3-Ⅲ组配合比,550 kg/m³ 胶凝材料体系)中混凝土的工作性能见表 3.29。此混凝土能较好地满足钢壳沉管自密实施工的要求,试验浇筑过程中采用料斗施工工艺。具体浇筑试验结果如图 3.43 至图 3.46 所示,由图可以发现,浇筑效果良好,表面平整无明显漏空情况。

表 3.29　试验块混凝土拌合物工作性能(一)

工作性能测试						
扩展度/mm	T_{500}/s	容积密度/(kg/m³)	V 型仪试验/s	L 型仪试验(H_2/H_1)	U 型仪试验(Δh)/mm	含气量/%
690×680	4.0	2370	9.0	0.94	11	2.2

图 3.43　试验块侧面模板安装图

图 3.44　成品试验块侧面图(一)

b. 第二次试验(2-Ⅰ组配合比,520 kg/m³ 胶凝材料体系)中混凝土的工作性能见表 3.30。此混凝土能较好地满足钢壳沉管自密实施工的要求,试验浇筑过程中采用料斗施工工艺。具体浇筑试验结果如图 3.47 至图 3.50 所示,由图可以发现,浇筑制件表面出现较多小气孔,表面光滑度下降。

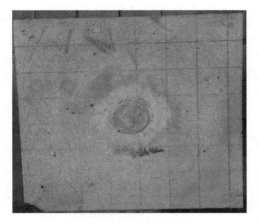

图 3.45 试验块顶面整体气泡分布图

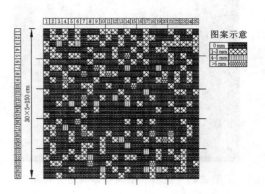

图 3.46 试验块顶面脱空统计图(一)

表 3.30 试验块混凝土拌合物工作性能(二)

工作性能测试						
扩展度/mm	T_{500}/s	容积密度 /(kg/m³)	V 型仪试验 /s	L 型仪试验 (H_2/H_1)	U 型仪试验 (Δh)/mm	含气量/%
650×630	3.0	2350	11.0	0.92	13	2.4

图 3.47 试验块整体模板安装图

图 3.48 成品试验块侧面图(二)

根据上述模型实验,通过 2-Ⅰ 和 3-Ⅲ 现场工作性能和成品试验块顶面脱空统计图中分析可知,550 kg/m³ 胶凝材料体系在实际施工中所产生的混凝土缺陷相对于 520 kg/m³ 胶凝材料体系的缺陷而言要少,同时其施工时工作性能更佳。由对比可知,最为适宜的钢壳沉管自密实混凝土配合比为 550 kg/m³ 胶凝材料体系中 3-Ⅲ 组配合比。

图 3.49　试验块顶面整体气泡分布图

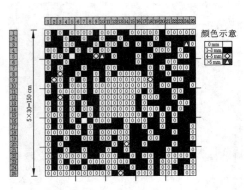

图 3.50　试验块顶面脱空统计图（二）

（2）浮态浇筑工艺模拟试验研究

① 模型试验概况

大断面钢壳模型的尺寸为 16.0 m×17.1m×5.0 m，纵向分为 A～E 共 5 段仓格，顶底板、侧板、纵隔板为厚 16 mm 的 Q345 钢板，纵肋为 L140 mm×90 mm×10 mm 角钢，横向隔板及横肋的钢板厚度为 10 mm。模型的示意图如图 3.51 所示，图中 F1、F2、F3、F4、Z1、Z2、Z3、Z4 仓格为第一次浇筑中 B 断面的墙体和第二次浇筑中 D 断面的墙体，D1、D2、D3、D4、D5、D6、D7 仓格为第一次浇筑中 D 断面的底板和第二次浇筑中 B 断面的底板，T1、T2、T3、T4、T5 仓格为第三次浇筑中 B、D 区段的顶板。

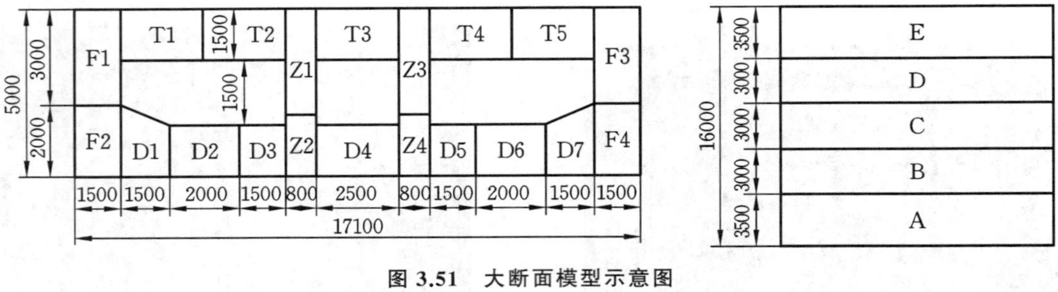

图 3.51　大断面模型示意图

② 浮态浇筑

大断面模型在纵向分为 A～E 五个区域，其中 B、D 为浇筑区，混凝土浇筑总量为 367.5 m³。模型船运至预制厂附近，在杂货码头采用 1000 t 浮吊将其吊入水中，最后在粉料码头完成系泊。在大断面模型浇筑前要进行布料机的改造安装、下料管的除锈、下料管排气管的安装、模型顶板底部开孔、下料引导管的安装、模型的标识等准备工作。

将在搅拌站检测合格的自密实混凝土运输至浇筑现场，过泵检测合格后，开始进行混凝土的浇筑。大断面模型采用两台布料机分三次同时浇筑，每次浇筑分为若干小步。大断面模型的第一次浇筑区域为 B 断面的墙体、D 断面的底板，浇筑总量为 127.5 m³。大断面模型的第二次浇筑区域为 B 断面的底板、D 断面的墙体，浇筑总量为 127.5 m³。大断面模型的第三次浇筑区域为 B、D 区段的顶板，浇筑总量为 112.5 m³。

模型浇筑完成后，拆除并清洗下料管与排气管，以便第二次浇筑时使用。在仓格浇筑完成并拆除下料管及排气管后,需对排气孔、下料孔进行封闭焊接,并要求焊接后的孔口具有良好的水密性。

③ 模型试验过程监测

为完善管节大断面模型试验方法,在大断面模型浇筑过程以及混凝土硬化过程中,对混凝土的温度和应变以及混凝土强度进行了监测。

a. 混凝土温度和应变监测

对于温度和应变监测,选择了 B 仓段的底板、顶板以及侧板的三个仓格埋设温度和应变传感器。为了获得不同部位混凝土温度和应变的发展规律,在进行传感器布置时分别在仓格的中部以及靠近表面处埋设了传感器,以便在大断面模型试验混凝土浇筑过程以及混凝土硬化过程中,对混凝土的温度和应变进行连续监测。混凝土温度和应变监测传感器埋设方案分别如图 3.52 和图 3.53 所示,大断面模型浮态浇筑试验混凝土温度和应变监测结果见表 3.31。由表 3.31 可知,大断面模型试验不同位置(底板、顶板和侧板)钢壳沉管自密实混凝土的最高温度较接近,在 66.8~68.3 ℃波动,最高温出现时间约在混凝土浇筑后的 55 h,混凝土的最大温升在 43.3~45.4 ℃,最高温度出现在仓格的中心位置。该模型试验中钢壳沉管自密实混凝土的温度得到了较好控制,有利于控制混凝土的温度收缩。由于钢壳沉管自密实混凝土处于一种近似封闭状态,混凝土的收缩主要为自收缩,且主要发生在早期。从应变监测结果可知,监测的三个仓格钢壳沉管自密实混凝土 28 d 的体积变形表现为收缩应变,且收缩应变不高于 150×10^{-6}。可见,所配制的钢壳沉管自密实混凝土具有较好的体积稳定性。

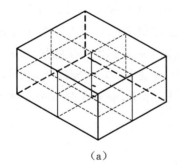 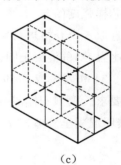

（a）　　　　　　　　（b）　　　　　　　　（c）

图 3.52　混凝土温度监测传感器埋设方案

（a）底板;（b）顶板;（c）侧板

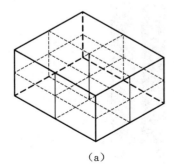 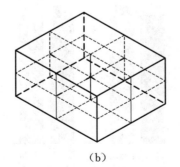 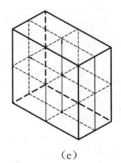

（a）　　　　　　　　（b）　　　　　　　　（c）

图 3.53　混凝土应变监测传感器埋设方案

（a）底板;（b）顶板;（c）侧板

表 3.31　大断面模型浮态浇筑试验混凝土温度和应变监测结果

测试参数	底板	顶板	侧板
最高温度/℃	68.3	66.8	68.0
最热的位置	隔室中心	隔室中心	隔室中心
峰值温度时间/h	55.5	55.0	55.0
最大温升/℃	45.4	43.3	44.6
28 d 垂直应变/10^{-6}	141.7	135.9	132.3

b. 混凝土强度测试

大断面模型试验混凝土强度的测试分为两个部分,分别为现场混凝土留样强度测试和模型实体钻芯取样强度测试。分别对模型试验过程中 3 次浇筑的混凝土进行留样,留样混凝土试件的尺寸为 150 mm×150 mm×150 mm,每次留样 3 组,放置于标准养护室进行养护,分别测试混凝土 7 d 和 28 d 抗压强度,混凝土留样强度测试结果如图 3.54 所示。除了测试留样混凝土强度外,还对模型上层不同仓格进行了实体取芯,取芯具体位置为仓格的下料孔。针对选择的仓格,钻取从顶部到底部的全部芯样,通过测试芯样强度以及对比不同高度处芯样强度的差别,来分析混凝土的强度及其匀质性是否达到要求。通过对模型上层和侧边选取 5 个仓格进行钻芯取样,将所取的芯样由顶部至底部切割成 9 个直径为 100 mm、高径比为 1:1 的混凝土圆柱体试件,并进行抗压强度测试,混凝土芯样强度测试结果见表 3.32。从图 3.54 和表 3.32 可知,模型试验留样混凝土的 28 d 抗压强度在 50 MPa 以上,满足配制指标要求。模型实体混凝土芯样 28 d 抗压强度均在 50 MPa 以上,混凝土强度分布较为均匀,表明混凝土整体密实性和匀质性较好。

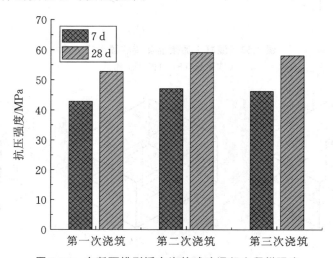

图 3.54　大断面模型浮态浇筑试验混凝土留样强度

表 3.32　大断面模型试验混凝土芯样强度(MPa)

〈建〉区划	样品代号								
	1	2	3	4	5	6	7	8	9
F1	66.5	69.0	71.1	69.8	69.1	75.5	71.7	67.2	72.3
T1	63.7	72.5	65.8	70.2	72.1	71.1	69.9	71.2	71.3
T3	67.8	75.1	71.5	69.3	71.4	74.6	70.9	76.1	71.3
T5	75.4	70.1	71.2	68.7	69.5	73.1	72.3	72.6	72.8
F3	66.2	70.1	71.8	69.9	71.3	70.8	67.9	71.3	71.5

3.3　钢壳沉管自密实混凝土长期体积稳定性能预测与调控

3.3.1　长期体积稳定性能预测

(1) 钢壳沉管自密实混凝土全过程温度、变形性能监测

钢壳沉管混凝土浇筑体内监测点的布置,应能真实地反映出混凝土浇筑体内最高温升、内外温差(中心点及与钢壳接触处)、降温速率及应变历程等,一般的布置原则如下:

① 监测点的布置范围应以所选混凝土浇筑体平面图对称轴线的半条轴线为测试区,在测试区内监测点按平面分层布置;

② 在测试区内,监测点的位置与数量可根据混凝土浇筑体内温度场分布情况确定;

③ 在每条测试轴线上,监测点位宜不少于 3 处,应根据结构的几何尺寸布置。

如图 3.55 所示,温度-应变传感器采用振弦式应变计,振弦式应变计由前后端座、不锈钢护管、信号传输电缆、振弦及激振电磁线圈等组成,当被测结构物内部的应力发生变化时,应变计同步感受变形,变形通过前、后端座传递给振弦转变成振弦应力的变化,从而改变振弦的振动频率。电磁线圈激振振弦并测量其振动频率,频率信号经电缆传输至读数装置,即可测出被测结构物内部的应变量。

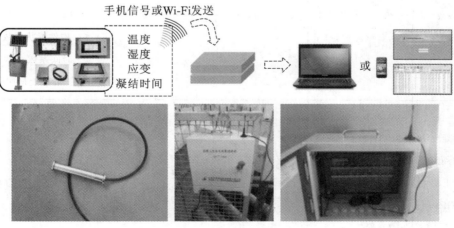

图 3.55　无线监测系统设备

通过混凝土的温度-应变历程监测结果验证计算分析的准确性,判断混凝土与外侧钢壳是否脱开,指导精细化施工。

(2) 钢壳沉管自密实混凝土全过程变形性能预测

钢壳沉管自密实混凝土的变形历程大体可以分为以下几个阶段:

① 塑性阶段的凝缩。该阶段混凝土尚未凝结,收缩由水泥水化所引起的化学收缩及塑性沉降引起。

② 硬化阶段的自收缩及温度收缩。此阶段,由于水泥水化存在较为明显的温升、温降历程,混凝土随着温度变化而产生膨胀及收缩,与此同时,在此过程中水化导致内部相对湿度降低,进而产生自收缩变形。上述自收缩和温度收缩相互叠加,在温升阶段一般表现为体积膨胀,但受钢壳约束作用;在温降阶段,表现为体积收缩,建立的预压应力不断减小,进而与外侧钢壳脱开。

③ 长期服役阶段的徐变。采取掺加膨胀剂配制的微膨胀混凝土,且经过早期温升、温降过程,仍残余一定预压应力时,由于受钢壳的外约束应力作用,长期服役过程中产生徐变,预压应力不断损失。

从上述分析可知,预测钢壳沉管自密实混凝土全过程的收缩性能,需要综合考虑水化、温度(水化放热、外界环境温度及钢壳散热)、湿度(自干燥)、约束(钢壳约束、徐变)等因素的耦合影响,而非仅考虑温度、湿度等单一因素的简单线性叠加;宜采用三维有限元方法进行建模分析。目前,国内外的混凝土收缩计算模型见表3.33。

表3.33　不同混凝土收缩计算模型的适用情况分析

模型来源	适用范围	公式	符号含义
美国混凝土协会(ACI-209R)[99]	相对湿度为40%～80%,湿养护＞7 d,蒸汽养护＞1 d	$\varepsilon_{sh}(t,t_c)=\dfrac{(t-t_c)^a}{f+(t-t_c)^a}\cdot\varepsilon_{shu}$	t—混凝土龄期; t_c—开始干燥龄期; $\varepsilon_{sh}(t,t_c)$—t、t_c时的收缩量; f—构件形状系数; α—时间系数; ε_{shu}—混凝土最终收缩量
欧洲混凝土协会-国际预应力混凝土协会(CEB-FIP)[100]	欧洲混凝土规范MC90:混凝土强度为20～80 MPa,相对湿度为40%～100%,温度为5～30 ℃,养护	$\varepsilon_{sh}(t,t_c)=\varepsilon_{cso}\beta_s(t-t_c)$	ε_{cso}—收缩系数; $\beta_s(t-t_c)$—收缩发展函数

模型来源	适用范围	公式	符号含义
欧洲混凝土协会-国际预应力混凝土协会 (CEB-FIP)[100]	MC90-99：混凝土强度为 $15 \sim 130$ MPa，相对湿度为 $40\% \sim 100\%$，温度为 $5 \sim 30$ ℃，自收缩与干缩分开计算	$\varepsilon_{cas}(t) = \varepsilon_{caso}(f_{cm28})\beta_{as}(t)$ $\varepsilon_{cds}(t, t_c) = \varepsilon_{cdso}(f_{cm28})\beta_{RH}(h)\beta_{ds}(t - t_c)$	$\varepsilon_{cas}(t)$—t 时的自收缩量； f_{cm28}—混凝土 28 d 的平均强度； $\varepsilon_{caso}(f_{cm28})$—$f_{cm28}$ 的自收缩系数； $\beta_{as}(t)$—自收缩发展函数； $\varepsilon_{cds}(t, t_c)$—$t$、$t_c$ 的干燥收缩量； $\varepsilon_{cdso}(f_{cm28})$—$f_{cm28}$ 的干燥收缩系数； $\beta_{RH}(h)$—空气相对湿度为 h 时的相对湿度影响系数； $\beta_{ds}(t - t_c)$—干燥收缩发展函数
Bazant-Panula (B3 模型)[101]	28 d 混凝土强度为 $17 \sim 70$ MPa，水胶比为 $0.3 \sim 0.85$，集胶比为 $2.5 \sim 13.5$，水泥用量为 $160 \sim 720$ kg/m³	$\varepsilon_{sh}(t, t_c) = -\varepsilon_{sh\infty}k_h\beta(t - t_c)$	$\varepsilon_{sh}(t, t_c)$—基准条件下收缩随龄期发展的基本方程； $\varepsilon_{sh\infty}$—最终收缩量； k_h—湿度影响系数； $\beta(t - t_c)$—收缩发展函数
Gardner 与 Lockman 改进的 GL2000 模型[102]	相对湿度为 $20\% \sim 100\%$，28 d 混凝土强度小于 70 MPa，水胶比为 $0.4 \sim 0.6$	$\varepsilon_{sh}(t, t_c) = \varepsilon_{shu}\beta(h)\beta(t - t_c)$	$\varepsilon_{sh}(t, t_c)$—基准条件下收缩随龄期发展的基本方程； ε_{shu}—最终收缩量； $\beta(h)$—湿度影响系数； $\beta(t - t_c)$—收缩发展函数

续表 3.33

模型来源	适用范围	公式	符号含义
欧洲法规 2：混凝土结构设计,德国版[103]	混凝土强度为 $20\sim90$ MPa,相对湿度为 $20\%\sim100\%$,自收缩与干缩分开计算	$\varepsilon_{cd}(t)=\beta_{ds}(t,t_s)k_h\varepsilon_{cd,0}$ $\varepsilon_{ca}(t)=\beta_{as}(t)\varepsilon_{ca}(\infty)$ $\varepsilon_{ca}=2.5(f_{ck}-10)\times10^{-6}$ $\beta_{as}(t)=1-\exp(-0.2t^{0.5})$	$\varepsilon_{cd}(t)$—t 时的干燥收缩量; k_h—湿度影响系数; $\beta_{ds}(t,t_s)$—混凝土收缩发展函数; $\varepsilon_{cd,0}$—基础干燥收缩量; $\varepsilon_{ca}(t)$—t 时的自收缩量; f_{ck}—混凝土28 d抗压强度特征值; $\varepsilon_{ca}(\infty)$—f_{ck} 的最终自收缩量; ε_{ca}—自收缩应变; $\beta_{as}(t)$—t 时的自收缩发展函数
欧洲规范:混凝土结构设计——混凝土桥梁——设计和细则(EN1992-2)[104]	混凝土强度大于 50 MPa,只针对硅灰或未掺矿物掺合料的高强混凝土,自收缩与干缩分开计算	$\varepsilon_{ca}(t)=(f_{ck}-20)[2.8-1.1\exp(-t/96)]\times10^{-6}$ $\varepsilon_{cd}(t)=$ $\dfrac{K(f_{ck})[72\exp(-0.046f_{ck})+75-RH](t-t_a)}{(t-t_s)+\beta_{cd}h_0^2}$	$\varepsilon_{ca}(t)$—t 时的自收缩量; $\varepsilon_{cd}(t)$—t 时的干燥收缩量; RH—相对湿度; β_{cd}—干燥收缩系数; h_0—截面高度; $K(f_{ck})$—混凝土立方体抗压强度标准值
美国国家公路与运输协会(AASHTO)[105]	混凝土强度小于 105 MPa,且采用无收缩倾向集料	$\varepsilon_{sh}=k_sk_fk_{hs}k_{td}\times0.48\times10^{-3}$	ε_{sh}—混凝土收缩量; k_s—体积和比表面积比系数; k_f—混凝土强度系数; k_{hs}—湿度系数; k_{td}—时间发展系数

模型来源	适用范围	公式	符号含义
日本土木工程协会(JSCE)建议的模型[106]	普通混凝土:强度小于55 MPa(水胶比低时可达 70 MPa),相对湿度为 45%~80%,含水量为 130~230 kg/m³,水胶比为 0.4~0.65	$\varepsilon'_{cs}(t,t_0)=\{1-\exp[-0.108\,(t-t_0)^{0.56}]\}\varepsilon'_{sh}$	$\varepsilon'_{cs}(t,t_0)$——龄期为 t、t_0 时的干燥收缩量;ε'_{sh}——最终收缩量
	高强混凝土:强度为 55~120 MPa,相对湿度为 40%~90%,含水量为 130~230 kg/m³,水胶比不小于 0.2,干缩与自收缩分开计算	$\varepsilon'_{cs}(t,t_0)=\{1-\exp[-0.108\,(t-t_0)^{0.56}]\}\varepsilon'_{sh}$ $\varepsilon'_{as}(t,t_0)=\varepsilon'_{as}(t)-\varepsilon'_{as}(t_0)$ $\varepsilon'_{as}(t)=\gamma\varepsilon'_{as\infty}\{1-\exp[-a\,(t-t_s)^b]\}$	$\varepsilon'_{as}(t,t_0)$——龄期为 t、t_0 时的自收缩量;$\varepsilon'_{as}(t)$——混凝土龄期为 t 时的自收缩量;γ——水泥和外加剂影响系数;$\varepsilon'_{as\infty}$——最终自收缩量;a,b——时间影响系数;t_s——初凝时间
公路钢筋混凝土及预应力混凝土桥涵设计规范(JTG 3362—2018)[107]	混凝土强度等级为 C20~C50	$\varepsilon_{cs}(t,t_s)=\varepsilon_{cs0}\beta_s(t-t_s)$	$\varepsilon_{cs}(t,t_s)$——t、t_s 时的收缩量;ε_{cs0}——基础收缩量;$\beta_s(t-t_s)$——收缩发展函数
王铁梦模型[108]	水胶比为 0.2~0.8,水泥浆量为 15%~50%,水泥细度为 1500~8000 μm,相对湿度为 25%~90%,配筋率小于 25%	$\varepsilon_y(t)=\varepsilon_y^0 M_1 M_2\cdots M_n(1-e^{-bt})$	$\varepsilon_y(t)$——混凝土龄期为 t 时的收缩量;t——混凝土龄期;ε_y^0——最终收缩量;$M_1,M_2\cdots,M_n$——收缩修正系数

(3)塑性阶段的凝缩预测

由上述分析可知,需要考虑塑性沉降收缩和水泥的化学收缩。在化学收缩方面重点考虑水泥组成的影响(表 3.34)。化学收缩可采取下式进行分析。

$$\varepsilon_p = \varepsilon_c \cdot \alpha_0 \tag{3-1}$$

式中　ε_p——塑性阶段化学收缩率；

　　　ε_c——工程所采取水泥平均化学收缩率；

　　　α_0——凝结时的水化程度。

表 3.34　水泥中主要单矿物的收缩率

矿物名称	收缩率
铝酸三钙（C_3A）	0.00234 ± 0.000100
硅酸三钙（C_3S）	0.00079 ± 0.000036
硅酸二钙（C_2S）	0.00077 ± 0.000036
铁铝酸四钙（C_4AF）	0.00049 ± 0.000114

（4）硬化阶段的自收缩和温度收缩、长期徐变性能预测

① 水化-温度-湿度耦合模型

早龄期混凝土水化-热-湿多场耦合控制方程如下：

$$\dot{\alpha}_c = A_c(\alpha_c)\beta_h(h)\exp[-E_{\alpha_c}/(RT)] \tag{3-2}$$

$$\beta_h(h) = [1+(a-ah)^b]^{-1} \tag{3-3}$$

能量守恒方程

$$\rho c_t \frac{\partial T}{\partial t} + \nabla \cdot (-\lambda \nabla T) = Q = \dot{\alpha}_c c \tilde{Q}_c^{\infty} \tag{3-4}$$

质量守恒方程

$$\frac{\partial w(\alpha_c, h)}{\partial t} + \nabla \cdot (-D_h \nabla h) = 0 \tag{3-5}$$

式中　$\dot{\alpha}_c$——水化反应速率；

　　　$A_c(\alpha_c)$——归一化化学亲和力；

　　　h——相对湿度；

　　　$\beta_h(h)$——湿度对水化的影响函数；

　　　E_{α_c}——水化活化能；

　　　R——普适气体常数；

　　　T——温度；

　　　a,b——材料参数，可通过分析试验数据标定，但一般取 $a=5.5, b=4$；

　　　ρ——混凝土质量密度；

　　　λ——导热系数；

　　　c_t——混凝土等压热容（比热容）；

　　　c——水泥含量；

　　　$\tilde{Q}_c^{\infty}$——单位质量水泥水化反应潜热；

　　　D_h——湿度扩散系数。

② 耦合条件下收缩变形、徐变计算方法

耦合条件下混凝土的总收缩可由下式表示：

$$\varepsilon_{tot}=\varepsilon_e+\varepsilon_c+\varepsilon_t+\varepsilon_h \tag{3-6}$$

式中　ε_{tot}——总收缩；

　　　　ε_e——由外约束所引起的弹性变形；

　　　　ε_c——徐变；

　　　　ε_t——温度变形；

　　　　ε_h——湿度变化引起的变形。

由于混凝土的温度变形计算相对成熟,湿度变形计算则为计算的关键。假设混凝土为各向同性材料,考虑骨架的体积模量,相对湿度从 100% 降低至 φ(毛细管压力从 0 变为 p)所引起的收缩应变 ε_h 可由下式得到：

$$\varepsilon_h=\frac{S_w p}{3}\left(\frac{1}{K_T}-\frac{1}{K_S}\right) \tag{3-7}$$

式中　S_w——饱和系数；

　　　　p——孔压力(MPa)；

　　　　K_T——多孔固体的体积弹性模量(GPa)；

　　　　K_S——多孔介质骨架的体积弹性模量(GPa)。

K_T 可由下式计算：

$$K_T=\frac{E}{3(1-2\nu)} \tag{3-8}$$

式中　E——弹性模量(GPa)；

　　　　ν——泊松比。

弹性模量 E 可以通过最终弹性模量和水化程度计算获取,如下式所示：

$$E=1.05 E_{28}\left(\frac{\alpha-\alpha_0}{\alpha_\infty-\alpha_0}\right)^b \tag{3-9}$$

式中　E——不同水化程度下的弹性模量；

　　　　E_{28}——28 d 时的弹性模量；

　　　　α——水化程度；

　　　　α_∞——最大水化程度；

　　　　α_0——初凝时水化程度；

　　　　b——拟合参数。

徐变计算主要参照"微预应力-固结"理论,总的徐变速率张量$\dot{\varepsilon}_c$被分解成两个部分：黏弹性变形速率$\dot{\varepsilon}_v$及黏滞性应变速率$\dot{\varepsilon}_f$。

$$\dot{\varepsilon}_c=\dot{\varepsilon}_v+\dot{\varepsilon}_f \tag{3-10}$$

$$\dot{\varepsilon}_v(t)=\frac{\dot{\gamma}(t)}{v(t)} \tag{3-11}$$

$$\dot{\gamma}(t)=\int_0^t \Phi(t-\tau)\dot{\sigma}(\tau)\mathrm{d}\tau \tag{3-12}$$

式中
$$\Phi(t-\tau) = q_2 \ln[1+(\zeta/\lambda_0)^n];$$
$$\zeta = (t-\tau)/\lambda_0; v(t) = (\lambda_0/t)^m + \alpha;$$
$$\dot{\varepsilon}_f(t) = \sigma(t)/\eta$$
$$\frac{1}{\eta(s)} = cpS^{p-1} \tag{3-13}$$

式中，S 为微观预应力，满足 $\dot{S} + c_0 S^p = -c_1 \dot{h}/h$。

3.3.2 长期体积稳定性调控技术

据最新研究成果和工程跟踪调查结果表明，60%以上混凝土工程过早失效是由于收缩开裂产生的。混凝土一旦出现裂缝，就会大大增加混凝土的渗透性，从而危及混凝土的耐久性和结构的安全性。然而，混凝土的收缩又是不可避免的，对于连接珠江两岸的战略性跨江通道（以下简称深中通道）这种海下沉管工程，体积稳定性的调控就显得尤为重要了，针对这一问题，减缩剂、膨胀剂或水化放热历程和减缩协同被用于调控温度收缩变形技术。

3.3.2.1 减缩剂体积稳定性调控技术

（1）减缩剂调控总体思路

其总体思路为采用原位接枝法，利用梳形共聚物聚醚侧链与低分子减缩剂化学性质上的相似性，结合表面吸附学说和空间位阻理论，采用现代分子裁剪技术将具有减缩和提供空间位阻效应的聚醚接枝到共聚物主链中，通过对梳形共聚物分子结构的功能化设计，调节聚合物主链化学结构、侧链种类及长度、分子量大小及分布、吸附基团种类及吸附量大小等关键参数，开发出能够提高混凝土耐久性的减缩型聚羧酸外加剂，在低掺量条件下实现高减缩与高减水性能的统一[109-114]。

该工程结合梳形共聚物减缩与分散性能间的构效关系研究及分子裁剪技术，从而提出具有减缩抗裂性能的聚羧酸系超塑化剂（SRPCA）的分子设计思路。SRPCA 的分子结构示意图如图 3.56 所示。

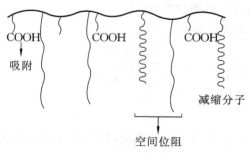

图 3.56 SRPCA 分子结构示意图

① 碱激发短侧链

将具有稳定减缩功能的低分子聚醚作为梳形共聚物短侧链引入聚合体系，与不饱和酸发生酯化反应，随着水泥水化的进行，其在水泥强碱性环境中逐步从主链中发生水解，从而改变水泥浆体孔溶液的性质，达到减小收缩的目的。

② 稳定长侧链

梳形共聚物的长侧链是提供高减水能力的重要保证,稳定侧链能够保证分子结构的稳定性,从而提供稳定的分散能力。不饱和聚醚大单体中含有桥接基团醚键—O—,在水泥强碱性环境中不会发生水解,且很稳定。另外,侧链要保证有一定的长度来增加聚合物分子的分散能力,并降低被水泥水化产物掩埋的程度。

③ 吸附基团

吸附是外加剂与水泥颗粒发生作用的前提,也是产生其他界面物理化学作用的基础。在新型高分子减缩材料中保留一定的吸附基团,能够保证一定的减水率,但吸附基团过多,则会影响聚合物的减缩效果。因此,务必将吸附基团的量控制在一定范围内。

④ 分子量

减缩效果的优劣与聚合物相对分子质量的大小有密切关系。聚合物分子量过大或过小均不能减少收缩,将聚合物分子量控制在 25000～30000,聚合物减缩效果最优。

(2) 减缩剂对混凝土工作性能及力学性能的影响

结合实际工程应用情况,采用保持混凝土水泥用量和坍落度不变的检验方法更为合适。试验中基准混凝土配合比采用本工程推荐的钢壳沉管自密实混凝土配合比,减缩剂对混凝土拌合物坍落度、含气量、减水率及抗压强度的影响见表 3.35。

表 3.35 相同坍落度下减缩剂对混凝土新拌性能及力学性能的影响

减缩剂	坍落度/mm	含气量/%	减水率/%	7 d 抗压强度/MPa	28 d 抗压强度/MPa	56 d 抗压强度/MPa
基准	205	1.5	—	50.1	62.3	69.5
SRPCA	200	1.9	28.0	49.6	61.6	68.6

由表 3.35 可以看出,由于减缩剂本身为固体含量大于 99% 的液体,在保持混凝土同坍落度的条件下,0.5%SRPCA 的掺入等同替代了 0.5% 的用水量。同时,SRPCA 型减缩剂的掺入增大了混凝土的含气量,改变了混凝土的拌合状态,两个因素的共同作用使得高效减缩剂(PSRA)具有一定的减水率,最终导致其对混凝土强度无不利影响。

(3) 减缩剂对混凝土干燥收缩的影响

减缩剂对混凝土干燥收缩的影响如图 3.57 所示。从图 3.57 中可以看出,对于 C50 混凝土,PSRA、SRPCA 型减缩剂在掺量为 0.5% 时,分别减少混凝土 28 d 干燥收缩 32% 与 30%。总体来说,SRPCA 型减缩剂对 C50 混凝土有良好的减缩效果,且在与 PSRA 型减缩剂减缩效果相当的情况下,分散性能明显优于 PSRA。

(4) 减缩剂对混凝土自收缩的影响

PSRA、SRPCA 型减缩剂对混凝土自收缩的影响如图 3.58 所示。从图 3.58 中可以看出,对于 C50 混凝土,PSRA 与 SRPCA 型减缩剂的减缩效果主要表现在后期,这与砂浆收缩实验规律一致,其掺量为 0.5% 时,分别减少混凝土 28 d 自收缩 25% 与 28%。总体来说,两种减缩剂的掺入均对混凝土自收缩起到了抑制作用。对于 C50 混凝土(低水胶比),减缩剂的减缩效果主要表现在后期。相比 PSRA,同掺量的 SRPCA 型减缩剂减少自收缩的效果略优。

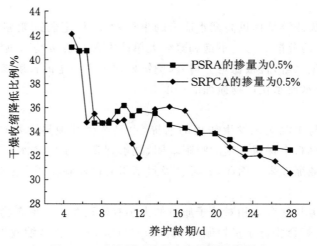

图 3.57　减缩剂对混凝土干燥收缩的影响

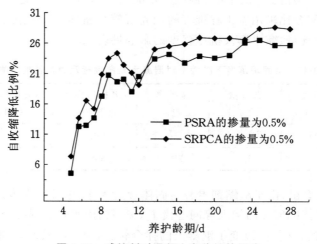

图 3.58　减缩剂对混凝土自收缩的影响

（5）SRPCA 型减缩剂对混凝土开裂性能的影响

PSRA、SRPCA 型减缩剂对混凝土塑性开裂的影响可通过平板开裂试验进行分析。从图 3.59 可以看出，掺 PSRA 与 SRPCA 型减缩剂的混凝土，最大裂缝宽度分别为 0.5 mm、0.48 mm，与基准1.2 mm 相比，减少了 50％以上；裂缝指数分别为 942、993，与基准 1482 相比，下降了 30％以上。

裂缝控制率与基准相比，SRPCA 型减缩剂为 33.0％，PSRA 型减缩剂为 36％，二者相当。可见，SRPCA 型减缩剂与 PSRA 型减缩剂对混凝土塑性开裂均具有良好的抑制作用。

（6）减缩剂对混凝土抗氯离子渗透性能的影响

试验对比研究了基准配合比与掺入减缩剂混凝土的电通量，试验结果见表 3.36。从表 3.36 可以看出，掺 SRPCA 型减缩剂的混凝土，28 d 及 56 d 的电通量均小于基准样，说明 SRPCA 型减缩剂具有良好的抗氯离子渗透性。

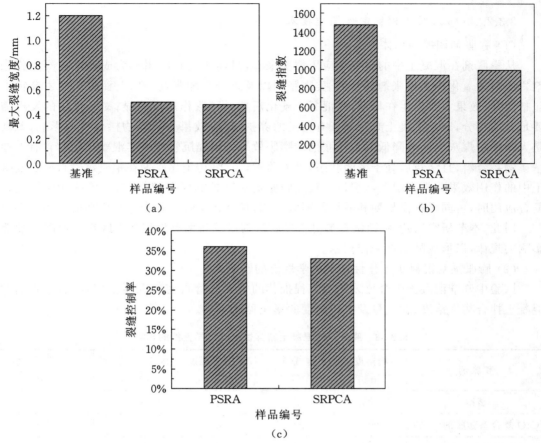

图 3.59 减缩剂对混凝土塑性开裂的影响（平板开裂）

（a）最大裂缝宽度；（b）裂缝指数；（c）裂缝控制率

表 3.36 减缩剂对混凝土抗氯离子渗透性能的影响

减缩剂	28 d 电通量/C	56 d 电通量/C
基准	985	696
SRPCA	885	584

（7）减缩剂对混凝土碳化性能的影响

试验对比研究了基准配合比与掺入减缩剂混凝土的碳化性能，试验结果见表 3.37。从表 3.37 可以看出，基准样 28 d 的碳化深度达 3.0 mm，而掺 SRPCA 型减缩剂的混凝土 28 d 的碳化深度仅为 1.6 mm，说明 SRPCA 型减缩剂具有良好的抗碳化性。

表 3.37 减缩剂对混凝土碳化性能的影响

减缩剂	28 d 碳化深度/mm
基准	3.0
SRPCA	1.6

3.3.2.2　膨胀剂体积稳定性调控技术

（1）膨胀剂调控的总体思路

从膨胀剂在混凝土中的研究和应用情况来看，目前研究和应用较为成熟的混凝土膨胀剂主要包括氧化钙类膨胀剂、钙矾石类膨胀剂以及复合型膨胀剂。以上膨胀剂的主要特点包括：膨胀效果主要发生在早期，在混凝土硬化后期的膨胀作用不明显；膨胀作用的发挥需要足够的水分，因此混凝土必须保证有充足的养护；膨胀效果受到矿物掺合料的影响，尤其是大掺量粉煤灰会显著降低以上膨胀剂的膨胀效果。钢壳沉管自密实混凝土通常含有大掺量矿物掺合料，且浇筑后处于密闭状态，难以养护，因此，传统膨胀剂在钢壳沉管自密实混凝土中的作用效果非常有限。新型氧化镁类膨胀剂对养护的要求较低，当与传统膨胀剂进行复合应用时，可同时提供早期和后期的膨胀作用，且其在实际工程中已有成功的应用实例。

因此，本节研究氧化钙-钙矾石类复合型膨胀剂以及新型氧化镁类膨胀剂对混凝土性能影响的规律，以形成膨胀剂调控技术。

（2）膨胀剂对混凝土工作性能及力学性能的影响

试验中基准混凝土配合比采用本工程推荐的钢壳沉管自密实混凝土配合比，膨胀剂对混凝土拌合物坍落度、含气量及抗压强度的影响见表3.38。

表3.38　膨胀剂对混凝土新拌性能及力学性能的影响

膨胀剂	坍落度/mm	含气量/%	7 d 抗压强度/MPa	28 d 抗压强度/MPa	56 d 抗压强度/MPa
基准	205	1.5	50.1	62.3	69.5
CaO 复合型膨胀剂（8%）	200	1.8	49.5	61.5	68.6
MgO 膨胀剂（6%）	200	2.0	49.2	62.6	69.0

由表3.38试验结果可知，8%掺量（取代粉煤灰）CaO 复合型膨胀剂和6%掺量（取代粉煤灰）MgO 膨胀剂对混凝土工作性能无明显影响变化，其对混凝土工作性能影响不大；膨胀剂的掺入对混凝土抗压强度影响并不明显。

（3）膨胀剂对混凝土体积稳定性的影响

为测试不同种类膨胀剂对混凝土体积稳定性的影响，在推荐配合比的基础上分别掺入不同种类和掺量的膨胀剂取代粉煤灰，测试其在不同的养护条件下的体积收缩与膨胀率，具体试验方式如图3.60所示。不同膨胀剂种类（MgO、CaO 复合型）、掺量（4%、6%、8%）下试样干缩率、绝湿自由膨胀率和浸水限制膨胀率如图3.61至图3.63所示。

由膨胀试验数据可知：

① 空白混凝土在20 ℃水养的条件下，体积几乎没有变化。

② 掺入 MgO 膨胀剂后，混凝土均呈现一定程度膨胀，随着掺量的增加，限制膨胀率也增加；泡水后膨胀效果更佳。

③ CaO 复合型膨胀剂掺量为8%时混凝土早期膨胀较大，中后期几乎没有增长；掺 MgO 膨胀剂的混凝土后期有一些增长，28 d 后依然会有增长。

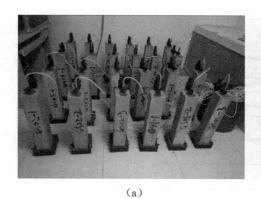

（a）　　　　　　　　　　　　　　　（b）

图 3.60　混凝土收缩膨胀试验图

（a）干燥收缩；（b）浸水限制膨胀

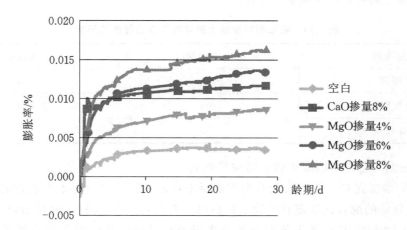

图 3.61　混凝土干缩曲线

图 3.62　混凝土绝湿自由膨胀曲线

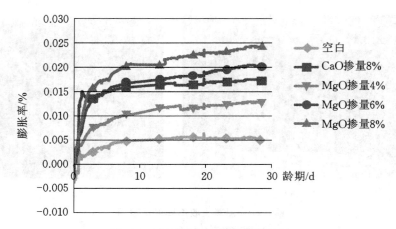

图 3.63　混凝土浸水限制膨胀曲线

④ 在中后期,MgO 膨胀剂比 CaO 复合型膨胀剂更有优势。

由干缩数据可知:混凝土在干养的环境下,体积一直处于收缩的状态,空白混凝土 28 d 收缩最大,达到 $-2.2/$万;随着 MgO 掺量的增加,混凝土收缩变小,8% 掺量 28 d 收缩值为 $-1.2/$万;CaO 复合型 8% 掺量 28 d 收缩值为 $-1.9/$万,说明在干养的情况下,CaO 膨胀剂补偿收缩的效果欠佳。

综合干缩和膨胀试验数据,并考虑到钢壳沉管自密实混凝土处于绝湿状态且受到顶面和侧面钢肋的约束,新型 MgO 类膨胀剂和 CaO 复合型膨胀剂均可配制出无收缩的钢壳沉管自密实混凝土。

(4)膨胀剂对抗氯离子渗透性能的影响

试验对比研究了基准配合比与掺入膨胀剂混凝土的电通量,试验结果见表 3.39。从表 3.39 可以看出,掺膨胀剂后的混凝土,28 d 及 56 d 的电通量与基准混凝土相当,说明掺入膨胀剂后的混凝土具有良好的抗氯离子渗透性。

表 3.39　膨胀剂对混凝土抗氯离子渗透性能的影响

膨胀剂	28 d 电通量/C	56 d 电通量/C
基准	985	696
CaO 复合型膨胀剂(8%)	965	700
MgO 膨胀剂(6%)	950	690

(5)膨胀剂对自密实混凝土微观结构的影响

为了进一步探究 C50 钢壳沉管自密实混凝土在加入膨胀剂后对水泥水化的影响机制,参照表 3.40 选定的配合比选定其中胶凝材料组分并且选用 8% 掺量(取代粉煤灰)MgO 膨胀剂与普通 C50 自密实混凝土分别制备净浆用于扫描电镜测试与孔结构测试,配合比见表 3.40。

表 3.40　不同自密实混凝土净浆各组分用量(kg/m³)

类别	水泥	粉煤灰	矿渣粉	水	膨胀剂
C50 钢壳沉管自密实混凝土	220	152	165	171	13
普通 C50 自密实混凝土	425	50	25	165	—

① 钢壳沉管自密实混凝土 SEM 分析

通过 SEM 测试手段,研究不同龄期的 C50 钢壳沉管自密实混凝土的微观形貌特征,试验结果如图 3.64 所示,其中图 3.64(a)、图 3.64(c)为普通 C50 混凝土 28 d 龄期的 SEM 图,图 3.64(b)、图 3.64(d)为掺入 8% MgO 膨胀剂制备的 C50 钢壳沉管自密实混凝土 28 d 龄期的 SEM 图。

从图 3.64 可以看出,相较于普通 C50 自密实混凝土,由于 C50 钢壳沉管自密实混凝土中采用复掺粉煤灰和矿渣粉,充分利用两者的火山灰效应,提高了浆体密实度。此外,由于 C50 钢壳沉管自密实混凝土中掺入了适量的膨胀剂,促进了水泥的水化,提高了其水化程度,也使得水化产物 C-S-H 凝胶的致密性更高,孔隙率明显低于普通 C50 自密实混凝土,改善了 C50 钢壳沉管自密实混凝土的空隙结构,进而提高其耐久性。

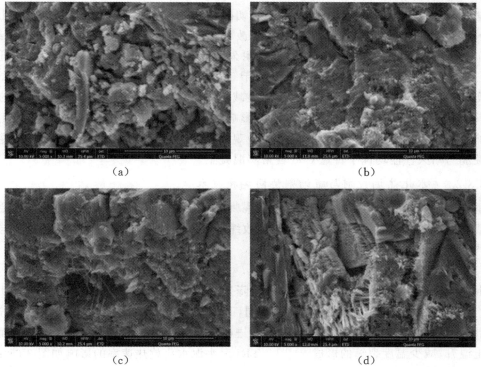

(a)　　　　　　　　　　　　　　(b)

(c)　　　　　　　　　　　　　　(d)

图 3.64　不同混凝土 28 d 龄期的 SEM 图

② 钢壳沉管自密实混凝土孔结构分析

对普通 C50 自密实混凝土和 C50 钢壳沉管自密实混凝土试样进行 MIP 测试,通过对比,以探索此研究中所用配合比设计方法、专用外加剂等对 C50 钢壳沉管自密实混凝土孔结构的影响,测试结果如图 3.65 和图 3.66 所示。

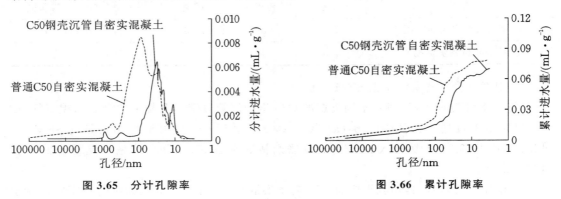

图 3.65　分计孔隙率　　　　　　　　　　图 3.66　累计孔隙率

由图 3.65 和图 3.66 可以看出,所制备的 C50 钢壳沉管自密实混凝土总孔隙率较普通 C50 自密实混凝土有所降低,可以从以下几个方面进行解释:混凝土配合比采用基于集料可压缩堆积模型与富余浆体厚度理论基础上提出的密实骨架堆积方法进行设计,粗细集料与胶凝材料之间达到最紧密堆积,减小了混凝土孔隙率;掺加的膨胀剂水化生成的膨胀性晶体可以增加水泥石中的晶体含量,填充、堵塞和切断毛细孔和其他孔隙,使混凝土的总孔隙率降低,毛细孔的孔径也得到一定程度的减小,改善了 C50 钢壳沉管自密实混凝土的孔结构,减小了混凝土的收缩,提高了其抗裂性能与耐久性能。此外,由图 3.65 和图 3.66 还可以看出,在普通 C50 自密实混凝土试样中孔径大于 50 nm 的孔隙较多,与之相比,C50 钢壳沉管自密实混凝土中孔径大于 50 nm 的孔隙明显减少。研究发现,孔径为 0.05～10 μm 的毛细孔及其连通性对混凝土强度、渗透性和干缩影响较大;而孔径为 10～50 nm 的毛细孔对干缩和徐变会产生重要影响。这也就可以从微观上解释为什么 C50 钢壳沉管自密实混凝土力学性能与耐久性能均优于普通 C50 自密实混凝土。

3.3.2.3　水化热调控剂与减缩剂协同调控技术

钢壳自密实混凝土管节结构中,自密实混凝土处于封闭状态,混凝土中的水分不会向周围环境散失,因此收缩主要为自收缩和温度收缩。针对此特点,可采用水化热调控剂与减缩剂协同调控技术降低其自收缩和温度收缩。

（1）水化温升抑制剂(TRI)介绍

混凝土水化温升抑制剂(TRI)是一种能降低水泥水化速率、混凝土温升的新型外加剂材料。与传统缓凝剂主要影响凝结时间不同,TRI 主要通过降低水泥加速期的水化速率,减少混凝土早期放热量,推迟温峰出现时间,进而延长散热时间,减少热量的累积,从而降低混凝土温升、减少温度裂缝的形成[115-119]。TRI 对水泥水化放热速率的影响如图 3.67 所示。

（2）TRI 与减水剂复合对水泥水化的影响

TRI 的主要作用是降低水泥水化速率,图 3.68 为 TRI 对普通硅酸盐水泥水化的影响(水胶比 $w/c=0.4$,20 ℃),从图中可以看出,掺加 TRI 后,水化诱导期有一定幅度的延长,但水化速率的峰值大幅度降低;从累积放热量曲线、放热量占比(表 3.41)可以看出:掺加

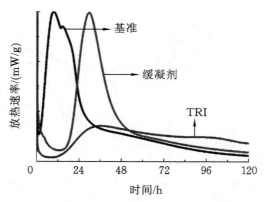

图 3.67 混凝土水化温升抑制剂 TRI 和缓凝剂的区别

TRI 后早期放热量与基准组相比明显降低,但在 12 d 左右,掺加 TRI 后的试验组放热量与基准组已经基本一致,这说明 TRI 仅仅是调控放热速率但不影响总放热量。

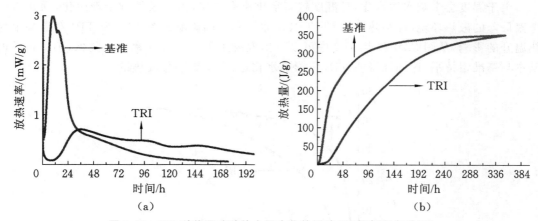

图 3.68 TRI 对普通硅酸盐水泥水化的影响(20 ℃ 恒温条件下)

表 3.41 掺加 TRI 后普通硅酸盐水泥在 20 ℃ 条件下不同龄期放热量与基准组比值

龄期/d	放热量占比/%
1	9
2	30
3	43
5	63
7	80
12	98

同时笔者还研究了恒温条件下 TRI 对水化过程矿物演变的影响。从图 3.69 可以看出:掺入 TRI 后,早期 C_3S 的消耗速率、$Ca(OH)_2$ 的生成速率明显降低,但 28 d 后和基准组已

基本一致。

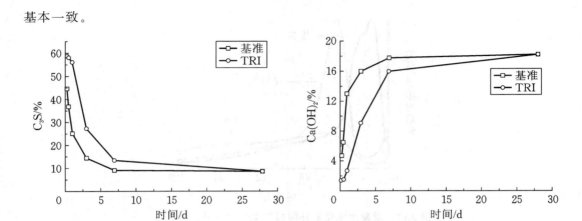

图 3.69　TRI 对 C₃S 含量、氢氧化钙生成速率的影响

由于温度会影响水泥水化，且温度越高水化速率越快，恒温条件过于理想化，因此需要考察最差的散热环境（即绝热条件）下 TRI 对水泥水化的影响。图 3.70 为 TRI 对混凝土绝热温升的影响，从图 3.70 和表 3.42 中可以看出混凝土早期温升速率明显降低，但 7 d 后也基本与基准组持平，这同样说明 TRI 仅影响水化过程，不影响总放热量。

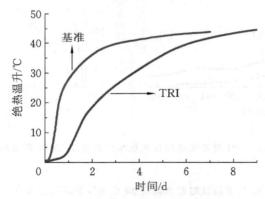

图 3.70　TRI 对混凝土绝热温升的影响

表 3.42　掺加 TRI 后混凝土不同龄期绝热温升值与基准组比值

龄期/d	温升占比/%
1	15
2	52
3	65
5	85
7	95

实际工程散热条件都是介于最理想的恒温与最严酷的绝热环境之间,通过试验考察了 TRI 在半绝热条件下对水泥水化及混凝土温升的影响。混凝土尺寸为 400 mm×400 mm× 400 mm,外部用 50 mm 聚苯板保温,通过传感器监测小构件中心温度及变形,结果如图 3.71 所示。由图 3.71 可以看出,掺加 TRI 后小构件中心温升由基准的约 30 ℃降至约 18 ℃,降温 12 ℃左右;以温峰为变形的零点,10 d 内降温阶段收缩变形减少了约 140 μm/m,说明 TRI 有效地降低了结构温升,抑制了混凝土温降收缩。

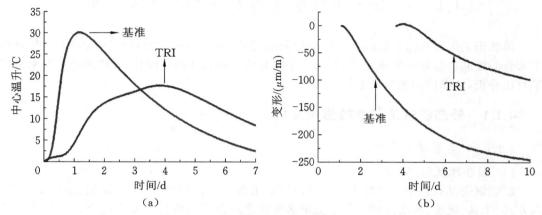

图 3.71　TRI 对混凝土结构温升及温降收缩的影响(半绝热条件)

(3) TRI 与减缩剂复合对混凝土工作性能及力学性能的影响

由表 3.43 可以看出,减缩剂与水化热降低剂复合对混凝土工作性能及力学性能无明显影响。

表 3.43　相同坍落度下,减缩剂与水化热降低剂复合对混凝土新拌性能及力学性能的影响

工程	坍落度/mm	含气量/%	7 d 抗压强度/MPa	28 d 抗压强度/MPa	56 d 抗压强度/MPa
基准	205	1.5	50.1	62.3	69.5
减缩剂与水化热降低剂复合	200	1.9	47.6	60.5	67.5

(4) TRI 与减缩剂复合对混凝土抗氯离子渗透性能的影响

试验对比研究了基准配合比和掺入 TRI 与减缩剂混凝土的电通量,试验结果见表 3.44。从表 3.44 可以看出,掺 TRI 与减缩剂复合的混凝土,28 d 及 56 d 的电通量均小于基准样,说明 SRPCA 具有良好的抗氯离子渗透性。

表 3.44　TRI 与减缩剂复合对混凝土抗氯离子渗透性能的影响

工程	28 d 电通量/C	56 d 电通量/C
基准	985	696
TRI 与减缩剂复合	900	605

4 钢壳沉管自密实混凝土浇筑施工技术

4.1 钢壳沉管自密实混凝土浇筑工艺分析

虽然钢壳沉管自密实混凝土的性能控制很重要,但是钢壳沉管自密实混凝土浇筑过程中入仓的性能也会影响整体性能,所以为了更好地控制其性能,针对不同浇筑施工技术进行了对比分析,以提供一定的参考作用。

4.1.1 静态浇筑工艺参数影响分析

4.1.1.1 非泵送方式灌注

(1) 灌注速度对比试验

影响钢壳沉管自密实混凝土填充度的因素很多,包括混凝土的工作性能、灌注工艺(浇筑方式、工具、速度、温度等)等,其中浇筑速度快慢对钢壳沉管自密实混凝土整体填充效果影响明显,尤其是影响灌注顶面填充度。[120-124]

现针对浇筑工艺特别是浇筑速率进行系统研究,并研发了智能化浇筑设备组织系列浇筑小车,如图 4.1 所示。该模拟试验装置可以准确控制放料速率。

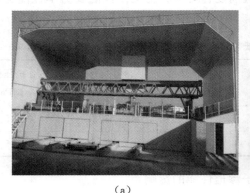 

（a）   （b）

图 4.1 静态浇筑模拟试验智能浇筑小车

通过调研相关文献资料表明,采用泵口隔离式的浇筑方法(即泵口稍稍远离混凝土上端),在接近顶部时将浇筑速度降低到 15 m^3/h,可获得较佳的浇筑效果。在此分析的基础上,利用智能浇筑小车速率可控的特点,通过单一浇筑工艺以不同浇筑速率进行对比,进一步研究浇筑速率对钢壳沉管自密实混凝土填充效果的影响。浇筑完成后,顶面效果如图 4.2 所示,顶面孔隙率计算结果见表 4.1。

通过对比表 4.1 中的 No.1 与 No.2 可知,混凝土侧面填充效果均较好,但浇筑速度为 15 m^3/h 时的顶面填充效果明显优于浇筑速度为 30 m^3/h 时的顶面填充效果。浇筑速度过

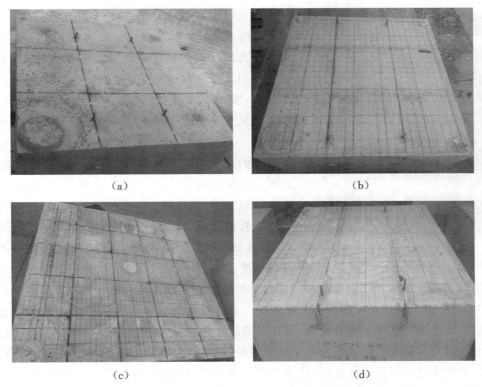

（a）　　　　　　　　　　　　　（b）
（c）　　　　　　　　　　　　　（d）

图 4.2　不同浇筑方式的试验体混凝土拆模后实景图
（a）No.1；（b）No.2；（c）No.3；（d）No.4

快,则混凝土下落的冲击力大,对混凝土内部扰动较大,还有可能带进一部分空气从而在混凝土中形成新的气泡,气泡未能及时排出,容易在表面聚集,最终在钢壳与混凝土结合面形成大面积气孔和蜂窝麻面,影响到两者之间的协同受力。浇筑速度过慢,则会影响到施工进度。

对比表 4.1 中 No.1 与 No.3 可发现,No.3 在灌注后期混凝土灌注面离顶面约 20 cm 处降低了灌注速度,其顶面填充效果明显好于 No.1。同样 No.4 的顶面灌注效果明显好于 No.1。

表 4.1　试验体的填充效果(一)

试验体		No.1	No.2	No.3	No.4
浇筑方法		泵口隔离式	泵口隔离式	泵口隔离式	泵口隔离式
浇筑速度/(m³/h)	前期	30.0	15.0	30.0	30.0
	后期	30.0	15.0	15.0	10.0
0 mm 顶面孔隙率/%		6.9	9.3	25.8	11.7
1~3 mm 顶面孔隙率/%		77.1	83.2	66.8	83.2
4~5 mm 顶面孔隙率/%		9.9	5.8	5.4	4.5
5 mm 以上顶面孔隙率/%		6.1	1.8	2.0	0.6
侧面效果		良好	良好	良好	良好

图 4.3　埋管式浇筑过程

综上所述,建议采用泵口隔离式的浇筑方式,并在接近顶部约 20 cm 处时将浇筑速度降低到 $10\sim15$ m³/h,这样一方面可以提高混凝土顶面的填充效果;另一方面不会明显影响整体的浇筑时间。

（2）隔离式浇筑与埋管式浇筑对比试验

浇筑方式是影响钢壳沉管自密实混凝土填充度的因素之一,通过研究不同浇筑方式对钢壳沉管自密实混凝土的影响来进一步优化施工工艺,提高钢壳沉管自密实混凝土的填充度。隔离式浇筑:在保证混凝土性能前提下,浇筑导管边浇筑边向上移动,保证浇筑过程中导管稍稍远离混凝土上端。埋管式浇筑:浇筑过程中,将导管预先埋在混凝土中浇筑(图 4.3),类似桩基导管灌注工艺。

隔离式浇筑与埋管式浇筑的对比试验结果见表 4.2,顶面灌注效果如图 4.4 所示。浇筑过程中,通过透明玻璃板观察内部浆体变化。埋管式浇筑到一定的深度时候,混凝土通过底部翻浆形式逐步自下往上抬升浆面,这样对混凝土内部扰动较大,容易产生新的气泡,并且混凝土顶面的混凝土浆体基本没有受到明显的扰动,顶面混凝土为初灌的混凝土,后面新鲜的混凝土浆体通过埋管灌入底部,这样对钢壳顶面的填充很不利。隔离式浇筑混凝土通过累积平铺方式充满试验体,不会对已浇筑部分的混凝土造成扰动。从试验效果来看,隔离式浇筑的填充效果优于埋管式浇筑的填充效果。

表 4.2　试验体的填充效果（二）

试验体		No.1	No.2
浇筑方法		隔离式	埋管式
浇筑速度/(m³/h)	前期	30.0	30.0
	后期	15.0	15.0
0 mm 顶面孔隙率/%		38.2	34.4
1～3 mm 顶面孔隙率/%		53.1	50.4
4～5 mm 顶面孔隙率/%		7.8	9.8
5 mm 以上顶面孔隙率/%		0.8	5.4
侧面效果		良好	良好

（3）排气孔及隔板开孔对比试验

对于密闭钢壳而言,顶面混凝土浇筑过程中的排气很重要,因此,如何合理设置排气孔和隔板开口问题显得尤为重要。为了验证排气孔和隔板开口的合理性,现在顶板内部肋板设置 2 cm 开口条件下,设置了顶板不同开口模式对比试验,如图 4.5 所示。

（a） （b）

图 4.4 不同浇筑方式的试验体混凝土拆模效果

(a) No.1; (b) No.2

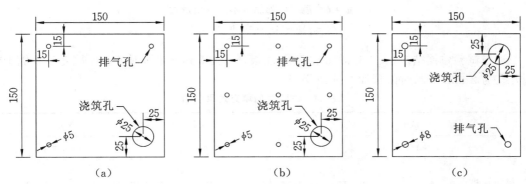

（a） （b） （c）

图 4.5 顶板不同形式开口数量及尺寸

说明：图中尺寸标注均以 cm 为单位。

  试验结果见表 4.3，试验表明在相同孔径的条件下，排气孔数量多，填充效果好；在相同排气孔数量的条件下，孔径大的填充效果优于孔径小的。

表 4.3 试验体的填充效果（三）

试验体		No.1	No.2	No.3
排气孔设置		灌注顶面有 5 mm 孔径的排气孔 3 个	灌注顶面有 5 mm 孔径的排气孔 6 个	灌注顶面有 8 mm 孔径的排气孔 3 个
浇筑速度/（m³/h）	前期	30.0	30.0	30.0
	后期	15.0	15.0	15.0
0 mm 顶面孔隙率/%		44.5	67.5	51.4
1～3 mm 顶面孔隙率/%		41.9	27.4	45.0
4～5 mm 顶面孔隙率/%		8.8	2.7	2.4
5 mm 以上顶面孔隙率/%		4.8	2.4	1.3
侧面效果		良好	良好	良好

隔板开孔与排气孔形成联通,有利于混凝土没过隔板时气体的排出,提高填充率。为了验证隔板开孔的合理性,作者又设置了顶面内部肋板开 2 mm 半圆孔与顶面内部肋板开 5 mm 半圆孔(图 4.6)的对比试验。

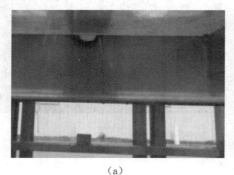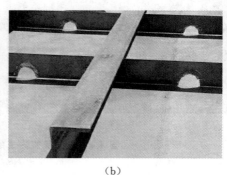

(a)   (b)

图 4.6　顶面内部肋板不同开口形式

(a) No.1;(b) No.2

通过试验数据结果(表 4.4、图 4.7)表明,隔板开孔为 5 mm 半圆时的顶面填充效果优于隔板开孔为 2 mm 半圆时的顶面填充效果。

表 4.4　试验体的填充效果(四)

试验体		No.1	No.2
隔板开孔		2 mm 半圆	5 mm 半圆
浇筑速度/(m³/h)	前期	30.0	30.0
	后期	15.0	15.0
0 mm 顶面孔隙率/%		7.4	11.7
1~3 mm 顶面孔隙率/%		71.4	83.2
4~5 mm 顶面孔隙率/%		14.6	4.5
5 mm 以上顶面孔隙率/%		6.9	0.6
侧面效果		良好	良好

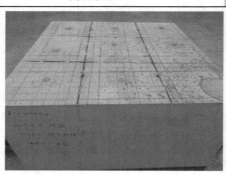

(a)   (b)

图 4.7　顶面内部肋板不同开口形式顶面浇筑效果

(a) No.1;(b) No.2

4.1.1.2 泵送方式灌注

（1）汽车泵与泵口隔离组合

通过调研日本的钢壳沉管混凝土浇筑工艺可知，日本管节预制单个预制点的规模较小，钢壳管节混凝土施工过程中，通常采用汽车泵进行布料。其优点是在汽车泵可浇筑的范围内，能够直接灌注混凝土，有利于提高浇筑效率。缺点是浇筑速度不可控，而且浇筑过快时，混凝土下落的冲击力大，对混凝土内部扰动较大，还可能将一部分空气带进混凝土中形成新的气泡，若气泡未能及时排出，容易在表面聚集，在钢壳与混凝土结合面形成大面积气孔和蜂窝麻面，影响到两者之间的协同受力。

（2）汽车泵与料斗组合

为了解决汽车泵浇筑过快时，混凝土下落的冲击力大，对混凝土内部扰动较大，还可能将一部分空气带进混凝土中形成新的气泡等问题，可通过在隔仓浇筑口上安装料斗，利用料斗的缓冲作用，降低汽车泵泵料的冲击力。但是如果在实际施工中采用料斗式进行大批量混凝土浇筑，需要移动以及安装料斗及导管，施工不方便，影响施工进度。

（3）汽车泵与智能浇筑小车组合

通过汽车泵与智能浇筑小车的组合方式如图4.8所示，此时可通过智能化的浇筑行车进行速度控制。

（a）　　　　　　　　　　　　　　　（b）

图 4.8　汽车泵与智能浇筑小车组合

采用汽车泵与智能浇筑小车组合工艺在向钢壳中灌注混凝土时，全自动化地对不同高度采用不同的灌注速度，提高了钢壳混凝土浇筑的位置精度，增强了对钢壳混凝土浇筑速率的控制，减少了混凝土中气泡数量，提高了钢壳混凝土浇筑的品质，提高了泵送施工的工作效率和产能，减少了人力资源和产品生产成本，降低了具有高度重复性和一致性的施工时的不合格率，解决了由于浇筑速度不可控而造成钢壳沉管顶面的局部空洞、大面积气孔和蜂窝麻面富集等难题，减少了缺陷，减少了后续的修复工作，降低了使用成本，降低了对混凝泵送设备泵送能力的要求，尤其适用于大型钢壳混凝土的灌注。

通过三种组合工艺的对比可知，无论是从浇筑质量还是浇筑效率方面来讲，汽车泵与智能浇筑小车的组合系统都表现出更高的优越性。

4.1.1.3 真空辅助灌注工艺试验

相关研究表明,密闭结构混凝土浇筑至顶面位置时,会出现气泡从而造成填充不密实,尤其是当采用泵送工具来浇筑混凝土时,会引起混凝土内部含气量增加,对于密封的钢壳混凝土而言,在混凝土排气的过程中,会造成顶面混凝土与钢壳之间脱空,从而带来不利影响。通过真空辅助浇筑系统,是利用真空泵将泵腔内空气压缩,再排出泵外,使泵腔内产生负压。外界的空气,在大气压的压力下,进入负压的泵腔内,从而被压缩排出。如此往复,将一个容器内空气抽尽,形成负压,在负压的作用下,可以有效消除混凝土表面形成的气泡,减少混凝土蜂窝麻面的病害,提高混凝土与钢壳之间的填充度。利用真空辅助灌注钢壳隔仓上层混凝土的现场试验如图 4.9 所示,示意图如图 4.10 所示。

（a）　　　　　　　　　　（b）

图 4.9　真空辅助现场试验

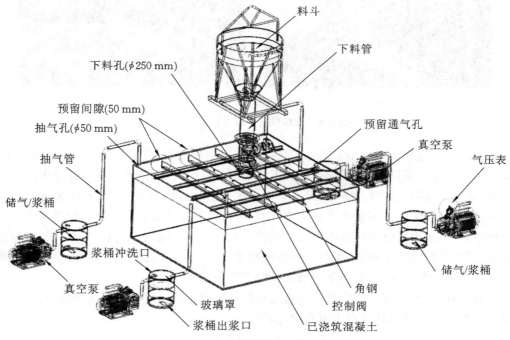

图 4.10　真空辅助灌注工艺示意图

真空辅助试验的结果见表 4.5,其顶面与侧面效果如图 4.11 所示。真空辅助试验中的试验体的侧面和顶面较为平整,没有出现脱空的现象,顶面填充率达 96.5%。

表 4.5　试验体的填充效果(五)

抽真空气压/MPa		−0.2
浇筑速度/(m³/h)	前期	30.0
	后期	15.0
0 mm 顶面孔隙率/%		7.2
1~3 mm 顶面孔隙率/%		89.3
4~5 mm 顶面孔隙率/%		3.2
5 mm 以上顶面孔隙率/%		0.3
侧面效果		良好

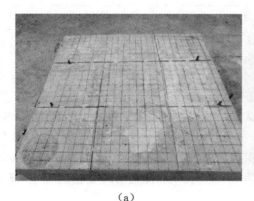

（a）　　　　　　　　　　　　（b）

图 4.11　真空辅助灌注顶面及侧面效果

（a）顶面；（b）侧面

4.1.2　浮态浇筑工艺参数影响分析

4.1.2.1　坐底半潜驳浇筑模拟试验(图 4.12)

钢壳混凝土施工作为水上作业的一部分,会受到潮流、波浪等水文气候条件的影响,为了验证钢壳混凝土管节施工工艺的可行性,以及在浮态状态下浇筑对自密实混凝土工作性能的分析和质量控制,确保钢壳管节在施工过程中的可靠性。[125]

根据试验现场测试的结果来看,在实际施工过程中,所配制的钢壳沉管自密实混凝土拌合物性能得到良好的控制,混凝土各项性能指标基本满足钢壳沉管自密实混凝土性能指标要求,从现场生产的混凝土过程来看,自密实混凝土性能稳定,质量可控。坐底半潜驳浇筑自密实混凝土拌合物工作性能见表 4.6。

(a)   (b)

图 4.12   坐底半潜驳浇筑模拟试验现场

表 4.6   坐底半潜驳浇筑自密实混凝土拌合物工作性能

工作性能测试						
扩展度/mm	T_{500}/s	容积密度/(kg/m³)	V 型仪试验/s	L 型仪试验(H_2/H_1)	U 型仪试验(Δh)/mm	含气量/%
670×680	3.0	2360	13.0	0.91	12	2.1

试验块顶面图如图 4.13 所示,图 4.14 为试验块顶面脱空统计图。根据试验结果可知,顶面大的气泡主要集中在浇筑口附近,大部分气泡在 3 mm 深度以内,深度 $\lambda > 5$ mm 的面积比例为 7.0%,深度 4 mm$\leqslant \lambda \leqslant$5 mm 的面积比例为 10.1%,深度 1 mm$\leqslant \lambda \leqslant$ 3 mm 的面积比例为 76.8%,深度 $\lambda = 0$ mm 的面积比例为 6.1%;浇筑口附近有较密集的气泡,顶面出现深度大于 5 mm 的气泡。

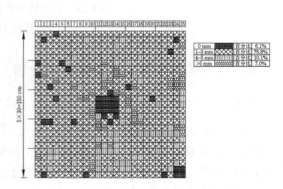

图 4.13   试验块顶面图   图 4.14   试验块顶面脱空统计图

4.1.2.2   浮态浇筑工艺影响调研分析

与普通高性能混凝土不同的是,钢壳沉管自密实混凝土的流动性较高,因此,在外界有扰动的情况下,钢壳沉管自密实混凝土是否会出现强度分散性变化大等现象犹未可知。通过国内外调研可知,钢壳管节浮态浇筑过程中,钢壳自重、浮力、干舷高度等工况变化对管节内部应力分布及变形都有显著影响,如何避免浮态浇筑过程中此类变化对混凝土性能的影响,需要对不同区域浇筑顺序、仓格设置、排气孔布置等工艺参数进行深入研究,以降低浮态浇筑对混凝土性能的影响。由于试验时间不足的影响,现主要调研国外类似工程中钢壳管节浮态浇筑对混凝土性能的影响。

(1) 浇筑方式和速度

通过对浇筑方式和速度相关试验研究内容进行分析,得到以下一些结论。

采用的浇筑方法主要有:将泵口稍稍远离混凝土上端,即泵口隔离式;将泵口直接插入混凝土中不动,即泵口插入(压入)式;使用料斗进行浇筑,即料斗式。浇筑速度:分别用 22.5 m³/h 和 30.0 m³/h 这两种速度进行两次浇筑,期间还将其分为前半期和后半期、改变浇筑速度等条件进行浇筑试验。此外,还将顶杆插入空气出气孔位置,对比研究了有无顶杆的浇筑效果。具体情况见表 4.7。

表 4.7　试验情况

工程	铸模形状	试验体	浇筑方式	浇灌速度	顶杆
第 1 天	Type.A	No.1	泵口隔离式	22.5 m³/h	有
	Type.B	No.2	料斗式	22.5 m³/h	有
	Type.B	No.3	泵口隔离式	30.0 m³/h	有
第 2 天	Type.A	No.4	料斗式	30.0 m³/h	无
	Type.B	No.5	泵口隔离式	30.0 m³/h	无
	Type.B	No.6	泵口隔离式	30.0 m³/h	无

实际测定的各个试验体的填充状况,用图像处理深度为 3 mm 以下以及 3～5 mm 深度的面积比率后,得到的上部填充率结果如表 4.8 所示。该上部填充率是在上部铸模脱型后,利用残置的侧面铸模,拉水平线来测定孔隙的深度和范围。结果表明,三种情况下都没有产生 5 mm 以上的孔隙,用空隙总体积除以上部面积,得到的孔隙平均深度不足 0.1 mm,上部填充率均在 94%～97%,几乎没什么区别。

表 4.8　试验体的填充效果(六)

试验体	No.1	No.2	No.3	No.4	No.5	No.6
浇筑方法	泵口隔离式	料斗式	泵口隔离式	料斗式	泵口隔离式	泵口隔离式
浇筑速度/(m³/h)	22.5～15.0	22.5～15.0	30.0～15.0	30.0～15.0	30.0～30.0	30.0～30.0
顶杆	有	有	有	无	无	无
上部填充率/%	96.04	96.24	95.83	96.72	94.47	94.12
0～3 mm 孔隙率/%	3.63	3.49	3.89	2.75	5.08	5.50
3～5 mm 孔隙率/%	0.33	0.27	0.28	0.53	0.45	0.38

通过试验分析,对于浇筑方法和浇筑速度的总结有以下几点:

① 填充率按照 No.4、No.2、No.1、No.3、No.5、No.6 的顺序在降低,即泵口隔离式的填充率最低;

② 将泵口隔离式与料斗式相比,如 No.1、No.2 与 No.3、No.4 采用同一浇筑速度时,料斗式的上部填充率要高一些;

③ 如果在实际施工中采用料斗式进行大批量混凝土浇筑,需要移动以及安装料斗及导管,施工不方便,影响浇筑速度;

④ 采用泵口隔离式进行浇筑时,接近上端后,降低浇灌速度可使上部填充率更高。

综上所述,建议采用泵口隔离式的浇筑方式,在接近顶部时将浇筑速度降低到 15.0 m³/h。

(2) 浇筑顺序

在日本那霸隧道施工中,其隧道尺度为 37 m×9 m×90 m,钢壳结构在船厂加工,通过半潜驳将钢壳拖运至隧道安装点附近的舾装码头进行混凝土浇筑。

① 横向浇筑顺序

在日本那霸隧道施工中,钢壳管节在浮态浇筑过程中,因单个仓隔体积较小,混凝土自重引起的横向变形可以忽略不计,但是在管节的轴向引起的变形不容忽视,所以应在混凝土浇筑早期形成纵向的抗弯刚度,特别是钢壳管节轴向的变形会对管节间的水力压接及地基的吻合造成极大的影响[126]。故在那霸隧道管节的混凝土施工中将管节断面分为 5 个区域,按照墙体—底板—顶板的顺序浇筑。那霸沉管管节的横向浇筑顺序如图 4.15 所示。

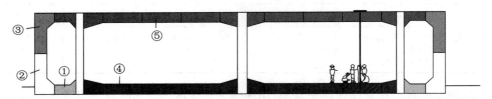

图 4.15 日本那霸隧道钢壳混凝土横断面浇筑顺序图
①铺设部分底板;②修筑侧壁的下半部分、中壁和隔墙;③修筑侧壁的上半部分;④铺设完成全部底板;⑤铺设铺板

② 纵向浇筑顺序

考虑到管节浮态浇筑时的平衡、单次混凝土浇筑量、管节浇筑过程中的受力以及浇筑过程中大气、海上、混凝土凝固时温度变化,那霸隧道将之纵向分为 16 个区域,每次同时浇筑对称的两个区域,其分布图如图 4.16 所示,同时横向每一个区域的混凝土浇筑都需要按照图 4.16 所示的纵向浇筑顺序进行。

(3) 浇筑方法

而关于钢壳沉管浇筑方法方面,对日本的一些工程调研结果是,日本管节预制单个预置点的规模较小,在浮态浇筑时通常因地制宜采用汽车泵进行布料。

① 顶板的浇筑工艺及设备

日本的钢壳沉管横断面宽度通常为 30～40 m,加上管节浇筑时管节与码头之间有 5～10 m 间距,汽车泵通常无法完全覆盖,因此在汽车泵可覆盖范围内直接采用汽车泵浇筑,而汽车泵无法覆盖的区域增设一台移动布料机连接汽车泵,采用移动布料机进行该区域的布料。

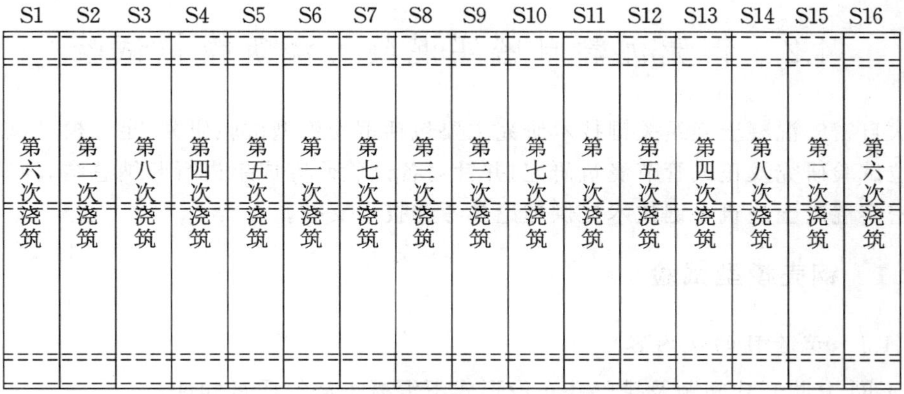

S1 S2 S3 S4 S5 S6 S7 S8 S9 S10 S11 S12 S13 S14 S15 S16
第六次浇筑
第二次浇筑
第八次浇筑
第四次浇筑
第五次浇筑
第一次浇筑
第七次浇筑
第三次浇筑
第三次浇筑
第七次浇筑
第一次浇筑
第五次浇筑
第四次浇筑
第八次浇筑
第二次浇筑
第六次浇筑

图 4.16　日本那霸隧道钢壳混凝土纵向浇筑顺序图

② 底板的浇筑工艺及设备

钢壳沉管浇筑时正处于浮态，管节的吃水深度随着混凝土浇筑处于动态过程，机上管节还受到风浪影响，管节的姿态处于摆动状态。而管节内部在浮态浇筑混凝土时处于密闭状态，在管节内部布置移动式布料机并通过管道连接直接进行底板的布料存在较大难度。因此，日本采用的操作方法是：通过在顶板钢壳内外侧均开孔，通过穿透管节顶板的下料孔进行布料。底板混凝土浇筑设备与顶板类似，在汽车泵直接覆盖区域采用汽车泵直接下料，在汽车泵无法覆盖区域采用汽车泵＋移动布料机布料，如图 4.17 所示。

30 mm混凝土泵
分配器
③
⑤
②
①
④
①铺设部分底板
②修筑侧壁的下半部分、中壁和隔墙
③修筑侧壁的上半部分
④铺设完成全部底板
⑤铺设铺板

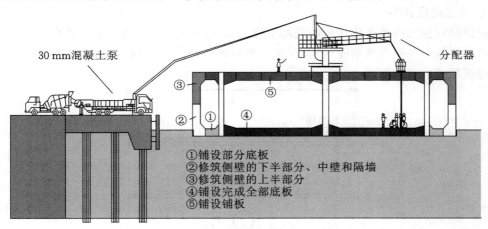

图 4.17　钢壳底板混凝土浇筑工艺及设备

③ 墙体的浇筑工艺及设备

墙体混凝土浇筑与底板浇筑类似，即在钢壳顶部开孔进行布料。

通过以上调研可知，可通过控制混凝土的浇筑方式及速度、浇筑顺序和浇筑工艺来消除浮态浇筑对混凝土性能的不利影响；同时浮态浇筑钢壳沉管在日本类似隧道工程中已有成功的应用案例。参考国内外的工程经验，浮态浇筑工艺在深中通道中可行。

4.2 钢壳沉管自密实混凝土浇筑模拟试验

本次自密实混凝土浇筑关键技术研究主要包括钢壳模型试验研究、足尺模型试验研究、坞内原位试验研究及正式管节浇筑研究,并针对各试验研究成果进行归纳总结,为后续钢壳沉管自密实混凝土浇筑关键技术提供理论参考和技术支撑。

4.2.1 钢壳模型试验

4.2.1.1 试验目的及内容

① 不同 T 肋开孔间距及排气孔布设形式下混凝土浇筑质量验证。

② 浇筑工艺参数研究。

前期试验证明,隔仓下层浇筑 72 cm 厚(模型隔仓高为 92 cm),按照 30 m³/h 的速度浇筑,剩余上层 20 cm 厚混凝土按 15 m³/h 的速度浇筑。待浇筑质量在可控范围内后,尝试在更快的浇筑速度下,验证隔仓能否满足相关浇筑质量要求。[127]

③根据第一阶段小钢壳模型试验结论,进一步验证钢壳隔仓排气孔布置形式对其浇筑密实度的影响,解决存在规律性的脱空问题,对钢壳部分排气孔位置进行调整,在同一个钢壳模型上对比验证四种调整孔位的浇筑质量,开展第二阶段钢壳模型试验,具体工艺孔优化布置如图 4.18 所示。

④ 第二阶段试验。

验证隔仓排气孔位置优化后的混凝土浇筑效果,优选出最佳排气孔布置形式。

连续浇筑三个钢壳模型隔仓,验证其在相同试验条件(原材料、配合比、浇筑工艺)下混凝土浇筑质量的有效性。

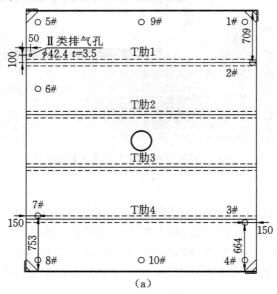

(a)

图 4.18 工艺孔优化布置图

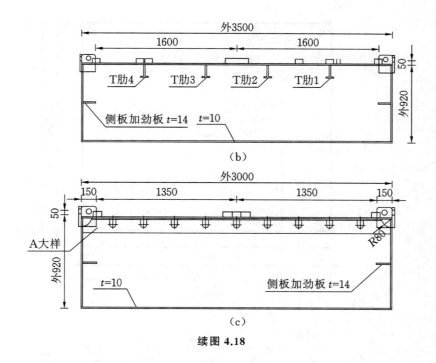

续图 4.18

4.2.1.2 配合比设计

（1）原材料选取

试验中用于配制施工自密实混凝土的主要原材料见表 4.9。

表 4.9 原材料选取

材料	水泥	粉煤灰	矿渣粉	细集料	粗集料 1	粗集料 2	水	减水剂
规格型号	P Ⅱ 42.5	Ⅰ 级	S95	中粗砂	5~10 mm	10~20 mm	自来水	聚羧酸

（2）配合比设计

以水泥、粉煤灰以及矿渣粉作为胶凝材料，以减缩剂、专用减水剂等多种外加剂复配调控各性能参数，配制出胶砂比为 0.34、水胶比为 0.31 的自密实混凝土，并以此作为基础配方进行试验。

4.2.1.3 试验过程

小钢壳模型试验分两阶段进行，第一阶段根据原有试验设计进行隔仓模型浇筑；第二阶段在第一阶段隔仓模型浇筑的基础上，对隔仓模型进行排气孔优化及 T 肋通气孔间距调整。[128]

（1）小钢壳模型结构设计（图 4.19 至图 4.22）

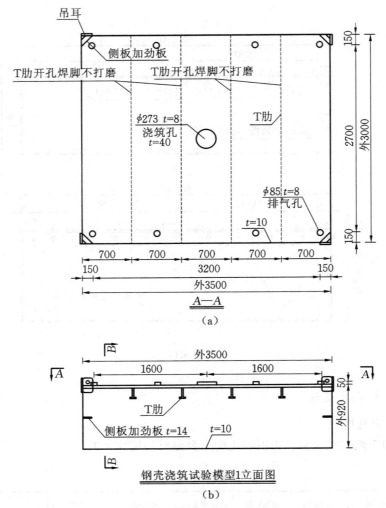

图 4.19　钢壳模型结构设计 1

（2）试验工艺流程

根据模型隔仓和浇筑参数的不同进行排气孔及通气孔设置、浇筑辅助措施、缺陷检测等验证，模型隔仓浇筑试验流程（混凝土浇筑部分）如图 4.23 所示。

（3）试验准备

① 为了达到标准化施工要求，模拟浇筑场地提前布置了安全警示牌、区域标识牌及宣传牌。

② 现场采用"拖泵＋布料机"进行自密实混凝土浇筑。

③ 在浇筑前安装好隔仓外部的下料管及排气管，浇筑管采用直径为 273 mm、长度为 1 m 的不锈钢管，排气管采用直径为 90 mm、长度为 0.8 m 或 0.6 m 的透明亚克力管，同时在管侧 0.3 m 和 0.5 m 高度上做好标记，方便观察管内混凝土液面上升情况。同时，对排气孔进行编号，浇筑完成后记录每个排气管内混凝土液面的高度。

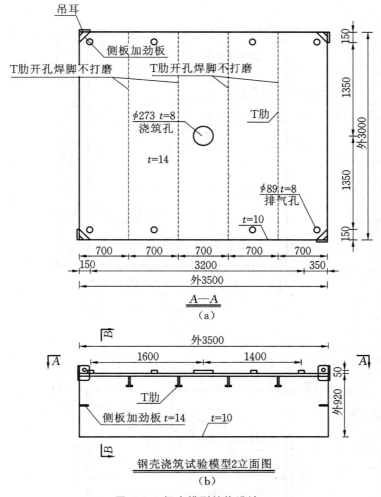

图 4.20 钢壳模型结构设计 2

（4）试验要求

隔仓模型浇筑下料方式采用管口隔离式,下落高度不超过 0.5 m;混凝土浇筑液面距离顶板超过 20 cm 时,浇筑速度控制在 30 m³/h 以内,混凝土浇筑液面距离顶板不足 20 cm 时,浇筑速度控制在 15 m³/h 以内;所有排气管混凝土液面高度均达到 30 cm 时,隔仓浇筑结束。

（5）浇筑施工

钢壳模型浇筑试验共完成 19 个模型隔仓的浇筑,已完成深中通道管理中心下发的浇筑任务。模拟隔仓浇筑采用自密实混凝土浇筑,混凝土强度等级为 C50,19 个模型隔仓混凝土设计方量为 170.33 m³,实际浇筑方量为 183 m³,模拟试验场地设置在深中通道 S08 合同段管节浇筑模拟试验场地。

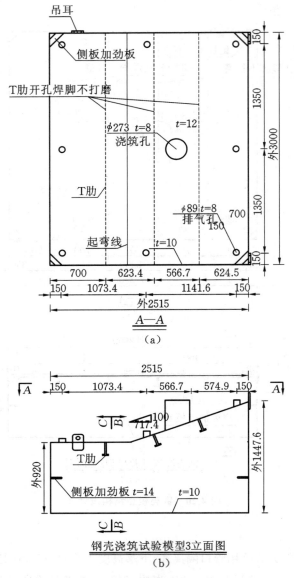

图 4.21　钢壳模型结构设计 3

　　试验流程：①准备仪器设备并进行现场测试；②砂浆进场润管；③第一车混凝土进场并做性能检测；④检测合格后开始第一阶段浇筑；⑤进行泵后混凝土性能检测；⑥第一车混凝土浇筑完成，暂停浇筑，等待第二车混凝土运达；⑦第二车混凝土进场并做性能检测；⑧检测合格后开始第二阶段浇筑；⑨到达设定浇筑变速高度自动变速（智能系统自动控制）；⑩混凝土浇筑液面到达设定高度后系统自动停止浇筑；⑪观察各个排气管混凝土液面上升高度；⑫试验结束。

　　试验场地及设备布置：钢壳模型浇筑试验采用陆上浇筑工艺，现场使用设备为"拖泵＋布料机＋智能浇筑系统"，具体形式如图 4.24 所示。

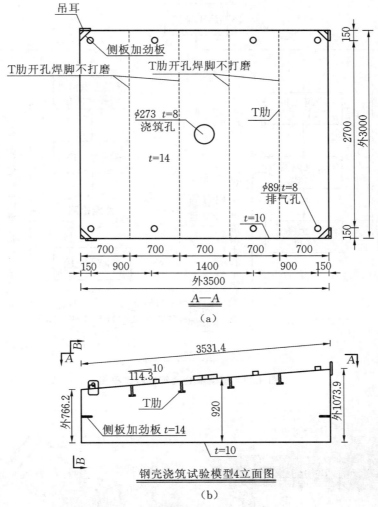

图 4.22 钢壳模型结构设计 4

（6）智能浇筑设备研发

根据深中通道管理中心要求，管节预制需开展混凝土智能化浇筑系统及设备的研发，故利用钢壳模型浇筑试验对智能浇筑系统进行开发，为正式管节预制提供技术支撑。

4.2.1.4 试验过程分析

（1）浇筑数据统计

钢壳模型浇筑试验共完成 19 个模型隔仓的浇筑，前期快速浇筑平均速度为 25.6 m^3/h，后期慢速平均浇筑速度为 14.2 m^3/h，浇筑速度满足试验需求；隔仓浇筑完成后，排气管内混凝土液面上升平均高度为 48.2 cm（>30 cm），浇筑管内混凝土液面上升平均高度为80.3 cm（>50 cm），满足试验需求；单个隔仓浇筑平均用时 72.1 min（<90 min），但个别隔仓由于出现特殊状况，单个隔仓浇筑时长超过 90 min。

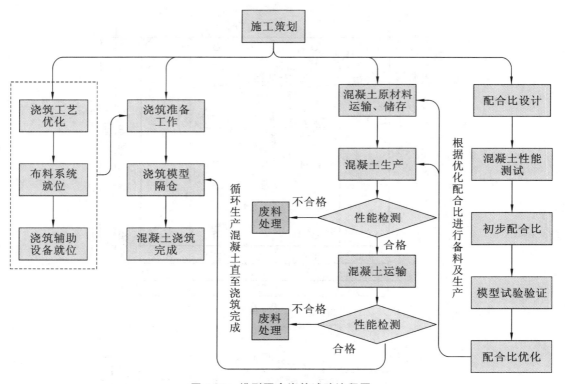

图 4.23　模型隔仓浇筑试验流程图

（a）　　　　　　　　　　　　　（b）

图 4.24　模拟浇筑试验场地

（a）模拟底板浇筑试验；（b）模拟顶板浇筑试验

（2）混凝土性能统计分析

自密实混凝土各项指标均符合《自密实混凝土设计与施工指南》要求,具体要求见表 4.10;由于自密实混凝土检测指标较普通混凝土检测的指标多,在检测的过程需要花费时间较长,在混凝土质量稳定的情况下,在实际施工中,可适当降低检测频率或抽检主控指标。

表 4.10　自密实混凝土性能检测统计分析

性能指标	设计要求	统计平均值
坍落扩展度/mm	600～700	674
T_{500}/s	2～5	3.2
V 型仪试验/s	5～15	10.3
L 型仪试验(H_2/H_1)	≥0.8	0.88
表观密度/(kg/m^3)	2300～2400	2337
含气量/%	≤4	2.8

（3）智能浇筑系统研发

本工程中拖泵改造控制系统开发已基本完成,已连接激光测距仪获得混凝土液面上升高度数据,并可通过激光测距仪反馈的数据进行混凝土浇筑速度控制,但是速度切换功能还不稳定,需继续优化改造。

4.2.1.5　浇筑质量验证

为有效验证模型隔仓混凝土浇筑质量及无损检测结果的准确性,特对已完成检测的模型隔仓进行气割开盖及链式切割处理,具体现场操作情况如图 4.25、图 4.26 所示。

（a）　　　　　　　　　　　　（b）

图 4.25　链式切割机施工现场

（a）　　　　　　　　　　　　（b）

图 4.26　开盖检验施工现场

隔仓模型浇筑试验过程中自密实混凝土性能指标、浇筑下料高度、泵送速度均符合《深中通道主体工程隧道施工质量验评标准》要求。如图 4.27、图 4.28 所示,针对第一阶段隔仓模型浇筑试验后 T 肋 1 和 T 肋 4 两端存在规律性脱空现象,特在第二阶段试验对隔仓排气孔位置进行了优化,有效地解决了 T 肋 1 和 T 肋 4 两端的脱空问题;对第二阶段浇筑质量进行开盖验证,虽存在气泡,但总体脱空情况得到了有效改善。

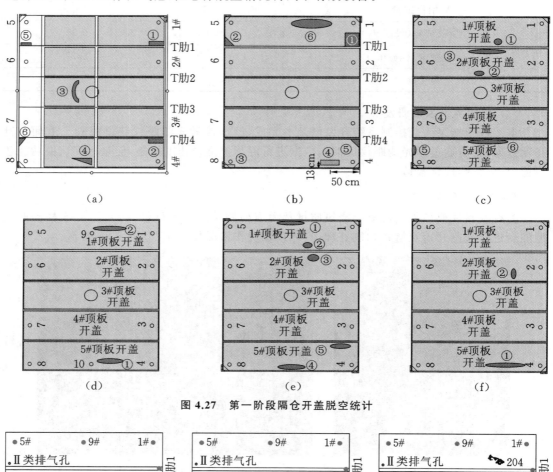

图 4.27　第一阶段隔仓开盖脱空统计

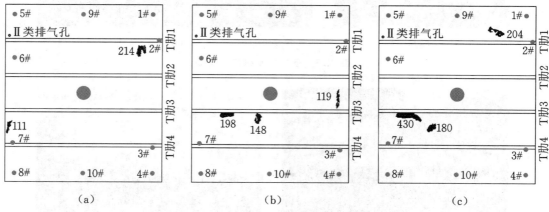

图 4.28　第二阶段隔仓开盖脱空统计

4.2.1.6 试验总结及建议

（1）联合设计方面

优化设计：为联合设计提供技术支持，包括排气孔孔位优化调整方案、明确隔仓排气孔数量及 T 肋通气孔间距等。

① 为对图 4.29(a)所示的原排气孔布置图进行优化，使其能有效消除 T 肋 1 和 T 肋 4 两端的脱空问题，考虑钢壳完整性及钢壳加工制造的可行性，优化后的排气孔布置图如图 4.29(b)所示，目前设计院已采纳该调整方案。

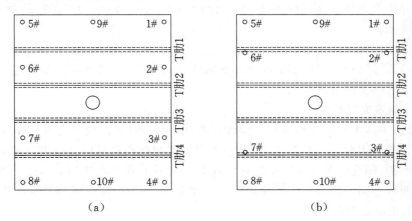

图 4.29 优化排气孔位置

(a) 原排气孔布置图；(b) 排气孔优化调整后布置图

② 根据隔仓开盖情况可知，设置 10 个排气孔比设置 8 个排气孔浇筑效果更好，建议单个标准隔仓设置 10 个排气孔。（根据试验成果，隔仓通气孔间距已做相应调整）

③ 根据隔仓开盖情况可知，通气孔间距为 30 cm 时浇筑效果较好，建议通气孔间距设置为 30 cm。（根据试验成果，隔仓通气孔间距已做相应调整）

④ 根据两个阶段试验开盖及切割情况可知，在目前焊缝高度情况下，T 肋通气槽处焊缝不打磨对浇筑质量的影响不大。

（2）施工工艺方面

通过小钢壳模型浇筑试验可以验证配合比是否合适；同时也可以揭露施工过程中可能出现的问题，从而为后期足尺模型浇筑工艺试验做技术储备。

① 混凝土前期浇筑速度对其表面气泡、蜂窝、麻面等缺陷影响较小，但距顶板最后 20 cm时，浇筑速度应尽量放慢（小于 15 m³/h），以解决最后 20 cm 混凝土流动及空气排出困难的问题。

② 根据本阶段钢壳模型浇筑完成后排气孔冒浆及开盖情况可知，排气孔液面上升高度为 30 cm 即可满足混凝土浇筑质量要求。（根据试验成果，隔仓浇筑结束条件已做相应调整）

（3）缺陷检测方面

为脱空检测单位提供测试平台。

（4）智能浇筑方面

"混凝土输送泵＋布料机"智能化改造工作开展后获得了初步成果，基本能实现浇筑速度的自动切换和隔仓浇筑结束后自动停止控制。

4.2.2 足尺模型试验

4.2.2.1 试验目的

（1）混凝土配合比验证及优化

结合实际生产条件及浇筑设备，验证自密实混凝土工作性能，为自密实混凝土施工配合比优化提供依据。

（2）排气孔布置设计

进一步验证排气形式对面层混凝土填充密实度的影响。本试验将验证隔仓在最新排气孔布置形式下混凝土的浇筑效果。

（3）隔仓浇筑完成标准

《深中通道主体工程隧道施工质量验评标准》中规定，钢壳混凝土浇筑完成后，排气孔混凝土面应高于隔仓顶面 50 cm 以上，而混凝土浇筑按照前期科研研究成果以及招标文件中推荐的浇筑方法，隔仓浇筑完成以排气管内混凝土液面上升高度达到 30 cm 为准。故本试验将验证这两种不同的结束条件下隔仓的浇筑效果，进一步验证浇筑结束条件的合理性。

（4）混凝土温度控制

根据招标文件要求，自密实混凝土入模温度要控制在 32℃ 以下，且浇筑过程中要严格控制隔仓混凝土温度。为有效控制混凝土入模温度及已浇筑隔仓混凝土温度，本试验拟监测混凝土生产时原材料温度、加冰量等参数，以及验证钢壳管面降温措施的可行性。

（5）混凝土浇筑速度验证

钢壳沉管自密实混凝土的浇筑速度受泵压、泵管长度影响，其对隔仓的有效填充影响较大，故在试验过程中变换浇筑速度，以确定较优浇筑速度。

4.2.2.2 试验对象及内容

如图 4.30 所示，本次试验足尺模型横断面、隔仓大小及布置与实际钢壳管节相同，管节模型选取本标段施工截面宽度最宽的首节沉管 E32 非标准管节的首部 18 m 长节段，将 18 m 足尺模型拆分成三块（图 4.31），①号块为足尺模型全断面钢壳，沿里程方向长度为 9.6 m；②、③号块为足尺模型剩余部分沿中间管廊切分而成。本次试验只针对①号块进行浇筑总结，试验采用与实际钢壳管节基本相同的施工条件进行混凝土浇筑、检测，模拟实际的钢壳管节混凝土浇筑预制施工情况。

4.2.2.3 配合比设计

（1）原材料选取（表 4.11）

表 4.11 原材料选取

材料	水泥	粉煤灰	矿渣粉	细集料	粗集料 1	粗集料 2	水	外加剂
规格型号	P·Ⅱ42.5	Ⅰ级	S95	中粗砂	5～10 mm	10～20 mm	自来水	复合外加剂

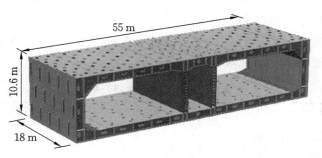

图 4.30　18 m 足尺模型示意图

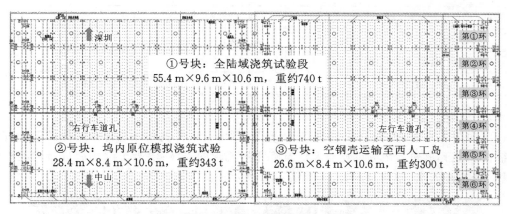

图 4.31　足尺模型试验拆分示意图

（2）配合比设计

在砂胶比、水胶比不变的基础上，根据钢壳模型试验结果，调控自密实混凝土的矿物掺合料掺量、复合外加剂配比等，对足尺模型自密实混凝土配合比进行一定的优化调整（表 4.12），并以此进行试验。

表 4.12　足尺模型试验自密实混凝土推荐配合比（kg/m³）

水泥	粉煤灰	矿渣粉	碎石（5～10 mm）	碎石（10～20 mm）	河砂	水	减水剂
270	196	84	339	508	782	171	5.5

4.2.2.4　试验过程

由于受试验场地的限制，1/2 足尺模型试验底板浇筑无法采用搅拌运输车直接为智能浇筑台车料斗供料，调整为采用"拖泵＋布料机＋浇筑台车"进行浇筑（浇筑工况对混凝土性能要求更加苛刻），墙体及顶板隔仓采用"拖泵＋布料机"浇筑，通过本次浇筑试验进一步对自密实混凝土优化配制、自密实混凝土浇筑等管节预制关键工艺进行模拟演练，对过程中出现的问题进行梳理，优化浇筑工艺，指导正式管节预制施工。

本次试验按照"底板—墙体—顶板"的顺序进行，浇筑过程中严格控制浇筑速度，底板、墙体及顶板浇筑过程中分别对模型沉降、位移、变形等情况进行监测。

（1）自密实混凝土性能要求

钢壳沉管自密实混凝土浇筑前应对混凝土拌合物性能进行检测，具体检测指标见表 4.13，经检测合格的混凝土方可进行浇筑。

表 4.13 混凝土拌合物检测指标

参数	指标要求
新拌混凝土扩展度/mm	600～720
V 形漏斗通过时间/s	5～15
T_{500}/s	2～5
L 型仪试验（H_2/H_1）	≥0.8
混凝土容积密度/(kg/m^3)	Ⅱ类标准管节：2300～2370；变宽管节：2300～2400
新拌混凝土含气量/%	≤4
温度/℃	出机≤30；入仓≤32

（2）混凝土浇筑过程

① 如图 4.32 所示，隔仓浇筑前，对浇筑设备地泵、布料机和浇筑台车进行试运行，保证设备正常运行，并进行隔仓的检查及浇筑管和排气管的安装；混凝土到场后进行性能检测，润管时依次注入水、砂浆及混凝土，如图 4.33 所示。

（a）

（b）

图 4.32 浇筑前隔仓检查

图 4.33 砂浆润管

② 如图 4.34、图 4.35 以及图 4.36 所示,混凝土到场性能检测合格后,将混凝土上料至浇筑台车料斗(此步骤只针对底板浇筑,墙体及顶板可直接进行浇筑),上料完成后进行入仓前混凝土性能检测。

图 4.34　混凝土到场性能检测

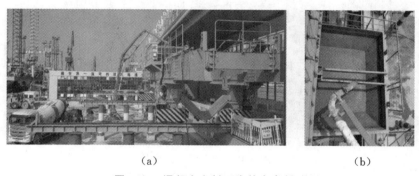

（a）　　　　　　　　　　　　　　　（b）

图 4.35　混凝土上料至浇筑台车料斗

（a）　　　　　　　　　　　　　　　（b）

图 4.36　入仓前混凝土性能检测

③ 如图 4.37 所示,入仓前混凝土性能检测合格后,开始隔仓混凝土浇筑,底板采用"智能浇筑台车"进行浇筑,墙体采用"布料机＋10 m 软管"进行浇筑,顶板采用"布料机＋5 m 软管"进行浇筑。

(a)

(b)

图 4.37　隔仓混凝土浇筑

(a) 底板隔仓混凝土浇筑；(b) 墙体及顶板隔仓混凝土浇筑

④ 隔仓浇筑完成后，应对浇筑设备进行清洗，如图 4.38 所示。

图 4.38　浇筑设备清洗

⑤ 如图 4.39 所示，换仓浇筑时，在移管过程中下料管末端安排专人进行滴料收集，避免掉落，污染管面。

图 4.39 换仓浇筑

（3）智能浇筑控制

利用自主研发的智能浇筑设备进行隔仓浇筑，验证智能浇筑系统的控制性能。

（4）测量监控

在混凝土浇筑过程中，足尺模型在荷载、侧压力等作用下会产生变形，为了及时准确地掌握其变形幅度和变化规律，需对混凝土浇筑过程中的钢壳变形进行监测，以便及时调整施工，确保其几何尺寸和线型控制，为正式管节浇筑调整提供依据。

（5）分析研究

清华大学对管节浇筑及温度变化对管节变形的影响进行了分析研究，为后续正式管节浇筑及温度影响变形量提供了技术支撑。

（6）浇筑质量开盖验证

本次模型试验邀请第三方检测单位采用冲击映像法和中子放射线法相结合的联合检测法对钢壳混凝土浇筑质量进行验证分析。

4.2.2.5 试验过程分析

（1）混凝土配合比优化及验证

足尺模型浇筑试验共计生产混凝土 2001 m³，分 258 车次进行运输，其中有 7 车次（底板 2 次，墙体及顶板 5 次）泵后试验检测结果不能满足设计要求，废弃处理混凝土 48 m³。

对足尺模型浇筑过程混凝土性能检测数据进行统计分析，具体试验情况见表 4.14 至表 4.16。

表 4.14 底板自密实混凝土生产控制情况

参数	指标要求	新拌混凝土性能	入仓前混凝土性能
混凝土坍落扩展度/mm	600～700	合格，可控	有损失（损失 20～50 mm）
V 形漏斗通过时间/s	5～15	合格，可控	不损失
L 型仪试验(H_2/H_1)	≥0.8	合格，可控	有损失
混凝土容积密度/(kg/m³)	2300～2400	合格，可控	容积密度减少 10～30 kg/m³
新拌混凝土含气量/%	≤4	合格，可控	含气量增加 0.6%～1.2%

表 4.15　墙体及顶板自密实混凝土生产控制情况

参数	指标要求	新拌混凝土性能	入仓前混凝土性能
混凝土坍落扩展度/mm	600～720	合格,可控	有损失(损失 20～60 mm)
V 形漏斗通过时间/s	5～15	合格,可控	不损失
L 型仪试验(H_2/H_1)	≥0.8	合格,可控	有损失
混凝土容积密度/(kg/m³)	2300～2400	合格,可控	容积密度减少 10～20 kg/m³
新拌混凝土含气量/%	≤4	合格,可控	含气量增加 0.2%～0.8%

表 4.16　足尺模型混凝土强度统计

序号	3 d	7 d	28 d
强度/MPa	38	47	61
达到设计强度的百分比	76%	94%	122%

(2)底板自密实混凝土性能指标统计分析

足尺模型底板共 42 个隔仓,浇筑混凝土共计 659.08 m³,按 100% 的频率检测出机、泵前及入仓前混凝土性能指标,其中出现 2 次泵后不合格(坍落扩展度＜600 mm,废弃处理),从中抽取 72 组数据进行分析研究。

结合足尺模型底板隔仓浇筑工艺(泵机＋浇筑台车),自密实混凝土在出机、搅拌车、布料机、浇筑台车 4 个输送点进行取样检测,分析"出机—搅拌车""搅拌车—布料机""布料机—浇筑台车"三个阶段输送对混凝土性能的影响。

① 坍落扩展度变化情况分析(表 4.17)

表 4.17　坍落扩展度变化情况统计(mm)

坍落扩展度	出机—搅拌车阶段(运输)	搅拌车—布料机阶段(泵送)	布料机—浇筑台车阶段(料斗)
690～720	反增 0～20	损失 0～10	损失 10～20
660～690	反增 20～35	损失 5～15	损失 10～30
630～660	反增 20～50	损失 10～20	损失 20～40
600～630	反增 30～50	损失 15～25	损失 25～45

由统计数据可知,当坍落扩展度越接近下限时,各阶段坍损量越大、坍损速度越快;当扩展度越接近上限时,各阶段坍损量越小、坍损速度越慢。

② T_{500} 变化情况分析(表 4.18)

表 4.18　T_{500} 变化情况统计(s)

T_{500}	出机—搅拌车阶段(运输)	搅拌车—布料机阶段(泵送)	布料机—浇筑台车阶段(料斗)
2.0～3.0	0	0	损失 0.7～1.2
3.0～4.0	反增 0～0.4	反增 0～0.2	损失 0.3～0.7
4.0～5.0	反增 0.4～1.0	反增 0.2～0.5	损失 0～0.3

由表 4.18 中的统计数据可知，T_{500} 越接近上限时，损失越少；T_{500} 越接近下限时，损失越多。

③ V 形漏斗通过时间变化情况分析（表 4.19）

表 4.19　V 形漏斗通过时间变化情况统计（s）

V 形漏斗通过时间	出机—搅拌车阶段（运输）	搅拌车—布料机阶段（泵送）	布料机—浇筑台车阶段（料斗）
12～15	反增 2.0～4.0	反增 2.5～4.0	损失 0～1.0
8～12	反增 0～2.0	反增 1.0～2.5	损失 1.0～3.0
5～8	0	反增 0～1.0	损失 3.0～5.0

由表 4.19 中统计数据可知，V 形漏斗通过时间越接近上限时，损失越少；V 形漏斗通过时间越接近下限时，损失越多。

④ L 型仪试验值变化情况分析（表 4.20）

表 4.20　L 型仪试验值变化情况统计

L 型仪试验值	出机—搅拌车阶段（运输）	搅拌车—布料机阶段（泵送）	布料机—浇筑台车阶段（料斗）
0.80～0.87	反增 0.05～0.08	反增 0.02～0.04	损失 0～0.02
0.87～0.94	反增 0.02～0.05	反增 0.01～0.02	损失 0.02～0.04
0.94～1.0	反增 0～0.02	反增 0～0.01	损失 0.03～0.06

由表 4.20 中的统计数据可知，L 型仪试验值越接近上限时，损失越多；L 型仪试验值越接近下限时，损失越少。

⑤ 容积密度变化情况分析（表 4.21）

表 4.21　容积密度变化情况统计（kg/m³）

容积密度	出机—搅拌车阶段（运输）	搅拌车—布料机阶段（泵送）
2300～2330	减少 0～10	增大 10～30
2330～2360	减少 10～20	增大 0～10
2360～2400	0	增大 0～10

由表 4.21 中的统计数据可知，容积密度接近下限时，增加较大。

⑥ 含气量变化情况分析（表 4.22）

表 4.22　含气量变化情况统计

含气量	出机—搅拌车阶段（运输）	搅拌车—布料机阶段（泵送）
0～2.0%	增大 0～0.2%	降低 0～0.2%
2.0%～3.5%	增大 0～0.2%	降低 0～0.2%
3.5%～4.0%	0	降低 0.2%～0.5%

由表 4.22 中的统计数据可知，含气量越接近下限时，增加越大。

（3）墙体及顶板自密实混凝土性能指标统计分析

在墙体及顶板浇筑过程中，随着浇筑区域的变化，泵管长度也随之变化，其中最大和最小泵送长度分别为 83 m 和 110 m，墙体及顶板共浇筑 54 个隔仓，生产混凝土方量共计 1150 m³，按 100% 的频率进行检测，其中 5 个车次出现泵后不合格（坍落扩展度＜600 mm，入仓温度＞32 ℃，废弃处理），从中选取 134 组数据进行统计分析。

① 坍落扩展度变化情况分析（表 4.23）

如表 4.23 所示，根据足尺模型墙体及顶板不同泵管长度的浇筑工艺测出其泵损，因泵前坍落扩展度未低于 660 mm，故无统计数据。

表 4.23　入仓前不同泵管长度坍落扩展度损失统计（mm）

坍落扩展度	出机—搅拌车阶段（运输）	83 m 泵管搅拌车—布料机阶段（泵送）	90 m 泵管搅拌车—布料机阶段（泵送）	110 m 泵管搅拌车—布料机阶段（泵送）
690～700	反增 0～20	损失 10～20	损失 5～20	损失 10～30
660～690	反增 20～30	损失 20～30	损失 20～40	损失 20～50
630～660	反增 35～50	—	—	—
600～630	反增 50～60	—	—	—

泵管越长，泵损越大；出机至到场扩展度在反增，经过不同长度的泵送后，扩展度损失在 20～40 mm。

② T_{500} 变化情况分析（表 4.24）

表 4.24　入仓前不同泵管长度 T_{500} 损失统计（s）

T_{500}	出机—搅拌车阶段（运输）	83 m 泵管搅拌车—布料机阶段（泵送）	90 m 泵管搅拌车—布料机阶段（泵送）	110 m 泵管搅拌车—布料机阶段（泵送）
4.0～5.0	反增 1.0～2.0	损失 0～0.3	损失 0～0.4	损失 0～0.6
3.0～4.0	反增 0.4～1.0	损失 0.3～0.8	损失 0.5～0.9	损失 0.5～1.2
2.0～3.0	反增 0～0.4	损失 0.4～1.0	损失 0.5～1.2	损失 0.5～1.5

如表 4.24 所示，T_{500} 的流动时间主要取决于浆体黏聚性，不同泵管长度对于 T_{500} 的流动速度未产生直接影响；出机至到场 T_{500} 的流动速度随着扩展度的反增而增快，经过泵送后，流动速度损失约 0.7 s。

③ V 形漏斗通过时间变化情况分析（表 4.25）

表 4.25　入仓前不同泵管长度 V 形漏斗通过时间损失统计（s）

V 形漏斗通过时间	出机—搅拌车阶段（运输）	83 m 泵管搅拌车—布料机阶段（泵送）	90 m 泵管搅拌车—布料机阶段（泵送）	110 m 泵管搅拌车—布料机阶段（泵送）
12～15	反增 2.0～3.0	反增 2.0～3.0	反增 0～0.4	反增 2.5～3.5
8～12	反增 0.5～1.5	反增 1.5～2.5	反增 0.5～0.9	反增 2.0～3.0
5～8	反增 0～0.5	反增 0.5～1.0	反增 0.5～1.2	反增 1.0～1.5

如表 4.25 所示,不同泵管长度对 V 形漏斗通过时间的影响不大;从出机到泵后,V 形漏斗通过时间有增长。

④ L 型仪试验值变化情况分析

经过不同长度泵送表明(表 4.26),泵管越长,流动性较慢,其 L 型仪高差就越大,这与扩展度也有间接联系,因到场 L 型仪不低于 0.87,故无统计数据。

表 4.26　入仓前不同泵管长度 L 型仪试验值损失统计

L 型仪试验值	出机—搅拌车阶段(运输)	83 m 泵管搅拌车—布料机阶段(泵送)	90 m 泵管搅拌车—布料机阶段(泵送)	110 m 泵管搅拌车—布料机阶段(泵送)
0.94~1.0	反增 0~0.02	损失 0~0.02	损失 0~0.02	损失 0~0.03
0.87~0.94	反增 0.02~0.06	损失 0.02~0.05	损失 0.02~0.05	损失 0.03~0.07
0.80~0.87	反增 0.05~0.10	—	—	—

浆体流动性及黏聚性与 L 型仪试验值存在直接关联,不同泵管长度对 L 型仪试验值存在不同程度的影响;出机至到场 L 型仪试验值随着浆体坍落拓展度反增,前后槽高差较小,经过泵送后,L 型仪试验值损失约 0.03。

⑤ 容积密度变化情况分析(表 4.27)

墙体及顶板浇筑过程中,经过不同泵管长度泵送后,容积密度靠上限,较稳定,因到场容积密度不低于 2330 kg/m³,故无统计数据。

表 4.27　入仓前不同泵管长度容积密度损失统计(kg/m³)

容积密度区间/(kg/m³)	出机—搅拌车阶段(运输)	83 m 泵管搅拌车—布料机阶段(泵送)	90 m 泵管搅拌车—布料机阶段(泵送)	110 m 泵管搅拌车—布料机阶段(泵送)
2350~2370	增大 0~10	减少 0~10	减少 0~10	减少 0~10
2330~2350	增大 10~30	减少 10~20	减少 10~20	减少 10~20
2300~2330	增大 20~50	—	—	—

容积密度整体较稳定,经过泵送后,基本与到场时容积密度无较大差异;出机至到场容积密度呈上升趋势,经过泵送后容积密度会损失约 10 kg/m³。

⑥ 含气量变化情况分析(表 4.28)

墙体及顶板浇筑过程中,容积密度与含气量存在直接关系,因容积密度靠上限,到场含气量在 2% 左右。

表 4.28　入仓前不同泵管长度含气量损失统计(%)

含气量	出机—搅拌车阶段(运输)	83 m 泵管搅拌车—布料机阶段(泵送)	90 m 泵管搅拌车—布料机阶段(泵送)	110 m 泵管搅拌车—布料机阶段(泵送)
3.5~4.0	降低 1.0~2.0	增大 0~0.3	增大 0~0.2	增大 0~0.2
2.0~3.5	降低 0.5~1.0	增大 0.2~0.5	增大 0.2~0.5	增大 0.2~0.4
0~2.0	降低 0~0.5	增大 0.2~0.5	增大 0.2~0.4	增大 0.2~0.4

容积密度与含气量有直接关系,容积密度偏上限的情况下,含气量较小;出机至到场含气量随着容积密度的增大而降低,经过泵送后含气量增大约0.5%。

(4)混凝土可使用时间统计分析

对混凝土性能经时损失数据进行统计分析(表4.29),混凝土性能在90 min内仍能满足设计要求。

表4.29 自密实混凝土性能经时损失

参数	指标要求	出机	30 min	60 min	90 min
新拌混凝土坍落扩展度/mm	600~720	700	690	670	630
V形漏斗通过时间/s	5~15	9.1	9.9	11.8	14.1
L型仪试验值(H_2/H_1)	≥0.8	0.92	0.90	0.89	0.85
混凝土容积密度(kg/m³)	2300~2400	2370	2360	2370	2360
新拌混凝土含气量/%	≤4	2.2	2.5	2.3	2.1

(5)不同大气温度混凝土经时损失分析

足尺模型浇筑过程中,在混凝土指标检测的同时,对混凝土坍落扩展度经时损失进行了统计(表4.30)。

表4.30 不同大气温度自密实混凝土坍落扩展度经时损失(mm)

温度/℃	到场	15 min	30 min	60 min	90 min
32	710	705	690	670	620
30	710	710	700	680	635
28	705	700	695	675	645
26	700	700	695	670	635
24	705	710	700	675	650

由统计数据可知,气温越高,坍落扩展度损失越快;气温越低,坍落扩展度损失越慢。

(6)不同搅拌时间数据统计

工程中采用立轴行星式搅拌机,因搅拌时间无明确要求,前期对立轴搅拌机进行两次考察,足尺模型生产浇筑过程对不同搅拌时间(60 s、70 s、80 s、90 s)进行对比验证,见表4.31。

表4.31 不同搅拌时间混凝土坍落扩展度数据统计

搅拌时间为60 s时的坍落扩展度/mm			搅拌时间为70 s时的坍落扩展度/mm			搅拌时间为80 s时的坍落扩展度/mm			搅拌时间为90 s时的坍落扩展度/mm		
出机	到场	入仓前	出机	到场	入仓前	出机	到场	入仓前	出机	到场	入仓前
605	675	650	625	690	670	655	700	695	680	715	680
620	690	655	640	695	670	620	685	650	650	700	700

搅拌时间为 60 s 时的坍落扩展度/mm			搅拌时间为 70 s 时的坍落扩展度/mm			搅拌时间为 80 s 时的坍落扩展度/mm			搅拌时间为 90 s 时的坍落扩展度/mm		
出机	到场	入仓前	出机	到场	入仓前	出机	到场	入仓前	出机	到场	入仓前
600	680	665	630	670	640	670	705	690	665	700	690
670	700	680	650	710	685	655	710	690	620	680	650
610	675	640	600	685	675	600	690	680	650	695	675
635	680	670	615	695	690	645	685	655	690	710	705
605	665	635	615	675	650	630	685	660	630	680	680
615	670	635	635	700	675	690	715	700	675	710	705
605	690	680	625	715	700	645	705	695	660	695	665
660	705	685	620	680	670	650	685	680	655	705	695

通过统计数据可知,混凝土在搅拌 60 s、70 s 和 80 s 后,混凝土出机坍落扩展度较小,到场反增较大,若搅拌时间为 90 s,则出机扩展度较稳定,到场反增较小,故建议将混凝土搅拌时间定为 90 s。

(7)不同大气温度加冰量统计分析

根据验评标准,出机混凝土温度应不高于 30 ℃,入仓前混凝土温度应不高于 32 ℃,因此加冰量随着气温变化递增或递减。现对足尺模型墙体及顶板 134 组数据不同气温进行统计,结果见表 4.32。

表 4.32　不同大气温度加冰量对混凝土温度影响统计

气温/℃	加冰量/kg	出机混凝土温度/℃	到场混凝土温度/℃	83 m 泵管入仓前混凝土温度/℃	90 m 泵管入仓前混凝土温度/℃	110 m 泵管入仓前混凝土温度/℃
29~32	40	26.5	27.2	30.2	30.7	31.0
27~30	20	25.8	26.2	29.4	29.9	30.5
24~28	15	25.5	25.7	29.2	29.2	30.1

4.2.2.6　浇筑质量验证

(1)开盖结果

根据足尺模型脱空检测结果,对 14 个隔仓(共计 84 处)进行开盖质量验证,发现隔仓混凝土填充程度主要表现为图 4.40 所示几种典型状态。

(2)脱空原因分析及防范措施

根据隔仓开盖结果可知,缺陷主要集中在浇筑孔附近及浇筑孔两侧 T 肋端部。

图 4.40 隔仓混凝土填充程度
（a）混凝土填充密实；（b）表面存在较少气泡；（c）表面存在较多气泡；
（d）浇筑孔周围存在较多气泡；（e）表面存在连片气泡；（f）T 肋端部存在脱空

① 原因分析

气泡主要集中在浇筑孔四周及其两侧 T 肋附近，产生的主要原因为隔仓浇筑时仓内混凝土存在液位差，浇筑孔先被混凝土封闭使其四周的排气通道转移至排气孔，T 肋通气槽间距过大（正式管节间距为 30 cm，足尺模型间距为 1 m、1.5 m、3 m），排气通道过长，部分气体无法及时排除造成窝气现象。

T 肋端部存在脱空的主要原因有两点：①T 肋通气槽间距布置不合理。由于钢壳模型浇筑试验开展时，足尺模型已基本加工完成，T 肋通气槽按照 1 m、1.5 m、3 m 进行布置，不利于自密实混凝土的流动而导致 T 肋边缘脱空。②排气孔位置未经优化调整。根据前期钢壳模型浇筑试验，在 T 肋 1 和 T 肋 4 两端易产生脱空，故对排气孔位置进行了优化调整，虽然足尺模型管节根据设计文件增加了小孔，但是新增小孔直径过小，极易被粗集料堵塞，对混凝土的流动性及排气起不到应有的作用。

② 防范措施

针对以上缺陷可采用以下四点防范措施：T 肋通气槽间距设置为 30 cm，隔仓最后 20 cm 混凝土保持 15 m³/h 以内的浇筑速度，对排气孔孔位作优化调整，保证混凝土性能稳定。

4.2.2.7 试验总结及建议

(1) 自密实混凝土配合比优化

结合足尺模型,底板、墙体及顶板隔仓不同的输送工艺对混凝土性能指标有影响:

① 混凝土搅拌时间按 60 s、70 s 及 80 s 控制时,坍落扩展度从出机运输至浇筑现场普遍存在反增现象,当连续搅拌时间为 90 s 时,坍落扩展度在出机、到场及入仓阶段较为稳定,因此推荐采用立轴行星式搅拌机时,最低连续搅拌时间为 90 s。

② 底板浇筑采用"拖泵＋布料机"供料,增加二次输送工艺,对混凝土性能状态存在双重影响;采用搅拌运输车直卸料至浇筑台车料斗一次输送时,浇筑台车料斗对混凝土性能影响主要表现为坍落扩展度与 L 型仪试验值略有损失,T_{500} 试验值变化不明显,V 形漏斗试验值进一步改善,含气量趋于稳定,出机及入仓温度可控。

③ 墙体及顶板采用"拖泵＋布料机"泵送工艺,坍落扩展度损失存在一定规律性(泵管长度在 80~110 m 范围内,平均每增加 10 m 泵管,坍落扩展度泵送损失增加 10 mm);T_{500} 试验值和 L 型仪试验值略有损失;V 形漏斗试验值进一步改善,含气量略有增长,入仓温度有所增长。

④ 当大气温度在 33 ℃左右、拌和水温在 10 ℃左右时,每增加 10 kg 冰,混凝土出机温度下降 0.5~1 ℃。

⑤ 通过混凝土性能检测,在出机 90 min 之内,混凝土各项性能指标均能满足使用要求。

(2) 施工工艺

① 由于足尺模型试验受施工条件限制,在底板浇筑时采用"拖泵＋布料机"为浇筑台车供料,导致浇筑台车接料额外增加了一道泵送工序,对混凝土性能控制存在一定风险;

② 隔仓混凝土在与顶板的距离大于 20 cm 时,采用 30 m³/h 的速度进行浇筑;与顶板的距离小于 20 cm 时,采用 15 m³/h 以内的速度进行浇筑,直至隔仓浇筑完成;

③ 隔仓浇筑时,开始控制管液高度为 1 m,后期控制管液高度为 0.5 m,直至隔仓浇筑完成。

4.2.3 坞内原位试验

4.2.3.1 试验目的

(1) 模拟正式管节预制施工工艺

由于 1/2 足尺模型未能完全实景模拟正式管节施工工艺,故利用 1/4 足尺模型进行坞内原位模拟浇筑,验证管节底板浇筑采用"管面运输通道＋混凝土运输车＋漏斗导管＋浇筑台车"施工工艺的可行性,并对管节顶板采用"拖泵＋布料机"的方式进行坞内原位模拟浇筑。

(2) 隔仓浇筑混凝土流动状态研究

利用 1/4 足尺模型坞内原位试验进行亚克力隔仓模型的浇筑,对隔仓混凝土浇筑时的流动状态进行研究。

4.2.3.2　试验对象及内容

考虑到船坞使用坞位坞期的紧缺性，试验将纵向长18 m的足尺模型分成三部分：其中大约1/2钢壳模型（沿纵向长约9.6 m）在坞外工程营地进行全陆域浇筑工艺试验，目前已完成浇筑，但由于施工场地条件限制，1/2足尺模型浇筑未能完全模拟正式管节预制施工工艺，为实现正式管节预制工艺原位仿真模拟，故利用剩余的1/4足尺模型（②号块）进行坞内原位模拟浇筑试验，试验采用与实际钢壳管节预制相同的施工条件进行隔仓混凝土浇筑、检测，模拟实际的钢壳管节混凝土浇筑预制施工情况。

4.2.3.3　配合比设计

（1）原材料选取（表4.11）

（2）配合比设计

在胶砂比、水胶比不变的基础上，根据足尺模型试验结果，调控自密实混凝土的矿物掺合料掺量、复合外加剂配比等，对坞内原位试验自密实混凝土配合比进行一定的优化调整（表4.12），并以此进行试验。

4.2.3.4　试验过程

坞内原位试验共浇筑5个亚克力隔仓和2个小钢壳隔仓，设计混凝土方量66.57 m³，共生产混凝土方量约78.5 m³。坞内原位试验采用与正式管节完全相同的浇筑施工工艺，底板采用"管面运输通道＋混凝土运输车＋漏斗＋浇筑台车"的方式进行坞内原位模拟浇筑，顶板采用"拖泵＋布料机"的方式进行坞内原位模拟浇筑。

如图4.41所示，本次坞内原位试验完全模拟正式管节的施工工艺及流程，管节底板采用"管面运输通道＋混凝土运输车＋漏斗＋浇筑台车"的方式模拟浇筑，浇筑3个亚克力隔仓（2个标准隔仓和1个薄厚板拼接处隔仓）和1个小钢壳；管节顶板采用"拖泵＋布料机"的方式模拟浇筑，浇筑2个亚克力隔仓（1个标准隔仓和1个薄厚板拼接处隔仓）和1个小钢壳。浇筑过程中严格控制浇筑参数，底板模拟浇筑过程中分别对钢壳模型及管面运输钢通道变形情况进行监测。

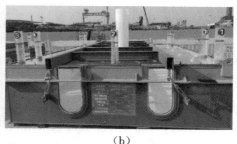

（a）　　　　　　　　　　（b）

图4.41　隔仓模型浇筑

（1）试验要求

坞内原位试验要求按照足尺模型已稳定的浇筑参数执行。

（2）混凝土浇筑过程

①　隔仓浇筑前，对浇筑设备地泵、布料机和浇筑台车进行试运行，保证设备能正常运行，并进行隔仓的检查及浇筑管和排气管的安装；混凝土到场后进行性能检测，拖泵润管时依次注入水、砂浆及混凝土。

②　混凝土到场性能检测合格后，若进行底板模拟浇筑，则混凝土运输车倒车至管面运输通道卸料点为浇筑台车供料（图4.42）；若进行顶板模拟浇筑，则混凝土运输车直接倒车至拖泵处卸料（图4.43），卸料完成后进行入仓前混凝土性能检测。

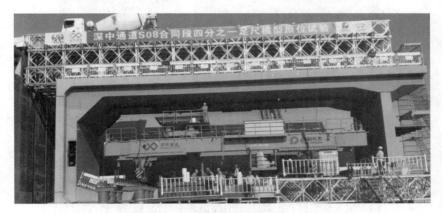

图4.42　混凝土卸料至浇筑台车料斗

图4.43　混凝土卸料至拖泵料斗

③　如图4.44所示，混凝土性能检测合格后，开始隔仓混凝土浇筑，底板采用"智能浇筑台车"进行浇筑，顶板采用"布料机＋3 m软管"进行浇筑。

④　隔仓浇筑完成后，对浇筑设备进行清洗。

⑤　换仓浇筑时，在移管过程中下料管末端安排专人进行滴料收集，避免掉落，污染管面。

（3）智能浇筑控制

坞内原位模拟浇筑试验采用智能浇筑台车、智能化拖泵等智能浇筑设备浇筑混凝土，实现浇筑过程智能化控制。

（a）

（b）

图 4.44　隔仓混凝土模拟浇筑

（a）底板隔仓混凝土模拟浇筑；（b）顶板隔仓混凝土模拟浇筑

（4）测量监控

在钢壳管节底板浇筑过程中，需在管面架设管面运输通道，这势必会引起管节的变形，为准确地掌握其变形幅度和变化规律，需对混凝土浇筑过程中的钢壳变形进行监测；同时还需对管面运输通道的沉降进行监测，以便掌握混凝土运输车在其上方行驶时的稳定性。

4.2.3.5　试验过程分析

（1）混凝土配合比优化

由于顶、底板隔仓浇筑工艺不同，浇筑工艺对混凝土性能的影响也有所不同，故对混凝土性能指标统计分为底板和顶板两种工况进行收集整理。

① 底板模拟浇筑混凝土性能检测与分析

a. 如图 4.45 所示，前期进行"漏斗＋7 m 导管"落料试验，在静置前后混凝土性能基本无变化，具体工作性能如表 4.33 所示。

表 4.33　落料试验混凝土工作性能指标统计

指标工程	扩展度	T_{500}/s	V 形漏斗试验/s	L 型仪试验值	含气量	容积密度/(kg/m³)
到场	680×680	3.8	12.0/14.8	0.88	2.8/2.7	2370/2370
落料后	670×670	3.8	14.0	0.84	1.6	2370
落料后 60 min	670×680	3.3	14.5	0.90	1.9	2370

图 4.45　落料试验现场实景图

b. 底板隔仓模拟浇筑

根据底板模拟浇筑混凝土性能检测结果(图 4.46),混凝土经过"漏斗+导管"为浇筑台车供料后性能基本无变化,证明混凝土通过"漏斗+导管"的卸料方式对其性能无影响。

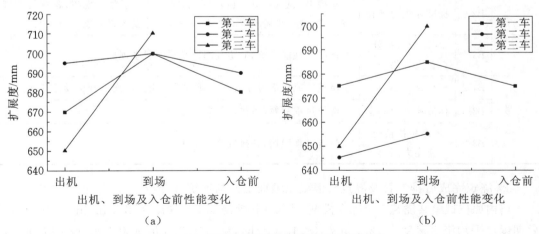

图 4.46　两阶段混凝土性能指标检测统计图

(a) 漏斗;(b) 导管

② 顶板模拟浇筑混凝土性能检测与分析

根据顶板模拟浇筑混凝土性能检测结果(图 4.47),混凝土经过泵送为布料机供料后,坍落扩展度损失约 10 mm。

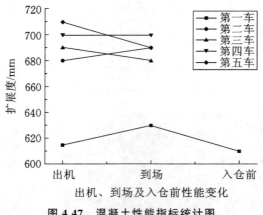

图 4.47 混凝土性能指标统计图

（2）试验过程数据统计分析

① 隔仓浇筑车次分布及状态分析（表 4.34）

表 4.34 隔仓浇筑车次分布及状态分析

编号		隔仓类型	隔仓浇筑完成后状态分析
7 号浇筑台车	B1-1	小钢壳隔仓	个别边角排气孔（2#、6#）出现浮浆现象，拆管时排气管下部有集料
	B2-1	标准亚克力隔仓	在排气管冒浆过程中顶板（亚克力板）出现胀模破裂现象，达到展现混凝土在隔仓模型中流动状态的试验目的
8 号浇筑台车	B2-2	标准亚克力隔仓	对模型顶板（亚克力板）进行加固后改善了胀模现象，各排气管冒浆正常，进一步展现混凝土在隔仓模型中的流动状态
	B3-1	薄厚板拼接处亚克力隔仓	混凝土性能良好，T 肋端部存在局部脱空现象
13 号泵送	B1-2	小钢壳模型	浇筑完成后部分排气孔经插捣后混凝土液面上升至设计高度
	B2-3	标准亚克力隔仓	浇筑过程顺畅，各排气管冒浆正常
	B3-2	薄厚板拼接处亚克力隔仓	浇筑过程顺畅，各排气管冒浆正常

② 浇筑完成后排气管及浇筑管混凝土液面上升高度统计分析

坞内原位试验共浇筑 7 个隔仓模型，其前期快速浇筑平均速度为 27.1 m³/h（<30 m³/h），后期慢速平均浇筑速度为 12.3 m³/h（<15 m³/h），浇筑速度满足试验需求；隔仓浇筑完成后，排气管内混凝土液面上升平均高度为 32.3 cm（>30 cm），满足试验需求。

③ 预制工效分析

根据坞内原位试验时间分析统计可知，7 个隔仓模型浇筑总耗时 5.18 h，浇筑总方量为 66.57 m³，底板浇筑台车浇筑平均工效为 11.6 m³/h，顶板"拖泵＋布料机"浇筑平均工效为

15.1 m³/h(表 4.35),此工效未考虑浇筑前的准备时间及浇筑完成后的洗机和拆管时间。

表 4.35　隔仓浇筑工效分析

位置	隔仓/个	浇筑时间/h	单个隔仓平均用时/min	浇筑方量/m³	工效/(m³/h)
底板	4	3.28	49	38.01	11.6
顶板	3	1.90	38	28.56	15.1

(3)亚克力隔仓流动状态分析

① 亚克力隔仓混凝土流动状态分析(T 形肋以下)

隔仓混凝土浇筑时,浇筑口处混凝土受冲击不断翻滚,冲击处混凝土存在短暂凹陷现象;当液面未到 T 形肋高度时,混凝土在顶升及平推双重作用下平缓上升。

② 亚克力隔仓混凝土流动状态分析(T 形肋以上)

混凝土液面上升至 T 形肋处时受 T 形肋阻挡,混凝土以顶升实现液面上升为主;当液面到达 T 形肋通气孔处,混凝土通过 T 形肋通气孔向四周扩散,实现从近端到远端的流动。T 形肋通气孔间距对于最终隔仓浇筑质量至关重要。

③ 当混凝土上升至顶面时,浇筑孔周边混凝土最先与顶板接触,接触范围以浇筑孔为中心向四周逐渐扩散,T 形肋通气孔的设置使接触范围的扩展更加顺畅均匀,最终完成隔仓填充,多余混凝土从排气孔中顶升出来。

(4)测量监控数据分析

① 净宽监测数据分析

管面运输通道荷载加载完成后,车道净宽无变化;管面运输通道荷载+混凝土运输车荷载加载完成后,车道净宽平均变形 1 mm,最大变形 2 mm,变形较小;管面运输通道拆除后,车道净宽平均变形 −0.33 mm,最大变形 −1 mm,净宽变形可忽略不计。

② 净高监测数据分析

管面运输通道荷载加载完成后,车道净高平均变形 0.33 mm,最大变形 2 mm,变形较小;管面运输通道荷载+混凝土运输车+混凝土荷载加载完成后,车道净高平均变化 −0.67 mm,最大变形 −2 mm,变形较小;管面运输通道拆除后,车道净高平均变形 1.06 mm,最大变形 2 mm,考虑测量系统误差影响,则净高变形可忽略不计。

③ 底板顶沉降监测数据分析

管面运输通道荷载加载完成后,底板顶平均沉降变形为 0.67 mm,最大变形 2 mm,变形较小;管面运输通道荷载+混凝土运输车荷载加载完成后,底板顶平均沉降变形 −0.67 mm,最大变形 −2 mm,变形较小;拆除管面运输通道后,底板顶平均沉降变形 −1.43 mm,最大变形 −2 mm。即沉降变形可忽略不计。

④ 底板底沉降监测数据分析

管面运输通道荷载加载完成后,底板底平均沉降变形 0.5 mm,最大变形 1 mm,变形较小;管面运输通道荷载+混凝土运输车荷载加载完成后,底板底平均沉降变形 −0.5 mm,最大变形 −2 mm,变形较小;拆除管面运输通道后,底板底平均沉降变形 −0.17 mm,最大变形 1 mm。即沉降变形可忽略不计。

⑤ 顶板顶沉降监测数据分析

管面运输通道荷载加载完成后,顶板顶平均沉降变形为 0,最大变形 1 mm,变形较小;管面运输通道荷载+混凝土运输车荷载加载完成后,顶板顶平均沉降变形−0.22 mm,最大变形 1 mm,变形较小;拆除管面运输通道后,顶板顶平均沉降变形−0.67 mm,最大变形−2 mm。即沉降变形可忽略不计。

⑥ 管面运输通道沉降监测数据分析

混凝土运输车荷载加载完成后,管面运输通道平均沉降变形−1.44 mm,最大变形−3 mm,其变形主要由橡胶支垫弹性变形引起。

4.2.3.6 问题分析

(1) 管面运输通道对钢壳模型变形的影响

如图 4.48 所示,对混凝土运输车空载工况变形进行监测。试验过程中,钢壳模型在荷载(管面运输通道+混凝土运输车)作用下,净宽、净高、顶板、底板沉降最大值在±2 mm 以内,变形较小;管面运输通道拆除后,模型净宽、底(顶)板变形可恢复,净高、底板顶变形均在±2 mm 以内,考虑到测量值受测量仪器系统误差及温度的影响,各变形值可以忽略不计,故设置管面运输通道对钢壳变形影响较小。

图 4.48 混凝土运输车空载工况

(2) 管面运输通道行车稳定性

试验过程中,在不同荷载工况作用下,管面运输通道跨中平均沉降量为−1.44 mm,在下料漏斗拆除后,混凝土运输车行驶至跨中时,管面运输通道跨中最大沉降量为−3 mm,其变形主要由橡胶支垫弹性变形引起;混凝土运输车能够平稳地通过坞岸斜坡段行驶至管面运输通道卸料点。

(3) 落料高度对混凝土性能的影响

根据前期落料试验及 1/4 足尺模型浇筑试验,混凝土经过"漏斗+导管"为浇筑台车供料后性能基本无变化,证明混凝土通过"漏斗+导管"的卸料方式对其性能无影响。

(4) 管面油漆防护

管节预制过程中,所有与管面接触的铁质构件均需做防护处理(运输通道采用橡胶支垫与管面连接、试验检测区域铺设防污布进行性能检测、斗车支撑架用水管包裹等),如图 4.49 所示。

(a)　　　　　　　　　　　(b)

图 4.49　管面防腐涂层保护

4.2.3.7　试验总结及建议

(1)混凝土性能方面

① 根据前期落料试验及坞内原位底板模拟浇筑试验可知,混凝土通过"漏斗+导管"输送至浇筑台车料斗后性能变化小,混凝土通过"漏斗+导管"的卸料方式对其性能影响小,坍落扩展度损失 10~20 mm。

② 顶板采用"拖泵+布料机"泵送工艺,坍落扩展度经泵送后损失约 10 mm(泵管长度为 41 m)。

(2)施工工艺方面

① 通过坞内原位试验证明,管节底板及顶板浇筑工艺是可行的。

② 通过测量数据分析可知,底板浇筑工艺对钢壳模型变形的影响很小,混凝土运输车在管面运输通道上行驶稳定。

③ 通过亚克力隔仓混凝土浇筑流动状态可知,管节顶板浇筑时,布料机通过折臂降低落料高度可以有效消除浇筑孔周围气泡的产生。

4.3　钢壳沉管自密实混凝土的浇筑施工工艺

4.3.1　沉管管节浇筑顺序

4.3.1.1　非标准沉管管节浇筑顺序

(1)底板浇筑顺序

浇筑坞内底板时,考虑到混凝土水化热对钢壳管节的影响,采用分环跳仓浇筑,以降低水化热对管节的不利影响。整个管节共划分为 9 个环区,以 H5 环区为分界线,管节两边各 4 个环区,即 H1~H4。共计 697 个隔仓,混凝土浇筑方量约 0.96 万 m³。管节行车道孔布置 4 个浇筑点,管廊底板浇筑布置 2 个浇筑点,计划每天浇筑 10 个隔仓,分 14 次浇筑完成,前 10 次需 10 天完成,考虑到后 4 次浇筑方量大,隔仓浇筑数量多,每次浇筑分 2 天完成,即共需 18 天。具体管节底板隔仓浇筑顺序如图 4.50 所示。

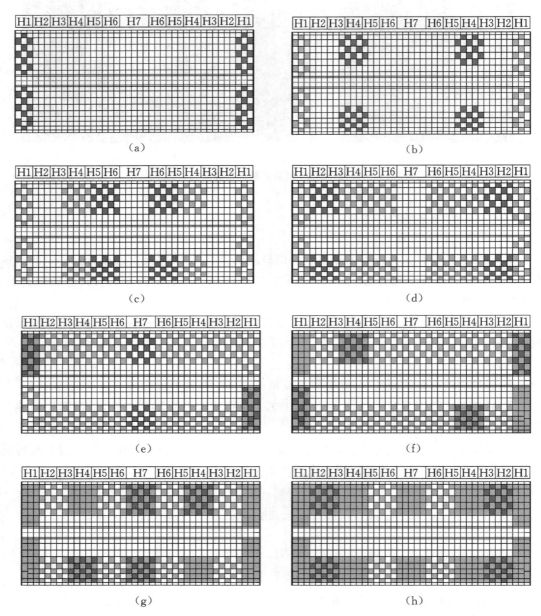

图 4.50　底板隔仓浇筑顺序

(a) 第 1 次浇筑;(b) 第 2 次浇筑;(c) 第 3 次浇筑;(d) 第 4 次浇筑;(e) 第 5 次浇筑;

(f) 第 6 次浇筑;(g) 第 7 次浇筑;(h) 第 8 次浇筑;(i) 第 9 次浇筑;(j) 第 10 次浇筑;

(k) 第 11 次浇筑;(l) 第 12 次浇筑;(m) 第 13 次浇筑;(n) 第 14 次浇筑

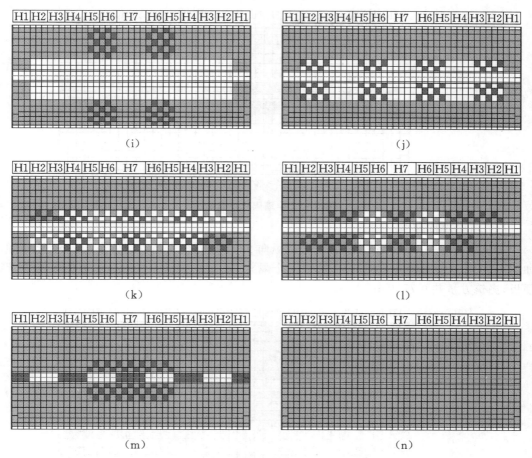

续图 4.50

（2）墙体浇筑顺序

浇筑墙体时,分环区完成纵向浇筑,以纵向 2～3 行隔仓为单位划分浇筑环区,共分为 656 个隔仓,先浇筑全部边墙后再浇筑中墙。布置 4 个浇筑点,墙体浇筑总方量共 0.75 万 m^3。具体浇筑顺序如图 4.51 至图 4.52 所示。

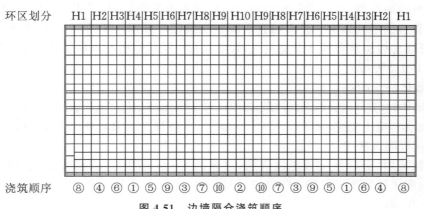

图 4.51 边墙隔仓浇筑顺序

环区划分　H1|H2|H3|H4|H5|H6|H7|H8|H9|H10|H9|H8|H7|H6|H5|H4|H3|H2|　H1

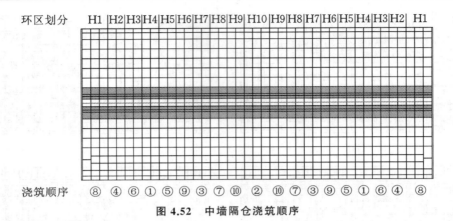

浇筑顺序　⑧　④　⑥①　⑤⑨　③　⑦　⑩　②　⑩　⑦③⑨　⑤①　⑥④　⑧

图 4.52　中墙隔仓浇筑顺序

（3）顶板浇筑顺序

浇筑顶板时，分环区完成纵向浇筑，以纵向 2~3 行隔仓为单位划分浇筑环区，浇筑顺序如图 4.53 所示。布置 4 个浇筑点，共 574 个隔仓，非标管节顶板包括行车道顶板及中管廊顶板，浇筑方量共 0.77 万 m³。

环区划分　H1|H2|H3|H4|H5|H6|H7|H8|H9|H10|H9|H8|H7|H6|H5|H4|H3|H2|　H1

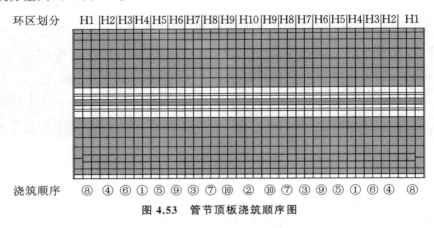

浇筑顺序　⑧　④　⑥①　⑤⑨　③　⑦⑩　②　⑩　⑦③⑨　⑤①　⑥④　⑧

图 4.53　管节顶板浇筑顺序图

4.3.1.2　标准沉管管节浇筑顺序

（1）底板浇筑顺序

浇筑坞内底板时，考虑到混凝土水化热对钢壳管节的影响，采用分环跳仓浇筑，以降低水化热对管节的不利影响。底板隔仓混凝土浇筑顺序如图 4.54 所示。行车道孔布置 4 个浇筑点，管廊底板浇筑布置 2 个浇筑点，管节底板包括管节行车道底板及中管廊底板混凝土浇筑方量共 1.1 万 m³。

（2）墙体浇筑顺序

浇筑墙体时，分环区完成纵向浇筑，以纵向 6~9 m（2~3 行隔仓）为单位划分浇筑环区，坞内完成管节墙体混凝土浇筑，如图 4.55 所示。布置 4 个浇筑点，墙体浇筑总方量共 0.97 万 m³。

（3）顶板浇筑顺序

浇筑顶板时，分环区完成纵向浇筑，以纵向 6~9 m（2~3 行隔仓）为单位划分浇筑环区，在坞内完成管节顶板混凝土的浇筑，如图 4.56 所示。布置 4 个浇筑点，管节顶板浇筑方量共 0.84 万 m³。

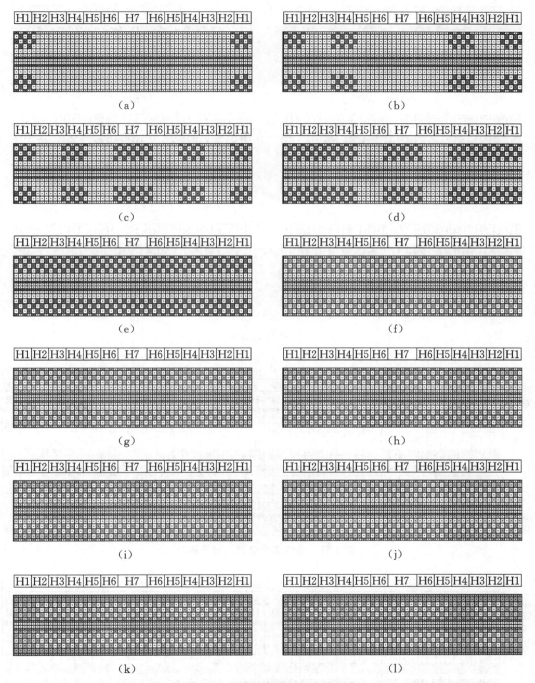

图 4.54　底板隔仓混凝土浇筑顺序

（a）第 1 次浇筑；（b）第 2 次浇筑；（c）第 3 次浇筑；（d）第 4 次浇筑；（e）第 5 次浇筑；（f）第 6 次浇筑；
（g）第 7 次浇筑；（h）第 8 次浇筑；（i）第 9 次浇筑；（j）第 10 次浇筑；（k）第 11 次浇筑；（l）第 12 次浇筑；
（m）第 13 次浇筑；（n）第 14 次浇筑；（o）第 15 次浇筑；（p）第 16 次浇筑；（q）第 17 次浇筑；（r）第 18 次浇筑

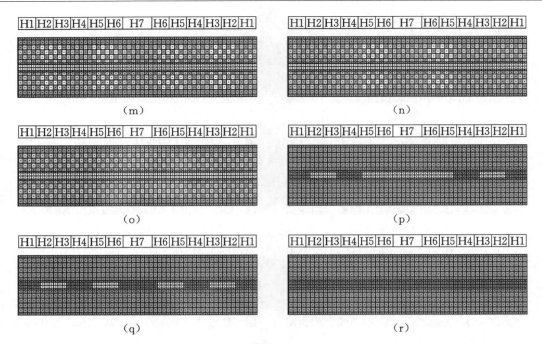

续图 4.54

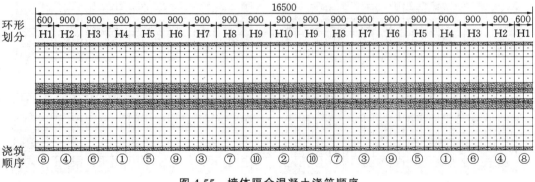

图 4.55　墙体隔仓混凝土浇筑顺序

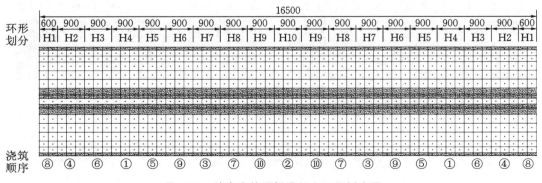

图 4.56　坞内浇筑顶板混凝土环区划分图

4.3.2　沉管管节浇筑布置

4.3.2.1　行车道底板浇筑

（1）施工布置

如图 4.57 所示，坞内浇筑管节底板时，采用"钢通道＋混凝土搅拌运输车＋漏斗＋智能浇筑台车"的形式将混凝土输送至隔仓中。管面布设 4 条贝雷梁钢通道，每个行车道孔布置 2 台智能浇筑台车，每个管节共布置 4 台智能浇筑台车。

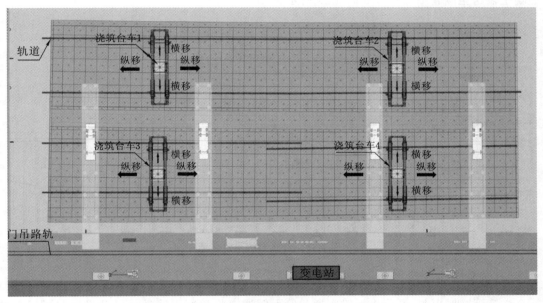

图 4.57　坞内行车道孔底板浇筑施工布置

（2）施工工艺

在坞内浇筑管节底板时，混凝土运输车通过管面钢通道将混凝土输送至已开设下料贯通孔的管面漏斗处，由泵管垂直下料给智能浇筑台车料斗，结合台车智能浇筑系统，横纵移至定位隔仓，并完成底板浇筑。具体如图 4.58 所示。

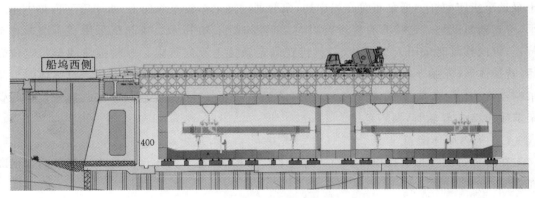

图 4.58　行车道孔底板浇筑横断面布置

底板浇筑时,需在管节两端预留 10 m 的空间搭设运输小车进出管节平台,将小车行走轨道延伸至管节以外,方便运输小车的安拆及日常检修工作。同时应搭设上下管节临时施工设施。

4.3.2.2 管廊底板浇筑

（1）施工布置

管廊底板浇筑同样采用"钢通道＋混凝土搅拌运输车＋漏斗＋管廊浇筑小车"的形式将混凝土输送至隔仓中。具体如图 4.59 所示。

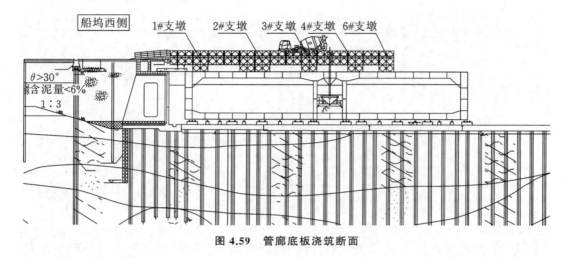

图 4.59 管廊底板浇筑断面

（2）施工工艺

浇筑管廊底板时,混凝土运输车通过管面钢通道将混凝土输送至已开设下料贯通孔的管面漏斗处,由泵管垂直下料给管廊浇筑小车料斗,由智能浇筑系统定位隔仓浇筑。

4.3.2.3 墙体及顶板浇筑

（1）施工布置

坞内浇筑墙体及顶板隔仓时,混凝土从拌合站运输至坞岸,通过"拖泵＋布料机"将混凝土泵送至指定隔仓。拖泵布置在坞岸边,泵管通过便道布设至管面上,水平管下方垫方木支承,待布料机就位后连接布料机进行供料,布置如图 4.60 所示。布料机采用实心脚轮移动行走,纵向移动时采用人工移动,布料机在固定轨迹上纵向行走。布料机移动至指定位置后,转换体系（轮胎→支腿）,展开臂架,连接软管。布料机臂架长度 17 m,浇筑墙体时臂架末端连接 10 m 软管,覆盖范围为 14.5 m,浇筑顶板时布料机臂架长度 17 m,浇筑墙体时臂架末端连接 3 m 软管,覆盖范围为 17 m。

（2）坞内墙体浇筑

在管节每侧行车道孔顶板管面各布置 2 台布料机,每节共 4 台。具体浇筑平面及横断面如图 4.61 所示。

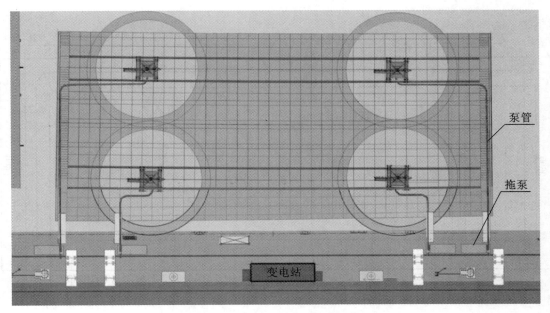

图 4.60 管节坞内管面泵管平面布置图

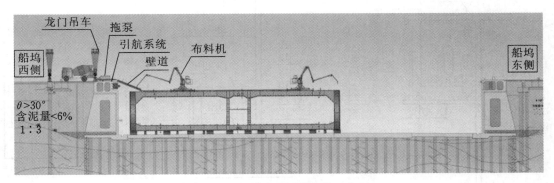

图 4.61 管节坞内墙体浇筑示意图

（3）坞内顶板浇筑

顶板浇筑时，管节每侧行车道孔顶板管面需布置 2 台布料机，每节共 4 台。

4.3.2.4 端钢壳的浇筑

（1）施工部位

端钢壳断面尺寸为 0.69 m×0.59 m（除斜角位置处），需完成 A 型（深圳端）及 B 型（中山端）端钢壳灌浆施工，单个断面端钢壳被分为众多小隔仓，相邻隔仓间隔板未密封，彼此贯通。具体如图 4.62 所示。

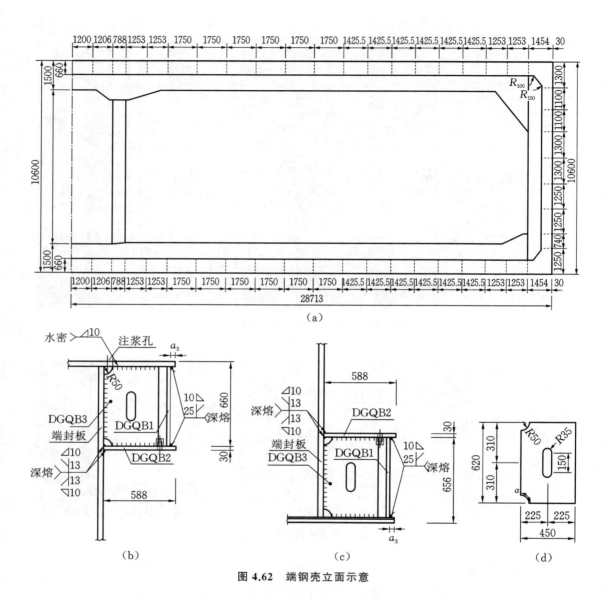

图 4.62　端钢壳立面示意

（2）施工流程

端钢壳浇筑的具体施工流程如图 4.63 所示,为保证浇筑工作的顺利进行,浇筑工作总体分为浇筑前的准备工作、准备浇筑前的核查工作、分阶段浇筑、浇筑后的拆管以及检测变形。

（3）浇筑工艺

为更好地完成端钢壳灌浆,本书将端钢壳灌浆工艺分为三个阶段,具体见表 4.36。

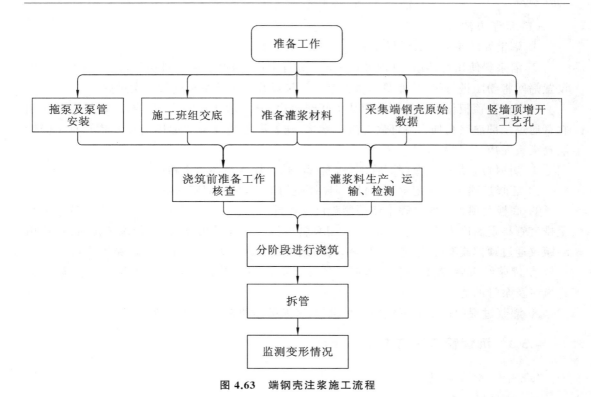

图 4.63 端钢壳注浆施工流程

表 4.36 端钢壳灌浆工艺

阶段	灌浆位置示意图	备注
第一阶段		端钢壳底部隔仓灌浆,设置 2 个灌浆孔(两行车道孔中间),同时进行施工,灌浆至排气管液面高度达 30 cm 时停止
第二阶段		端钢壳竖墙隔仓灌浆,设置 2 个灌浆孔(竖墙中间),灌浆至液面高度距顶板 90 cm 时停止
第三阶段		端钢壳顶板隔仓灌浆,设置 2 个灌浆孔(两行车道孔中间),同时进行施工,灌浆至排气管液面高度达 30 cm 时停止。此阶段可与第二阶段同时进行施工

端钢壳底部及顶部灌浆使用拖泵进行灌注,泵管采用二级变径,泵管内径分别为 125 mm、80 mm,竖墙部分末端采用 ϕ60 mm 软管进行浇筑,泵管为三级变径。拖泵出口泵送压力为 5~8 MPa,浇筑时通过控制拖泵圈数进行速度调整,灌浆控制浇筑速度在 10 m³/h 以内。

（4）灌浆方法

① 端钢壳灌浆采用成品灌浆料。

② 灌浆料使用搅拌站（每盘最多 3 m³）进行生产，为保证灌浆料质量，搅拌站下料口处设置筛网将粉团进行过滤；灌浆设备拖泵口处铺设筛网对灌浆料进行二次过滤。

③ 底板及顶板位置灌注时按照从中间到两边，分步对称缓慢均匀进行。墙体灌浆使用软管通过顶部灌浆孔伸入墙部底部进行灌浆，随着灌浆高度的增加逐渐提升软管直至竖墙隔仓浇筑完成。

④ 端钢壳灌浆前应做好润管准备，润管时依次注入水和灌浆料。

⑤ 灌浆过程要做好记录，及时协调搅拌站的工作，保证灌浆连续性。

⑥ 底板及顶板浇筑过程中使用测距仪通过排气管监测灌浆液面高度，当灌浆液面上升至排气管指定高度后拖泵停止泵送，关闭泵管连接处球阀结束浇筑；进行墙体浇筑时，使用测距仪通过顶部观察孔进行液面监测，待灌浆液面至距顶板 0.9~1.2 m 时结束浇筑。

⑦ 灌浆结束后，观察排气管内液面是否有异常，待其稳定后即可确认灌浆结束，随后进行拖泵及泵管的清洗。

⑧ 灌浆过程中产生的废料使用吊机、叉车及装载机进行配合处理。

4.3.3 沉管管节浇筑施工

4.3.3.1 配合比设计

（1）原材料选取

为保证浇筑施工的正常运行，第 3 章中已通过对自密实混凝土配方的初选和优化，确定了自密实混凝土的原料配方。浇筑施工所用的材料见表 4.11。

（2）配合比选取

在砂胶比、水胶比不变的基础上，根据坞内原位试验结果，调控自密实混凝土的矿物掺合料掺量、复合外加剂配比等，对正式管节施工自密实混凝土配合比进行一定的优化调整，从而得到正式施工配合比。

4.3.3.2 浇筑过程

（1）施工要求

施工过程中，正式管节浇筑要求按照足尺模型已稳定的浇筑参数执行，详见 4.2.2 节。

（2）混凝土浇筑过程

① 底板浇筑（图 4.64）

坞内浇筑管节底板采用"钢通道＋混凝土搅拌运输车＋漏斗＋智能浇筑台车"的形式将混凝土输送至隔仓中。管面布设 4 条贝雷梁钢通道，每个行车道孔及中管廊布置 2 台智能浇筑台车，每个管节共布置 6 台，混凝土运输车通过管面钢通道将混凝土输送至管面漏斗处，经下料贯通孔，由泵管垂直下料给智能浇筑台车料斗，结合台车智能浇筑系统，精准定位隔仓，并完成底板浇筑。

② 墙体及顶板浇筑（图 4.65）

坞内浇筑墙体及顶板隔仓时，混凝土从搅拌站运输至坞边，通过"拖泵＋布料机"将混凝

图 4.64　底板浇筑

土泵送至指定隔仓。管节与坞岸之间搭设泵管跨越支架,坞岸 1♯、2♯拖泵及 3♯、4♯拖泵分别共用一个泵管支架,1♯～4♯拖泵工位设置 4 道横向主泵管管路,纵向泵管管路根据浇筑顺序要求进行接管布置。

图 4.65　墙体及顶板浇筑

（3）测量监控

①沉管管节采用钢壳混凝土结构形式,在混凝土浇筑过程中,管节钢壳受到荷载、侧压力及温度耦合作用下会产生钢壳变形,为准确地掌握其变形幅度和变化规律,须对混凝土浇筑过程中的钢壳变形进行日常监测,以便及时调整施工,确保管节成品的几何尺寸和线型控制,为后续管节浇筑调整提供依据。

② 单节非标准管节浇筑后质量高达 6.6 万 t,单节标准管节浇筑后质量高达 7.6 万 t,为保证预制管节过程中应力分布均匀,船坞底板处于安全稳定状态,须对管节作用在坞墩的轴力、船坞底板沉降分布进行监控,以便及时分析现场监控数据,判断施工作业安全性,预防工程事故发生。

4.3.3.3　施工过程分析

（1）混凝土性能检测统计分析

浇筑过程中,为更全面地对浇筑情况以及浇筑制件质量进行评估,需要分别对非标准、标准管节自密实混凝土的性能进行检测,检测结果应尽量符合表 4.37 和表 4.38 中各性能指标的要求。

表 4.37 非标准管节自密实混凝土性能结果总体情况

性能指标	设计要求	统计平均值			
		底板		墙体及顶板	
		出机（品控）	入仓	出机（品控）	入仓
坍落扩展度/mm	600～720	680	665	695	670
T_{500}扩展时间/s	2～5	3.1	3.1	2.8	3.2
V形漏斗通过时间/s	5～15	9.5	8.7	9.9	9.1
L型仪试验值（H_2/H_1）	≥0.8	0.88	0.88	0.88	0.86
表观密度/(kg/m³)	2300～2400	2350	2360	2350	2350
含气量/%	≤4	2.0	1.8	2.3	2.5
温度/℃	出机≤30 入仓≤32	27.7	28.1	28.3	29.8

表 4.38 标准管节自密实混凝土性能结果总体情况

性能指标	设计要求	统计平均值			
		底板		墙体及顶板	
		出机（品控）	入仓	出机（品控）	入仓
坍落扩展度/mm	600～720	680	665	690	670
T_{500}扩展时间/s	2～5	3.1	3.6	3.3	3.5
V形漏斗通过时间/s	5～15	12.6	10.3	12.5	10.9
L型仪试验值（H_2/H_1）	≥0.8	0.86	—	0.87	—
表观密度/(kg/m³)	2300～2370	2350	—	2350	—
含气量/%	≤4	2.3	—	2	—
温度/℃	出机≤30,入仓≤32	28.5	29.3	27.8	28.6

当测试性能达到表 4.37 和表 4.38 所示的性能要求时,则管节混凝土性能稳定,所有控制指标均在验评标准规定要求的范围内,且在中值附近波动,混凝体整体性能控制良好。

（2）混凝土强度检测统计分析

非标准管节自密实混凝土浇筑总方量为 24977.81 m³,按不大于 100 m³/组取样测试 28 d 立方体抗压强度,共取样 301 组试块。图 4.66 为非标准管节底板混凝土 28 d 强度分布图,图 4.67 为非标准管节墙体及顶板混凝土 28 d 强度分布图。由图 4.66 和图 4.67 可知立方体取样试块的强度虽然由于生产、运输等原因出现强度数据波动,但整体强度大于 60 MPa,符合施工要求。

标准管节自密实混凝土浇筑总方量为 24685.19 m³,按不大于 100 m³/组取样测试28 d 立方体抗压强度,共取样 268 组试块。图 4.68 为标准管节底板混凝土 28 d 强度分布图,图

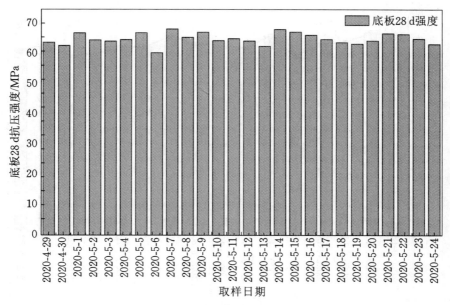

图 4.66　非标准管节底板混凝土 28 d 强度分布图

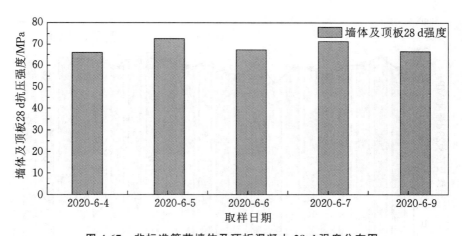

图 4.67　非标准管节墙体及顶板混凝土 28 d 强度分布图

4.69 为标准管节墙体及顶板混凝土 28 d 强度分布图。由图 4.68 和图 4.69 可知立方体试样抗压强度虽然由于运输、浇筑不均等原因出现数值波动情况，但整体抗压强度值符合施工标准。

管节自密实混凝土强度所有检验批次按照深中通道质量验评标准中的评定方法，计算出各计算结果的平均值，并判断其是否合乎标准。

（3）排气管混凝土液面上升情况统计分析

每个隔仓浇筑完成时，当所有排气孔中的混凝土液面上升高度不小于 30 cm 时，可结束该隔仓浇筑。隔仓浇筑结束后排气孔不冒浆，或者冒浆高度不满足要求时，进行浇筑管补浆

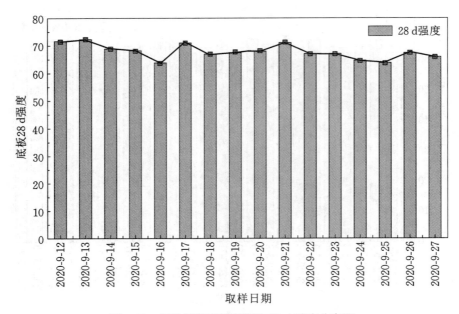

图 4.68 标准管节底板混凝土 28 d 强度分布图

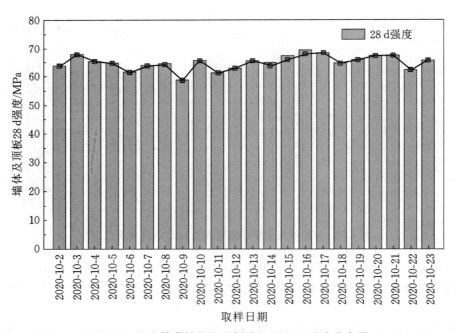

图 4.69 标准管节墙体及顶板混凝土 28 d 强度分布图

增压,使排气管内混凝土液面上升至指定高度或采用插捣棒进行插捣,直至混凝土液面上升至指定高度。非标准管节和标准管节所有隔仓浇筑完成后,所有排气管内的混凝土液面高度都应不小于 30 cm。

当管节所有隔仓浇筑完成后,排气管内混凝土液面上升情况均正常(图 4.70)。

图 4.70 隔仓混凝土液面上升高度实景图

（4）混凝土生产工效分析

在混凝土情况稳定后，搅拌站生产 1 车 9 m³ 混凝土（分 3 盘生产，每盘 3 m³）需用时 12～14 min，包含车辆进出站接料需 3 min，即单站生产效率为 36～45 m³/h；双站生产效率为 72～90 m³/h。

管节底板浇筑期间，单个标准隔仓浇筑用时约 1 h，单个浇筑点的浇筑效率约为 15.7 m³/h；4 个浇筑点的浇筑效率约为 62.8 m³/h；管节墙体浇筑期间，单个墙体隔仓（4 个串联）浇筑用时约 2.75 h，单个浇筑点的浇筑效率约为 17.5 m³/h；4 个浇筑点的浇筑效率约为 70 m³/h；管节顶板浇筑期间，单个标准隔仓浇筑用时约 40 min，单个浇筑点的浇筑效率约为 $15.7 \times 60/40 = 23.55$ m³/h；4 个浇筑点的浇筑效率约为 94.2 m³/h。

综上所述，底板和墙体浇筑过程中，两套搅拌站产能完全可满足底板和墙体浇筑要求。

4.3.3.4 浇筑总结及建议

① 管节自密实混凝土配合比及性能稳定，满足管节预制需求。

② 管节浇筑工艺稳定可行，浇筑质量可控。

③ 管节浇筑完成后经联合验收，浇筑质量及管节变形均达到预期效果。

④ 管节在夜间及非高温季节施工时，取消遮阳板的措施是可行的，方便管面杂物清理及脱空检测工作，同时对管节变形影响不大。

4.4 钢壳沉管自密实混凝土管节浇筑完成后的辅助舾装

4.4.1 概述

管节舾装作业主要指为辅助管节浮运、沉放而在管节内、外安装临时辅助设施，分坞内一次舾装、坞外二次舾装两个阶段。其中，坞内一次舾装是当坞内底板浇筑完后，与墙体自密实混凝土浇筑、非标管节压舱混凝土浇筑同时进行，合理组织，完成管节端封门、管内压载系统、临时通风照明设施、管顶系泊设施、GINA 止水带及保护罩等的安装及调试工作。当管节出坞后，在管节系泊区完成测量控制塔安装、沉放驳安装、联合调试等二次舾装作业。

4.4.2 工艺流程

管节舾装作业工艺流程如图 4.71 所示。

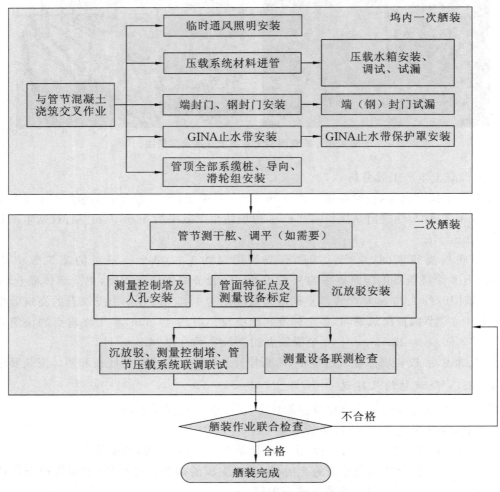

图 4.71　管节舾装作业流程图

4.4.3 坞内一次舾装

坞内一次舾装主要包括：临时通风照明安装,压载系统材料进管及安装、调试、试漏,端封门及钢封门安装,GINA 止水带及保护罩安装,管顶系缆桩、导向、滑轮组等安装。坞内一次舾装时高处作业较多,需采用自行式高空作业车(图 4.72)[129]。

(1)临时通风照明安装

在钢壳总拼完成后,在管内布置好临时通风设施(包括鼓风机、风管)、临时照明,并根据临时用电的相关规范布置电缆,管内所有电箱必须做到一箱一闸一漏电保护,严防漏电。

（2）压载系统材料进管及安装、调试、试漏

压载系统包括压载水箱、管路、阀件、水泵等。其中 E32 管节压舱水箱平面布置如图 4.73 所示。

由于压载水箱对管节底板、顶板浇筑有较大影响，坞内一次舾装时，将压载系统所有材料运输进管内，根据浇筑设备布置需求，预留行车道和中间车道，并注意避让浇筑孔及排气孔，安装部分压载水箱挡墙，同时，压载管路安装可同步进行，待浇筑完成后完成剩余压载系统的安装工作。压载系统安装完后，对压排水系统进行试运行，并对水箱及管路进行水密性检验。

焊缝密封性采用负压试验法检验，即采用真空检漏盒，用薄板做成无底的长方形盒子，盒顶部严密地镶嵌一块厚玻璃，盒底四周边沿包有不透气的

图 4.72　自行式高空作业车

深圳侧　　　　　　　　　　　　　　　　　　　　　　　　　　　　中山侧

图 4.73　E32 管节压舱水箱平面布置示意图

海绵橡胶，使盒子严密地扣在底板上。盒内用反光的白漆涂刷。盒子上装抽气短管和进气阀。试验焊缝时，先在焊缝上涂肥皂水，再将真空盒扣上，用真空泵将盒内抽成 −0.055 kPa 的真空度，最好在 −0.07 kPa 以上；观察盒内有无气泡出现，如有气泡，应作标记并加以焊补。真空检漏盒如图 4.74 所示。

图 4.74　焊缝真空检漏盒

检验时应注意：

① 被检测处应干净平整，无残渣石子等异物；

② 需要施加适当的压力，形成负压后即可松开；

③ 真空泵不可在高负荷情况下长期运行，避免因过热造成停机；

④ 避免水汽吸入真空泵体内而造成锈蚀。

（3）端封门安装

端封门是指管节两端钢质的水密封门，需预留进排水管、进气管、人孔等。端封门在管节钢壳移交后，以及管内的水箱、水泵等大型构件进管后再施工。端封门在钢结构厂内分片制作，对接焊缝需要达到水密。制作完成后运至现场安装，安装完成后用焊缝真空检漏盒进行焊缝检测并采用喷水预检。

（4）GINA 止水带及 GINA 止水带保护罩安装

GINA 止水带是管节接头止漏的关键点之一，也是构成隧道永久防水的关键性材料。其安装步骤如下：

① 端钢壳平整度校核；

② 止水带安装；

③ 止水带保护罩安装。

（5）管节系泊系统及系泊导向装置安装

管节起浮出坞前，需安装好管节系泊安装等工序中需要的管面系泊装置，包括系缆桩、导向、滑轮组、拉合座、导向托架、导向杆等。当该部分舾装件对应的顶板隔仓混凝土浇筑完成后，即可安装。

4.4.4　二次舾装

二次舾装包括：管顶调载混凝土施工（如有必要）、测量控制塔及人孔安装、沉放驳安装、测量设备安装调试标定、联调联试等。

（1）管节起浮及系泊

当管节有合适的施工窗口后，管节起浮进行二次舾装。起浮过程与管节下沉过程相似，都需确保有止水带一端安全，止水带不触底。管节起浮前，岸控绞车钢缆先与管节缆桩连接，锁定管节在起浮过程中不漂移。管节坐底起浮过程见表 4.39。

表 4.39　管节坐底起浮过程示意图

步骤	图例	说明
1	B端 A端	岸控绞车钢缆与管节缆桩连接，锁住管节，确保起浮时管节不漂移
2	B端 A端	管内水箱同时排水，直到管节抗浮系数为 0～1.005，B端水箱停止排水；A端继续排水，让A端先起浮

步骤	图例	说明
3	B端　　　　　　　　　　　A端	管节 A 端露出水面后,B 端水箱开阀排水
4	B端　　　　　　　　　　　A端	B 端起浮,管节完全起浮
5	B端　　　　　　　　　　　A端	水箱继续排水,直到水箱剩水15 cm深。关好阀门,起浮排水结束

（2）管顶调载混凝土施工

管顶调载混凝土主要用于管节干舷调整,当管节干舷过大或四角干舷差异过大时实施。其施工流程如图 4.75 所示。

管顶调载混凝土施工时首先要铺设钢筋网（图 4.76）,浇筑混凝土前需用 PVC 管充填锯末等松散材料来保护控制点,提前将舾装件预埋件螺栓及螺母上黄油并用袋子覆盖绑紧,防止浇筑混凝土覆盖预埋件。采用木模板隔离施工避让范围。

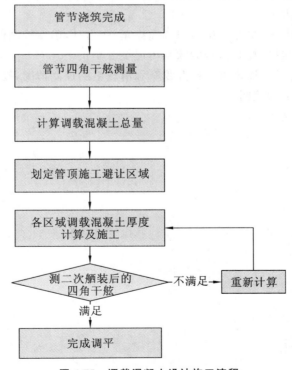

图 4.75　调载混凝土设计施工流程

图 4.76　管顶调载混凝土施工

（3）标定及联调联试

测量控制塔安装完成后,安装测量设备,主要包括:GPS-RTK 接收机、姿态仪、光纤罗经及全站仪棱镜等。全部设备安装完成后,进行设备特征点标定。

沉放驳安装完成后,对沉放驳、测量控制塔、管内压载系统等进行联调联试,并逐一检查各个系统运行情况及信号通信情况。

① 管内压载系统测试:调试要以保证各压载舱设水位计,水位信号能通过有线传递至集中控制室为目标;同时检测各泵、阀能否通过电信号控制,电信号从测量控制塔集中控制室通过线缆传递至管内。

②纵横调缆系统测试:检测调试纵横调缆绞车,张力计,确保控制信号、绞车张力信号通过线缆与集中控制室连接,控制信号能顺利传递至绞车。

③管节提升系统测试:逐个测试提升绞车和滑轮组的控制情况,提升绞车的荷载传感器信号能顺利传至各驳上的控制室。

5 钢壳沉管自密实混凝土质量控制及检测技术

5.1 钢壳沉管自密实混凝土配制质量控制技术研究

施工质量控制是保障工程建设品质的关键环节。自密实混凝土的质量对生产和施工过程中的各个因素敏感性较强,因此,钢壳沉管自密实混凝土生产和施工过程中的规范化对于确保其质量至关重要。基于钢壳沉管自密实混凝土技术调研、混凝土的配制研究和钢壳混凝土管节小尺寸模型试验等相关研究工作的总结,结合现有的技术指南和标准规范,现提出钢壳沉管自密实混凝土施工质量控制技术,其主要内容包括混凝土原材料质量控制、配合比设计控制、混凝土生产施工控制。

5.1.1 钢壳沉管自密实混凝土原材料质量控制

钢壳沉管自密实混凝土配制所采用的原材料主要包括水泥、矿物掺合料(粉煤灰、矿渣粉等)、集料、外加剂、水等,原材料的管控措施包括原材料的质量控制及其存储管理等方面[130-132]。

5.1.1.1 原材料检测行业标准

国内对混凝土原材料质量控制已有一套成熟的规范体系,具体规范与要求见表5.1。此外,还应满足《公路桥涵施工技术规范》(JTG/T 3650—2020)中高性能混凝土的相关规定。

表 5.1 混凝土原材料质量控制参考规范

工程	规范名称	备注
水泥	《通用硅酸盐水泥》(GB 175—2007)	—
掺合料	《用于水泥和混凝土中的粉煤灰》(GB/T 1596—2017)《用于水泥、砂浆和混凝土中的粒化高炉矿渣粉》(GB/T 18046—2017)	Ⅰ级或Ⅱ级粉煤灰 S95级以上磨细高炉粒化矿渣
集料	《普通混凝土用砂、石质量及检验方法标准》(JGJ 52—2006)《普通混凝土用碎石或卵石质量标准及检验方法》(JGJ 53—92)	二级配碎石 Ⅱ级配区天然河砂,细度模数在2.5~3.0之间
外加剂	《混凝土外加剂》(GB/T 8076—2008)《混凝土外加剂应用技术规范》(GB 50119—2013)	减水率应大于25%
混凝土用水	《混凝土用水标准》(JGJ 63—2006)	Cl^-含量不大于200 mg/L,SO_4^{2-}含量不大于500 mg/L

5.1.1.2 自密实混凝土生产过程质量控制

（1）水泥

① 配制自密实混凝土用的水泥应符合现行国家标准的规定。同时需根据工程特点、所处环境以及设计、施工的要求，及时调整选用适当品种和标号的水泥。

② 水泥性能波动其中一个方面体现在不同批次水泥实际强度值的变化，现在大型水泥厂生产的水泥其强度远远超过国家标准的要求，但不同批次水泥实际强度值波动较大。如果试配时所用水泥强度较高，所配制混凝土能够满足设计要求，实际施工时所用水泥有可能低于试配时水泥的强度，因此所制成的混凝土的强度就不一定能满足设计要求。另外，水泥的温度对自密实混凝土工作性能影响较大，水泥入机温度过高，自密实混凝土工作性能损失较严重。为控制水泥入机温度，要求所用水泥进场温度不宜高于 60 ℃，不得使用温度超过 50 ℃的水泥拌制混凝土。

（2）集料

① 集料性能的波动主要是含水量和含泥量的波动。自密实混凝土从理论配合比到施工配合比，其实就是根据集料中含水率的波动来调整集料用量和用水量的过程。集料含水率不同，就需要对用水量进行调整。特别是夏季施工时，一天当中集料含水率就会有很大的波动，这给混凝土生产质量控制带来很大难度。集料的含泥量对外加剂掺量影响较大，外加剂掺量不足将影响自密实混凝土的工作性能。另外，粗集料的含水率宜小于 0.5％，细集料的含水率宜小于 4％，同一堆细集料的含水率波动宜控制在±1.5％以内，不同批次细集料细度模数差异应控制在±0.2。

② 粗集料的最大粒径和细集料的细颗粒含量也均有所要求。第一，应严格控制粗集料的最大粒径。大粒径的粗集料会浮在拌合物表面，分布也不均匀，包裹性较差。粗集料最大公称粒径不应大于 20 mm。第二，为了使自密实混凝土中有足够的粉体含量，自密实混凝土用砂中应尽可能提高细颗粒含量。应采用细度模数 2.5～3.0 的级配 Ⅱ 区的中砂。不同于普通混凝土用砂的要求，自密实混凝土用砂中 0.315 mm 以下颗粒含量宜控制在12％～20％。

（3）混凝土用水

① 用于拌制自密实混凝土的水应符合国家现行标准以及混凝土拌和用水的相关规定。

② 不得使用海水等其他受重金属离子污染的水拌制自密实混凝土，在拌制自密实混凝土前应对使用水进行测试，达到国家标准后，方可使用。

（4）掺合料

① 用于拌和混凝土的掺合料（粉煤灰、矿渣粉）应符合国家标准的要求。

② 当替换其他品种的矿物掺合料时，应对矿物掺合料的烧失量和有害物质进行试验，确认其符合混凝土掺合料的质量要求。

（5）复合外加剂

① 用于配制混凝土的各种外加剂应符合国家相关标准的规定。

② 钢壳沉管自密实混凝土主要采用聚羧酸系高性能减水剂。聚羧酸减水剂的不足之处为：与水泥相容性差，同一厂家、同品种不同批次的水泥，其减水率就可能有很大的波动；

对砂石料敏感性强,集料的含泥量对聚羧酸用量及其拌合物性能影响很大。因此,一定要验证减水剂与其他原材料之间的相适应性,即需要进行材料进场试拌工作。

5.1.1.3　原材料储存措施

（1）水泥

水泥的储存应按不同的标号、品种及牌号按批分别存储在不同的仓罐或水泥库内,并做好登记,如因存储不当引起质量明显降低或水泥存储时间过长(三个月以上)时,为保证自密实混凝土的施工质量,应在使用前对其质量进行检验,并按照检验的结果进行配制或更换。

（2）集料

一般而言,水泥及其他矿物掺合料、外加剂等原材料都是储存在储存罐内,而且在其生产过程中以及进场时都经过了严格的质量检验,其性质在储存期内基本可以保持稳定。而作为大宗原材料的砂、石集料则是暴露于空气之中的,集料含水率容易受气候条件的影响。因此,为避免混凝土生产过程中出现集料含水率波动幅度大、影响混凝土质量的情况,集料储存应做好以下措施:

① 集料储料区应设置防雨措施,料仓设置排水系统。

② 料仓内堆料高度不宜过高,避免集料中水分下沉,造成集料堆上部与下部含水率差异较大。

③ 混凝土生产过程中、铲车上料过程中,料仓底部都应留有足够厚度的集料,避免使用到料仓底部含水率较大及含有杂质的集料。

④ 砂石料须采用传送带运输至料仓内,在传送带上方应设置防雨棚。若传送带横穿地方道路,应设置防护措施,确保传送带下方人员和车辆安全通行。

⑤ 在砂石料仓上方、料仓与配料机之间、配料机上方应设置钢结构防雨棚,确保砂石料在场内转运过程中,不因下雨而影响含水率。

⑥ 砂石料仓应采用强度足够的混凝土隔墙分离,墙高不低于 2.5 m,确保各个料仓间不串料,在墙体上用颜色鲜艳的油漆绘制清仓线和满仓线,并设置相应的质量检验状态标识牌,标识材料名称、产地、规格、数量、进料时间、检验状态、试验报告号、检验批次等。

⑦ 现场砂石材料应分设已检料仓和未检料仓,未经检验合格的材料不得混入已检料仓。

（3）混凝土用水

混凝土用水采用水箱存储时,水箱应加盖,以防污染。

（4）掺合料

矿渣粉、粉煤灰等矿物掺合料宜采用水上运输与陆地运输相结合的方式,陆地运输时应采用专用粉料罐车。

不同的矿物掺合料在运输与存储中应有明显标志,严禁与水泥等其他粉料混淆。

（5）复合外加剂

液态外加剂采用罐体盛装时,应加盖防雨,并内置搅拌设备。

不同品种外加剂应分别储存归类,在运输和存储时,应注意避免混入杂物而造成污染。

5.1.2 自密实混凝土配合比误差控制措施及方法

（1）原材料的计量

计量准确是确保自密实混凝土生产质量与降低工程成本的核心工作内容，它控制着混凝土拌合物配合比的精度。虽然自密实混凝土的配合比参数多采用体积比，但其生产过程与传统振捣混凝土一样，搅拌站采用质量法来配料，各材料的质量均采用电子秤计量系统分别计量。搅拌站的电子秤计量系统在使用前应由法定计量检定部门进行检定，并签发计量检定合格证明。对于搅拌机的称量系统应定期进行校准，每月不少于 1 次。称量系统首次使用、停用超过 1 个月以上、出现异常情况、维修后再次使用前应进行校准。自密实混凝土原材料每盘计量的最大允许偏差应符合表 5.2 的要求。

表 5.2　钢壳沉管自密实混凝土计量允许偏差

原材料品种	水泥	掺合料	集料	水	外加剂
计量允许偏差/%	±1	±1	±2	±1	±1

（2）混凝土配合比试拌、调整和确定

钢壳沉管自密实混凝土在现场生产前，需采用施工现场的原材料在室内进行试拌，从而在推荐配合比的基础上确定生产配合比。在试验室内进行试拌时（图 5.1），所配制的混凝土与实际生产过程中的混凝土工作性能有一定的差别，这是由于原材料状态、计量方式、搅拌方式等因素引起的。为了使室内试拌的混凝土的性能尽可能与实际生产的混凝土的性能相接近，每次试拌的量不宜太少（不宜低于 25 L）。

图 5.1　原材料进场室内试拌图

为了保障现场施工过程中的混凝土工作性能满足施工要求，在条件允许的情况下，可以在现场进行开盘前试拌（图 5.2），以检验生产配合比是否满足现场施工要求。根据室内试拌和开盘前试拌的结果，对混凝土配合比进行必要的调整，最后确定满足设计要求且适合现场生产的施工配合比。

（3）配料

① 拌和设备应具备数控计量功能，水、减水剂计量必须采用电子称量法计量，称量和配

图 5.2　地泵＋布料机模拟试验

水机械装置的精确度应准确到±0.4％,并应至少每周校核一次,如监理工程师认为有必要,应以精确的质量和体积对比精度校核。细、粗集料称量的允许偏差为±1.5％;其他粉料的允许偏差为±1.0％。

　　② 在每次实际配料拌和混凝土前,应按照监理工程师批准的方法测量集料的含水量,并在用水量中予以扣除,提供实际使用的施工配合比。

　　③ 施工时应通过搅拌站控制系统的自动补差功能调整原材料称量误差。搅拌站必须按照要求安装信息采集传输装置。

　　(4) 混凝土搅拌

　　① 施工前先进行混凝土试生产,检测混凝土工作性能指标,保证现场测试指标满足混凝土设计要求后,方可进行混凝土的正式生产。

　　② 称量和配水机械装置应经计量鉴定并维持在良好状态中。每周应至少检查一次各种衡器,以保证计量准确。

　　③ 混凝土拌和前,要对混凝土原材料的温度进行监测,并采取措施确保原材料的温度满足要求。

　　④ 钢壳沉管自密实混凝土通常含有大量的矿物掺合料和外加剂,因此必须保证充分的搅拌时间,使混凝土的各种原材料混合均匀。钢壳自密实混凝土的搅拌时间应比普通振捣混凝土适当延长,最短时间不少于 90 s。

　　⑤ 加强砂、石含水率的监测和控制。搅拌过程中,操作人员可通过搅拌机电流对混凝土的状态进行观察,当工作性能发生波动时,可及时进行调整。在生产初期,如生产第一盘混凝土时,可以预留 10％左右的用水,根据观察搅拌机电流情况判断混凝土工作性能来决定用水量,总体用水量不可超过设计用水量。必要时可以适当增加减水剂的用量,严禁在混凝土出机后加水。

　　(5) 混凝土性能检测

　　在正式生产前需要对钢壳沉管自密实混凝土进行开盘鉴定,开展工作性能检测,主要检测内容包括坍落扩展度、坍落扩展度经时损失、V 形漏斗流出时间、L 型仪试验、容积密度、含气量等,对自密实混凝土的性能进行初步鉴定,并根据鉴定结果对混凝土配合比进行调整。钢壳沉管自密实混凝土需要分别在出机后和浇筑前进行工作性能测试,且必须在保证浇筑前混凝土满足设计指标要求后方可进行浇筑。

(6)混凝土运输

钢壳沉管自密实混凝土的运输应采用混凝土搅拌运输车,搅拌运输车应符合《混凝土搅拌运输车》(GB/T 26408—2020)的要求,并采取防晒防雨淋措施。运输车在接料前应将车内残留的混凝土或砂浆清洁干净,并将车内积水排尽。混凝土运输过程中滚筒应保持匀速转动,速度控制在 3～5 r/min,严禁向车内加水。卸料前,搅拌运输车罐体应高速旋转 20 s 以上。应根据钢壳的浇筑情况对自密实混凝土的生产速度、运输时间及浇筑速度进行统一协调,制订合理的运输计划,确保自密实混凝土运送和浇筑在其工作性能保持期内完成,混凝土的供应速度应保证施工的连续性。

混凝土在运输过程或现场停置时间太长,易引起工作性能的损失。因此,当发生此类意外情况时,可以考虑掺加部分外加剂来调整混凝土工作性能,但必须通过试验来确定外加剂掺量。

5.1.3　自密实混凝土施工性能参数控制措施及方法

(1)自密实混凝土施工前的质量检测

① 新拌混凝土性能检验

钢壳沉管自密实混凝土的新拌混凝土性能检测包括坍落度、坍落扩展度、V 形漏斗通过时间、L 型仪试验、含气量、容积密度等。坍落扩展度、扩展度、T_{500} 和 L 型仪试验根据《自密实混凝土设计与施工指南》(CCES 02—2004)的要求进行;V 形漏斗试验根据《自密实混凝土应用技术规程》(T/CECS 203—2021)的要求进行;含气量和容积密度测试根据《普通混凝土拌合物性能试验方法标准》(GB/T 50080—2016)的要求进行。新拌混凝土技术指标控制要求见表 5.3。

表 5.3　钢壳沉管自密实混凝土(C50)工作性能控制指标

检测方法	指标要求	检测性能
扩展度/mm	600～700	填充性
T_{500}/s	5～10	填充性
V 形漏斗通过时间/s	5～15	抗离析性
L 型仪试验值(H_2/H_1)	≥0.8	间隙通过性 抗离析性
新拌混凝土容积密度/(kg/m³)	2300～2400	设计抗浮要求
新拌混凝土含气量	≤4.0%	—
强度等级	C50	—

② 硬化混凝土性能检验

硬化混凝土的力学性能按《混凝土物理力学性能试验方法标准》(GB/T 50081—2019)

的要求检测,并按《混凝土强度检验评定标准》(GB/T 50107—2010)的规定进行合格评定。

(2)自密实混凝土施工控制措施及方法

① 泵送管道

在对钢壳沉管自密实混凝土进行泵送施工时,应采取降低泵送阻力的措施。泵送管道的管径不宜小于 125 mm,为了减少泵送阻力,应尽量选用钢管,少用胶管,减少弯管的数量,适当缩短泵送距离。泵送时应做到连续不间断均匀供应,并应有足够的水泥砂浆湿润泵送管道内壁,使内壁形成薄浆层,保证泵送顺利进行。

钢壳沉管自密实混凝土泵送时自由下落高度不宜超过 0.5 m。

② 混凝土浇筑

在钢壳沉管自密实混凝土的生产和施工过程中,应该有专人对自密实混凝土的质量进行监控。由于施工单位的技术人员可能对自密实混凝土缺乏感性认识,且钢壳沉管自密实混凝土的性能对各种因素变化均比较敏感,因此最好有经验丰富的配合比设计人员配合生产、施工单位做好混凝土的质量控制工作,在确认混凝土工作性能满足要求后再进行浇筑。

在进行钢壳沉管浇筑时,应严格控制好浇筑速度。浇筑速度应该和混凝土的流动性能、钢壳排气工艺相匹配,使混凝土能自动填充钢壳的各个位置,同时尽可能排出气泡,保证混凝土的密实度。混凝土均衡上升可以避免混凝土流动不均匀造成的缺陷,有利于排除混凝土内部的气泡。在混凝土接近隔仓顶板时,可以适当降低浇筑速度,以利于排气。混凝土的流动距离不宜过大,具体的最大流动距离应通过试验确定。混凝土浇筑时,与泵管连接的串筒宜深入混凝土,采用顶升的方式进行浇筑。当顶升方法实施困难时,应避免下落过程导致混凝土的离析,混凝土自由下落高度应进行控制,通常不超过 0.5 m。

为了便于顶板气泡的排出,可考虑在浇筑过程中及浇筑完成后对下料管进行密封处理,以提高仓隔顶板排气管的排气效果,提高混凝土与顶板的结合度。

③ 混凝土养护

由于钢壳沉管为密闭结构,自密实混凝土浇筑后难以进行养护,因此钢壳沉管自密实混凝土在浇筑完毕后,宜尽早对浇筑孔进行密封处理,尽可能避免混凝土局部水分散失,造成局部强度离散。

5.2 钢壳沉管自密实混凝土施工质量控制技术研究

5.2.1 自密实混凝土浇筑控制措施及方法

通过小钢壳模型浇筑试验、足尺模型浇筑工艺试验以及坞内原位浇筑工艺试验,确定了管节浇筑各项参数,为正式管节浇筑施工提供技术支撑。通过试验进行管节浇筑过程研究,证明管节底板及顶板浇筑工艺可行,并在浇筑过程中进一步稳定过程控制参数。

(1)浇筑速度控制

① 底板及顶板浇筑速度控制

根据前期钢壳沉管自密实混凝土浇筑试验,为得到最佳混凝土成型质量,浇筑底板及顶板隔仓时分上下两层浇筑,隔仓下层浇筑 130 cm 厚混凝土,按 30 m³/h 浇筑;剩余上层 20 cm 厚混凝土,按 15 m³/h 浇筑。浇筑底板隔仓时通过控制智能浇筑台车的闸阀开口度来控制混凝土浇筑速度,浇筑顶板隔仓时通过调整混凝土输送泵排放量的大小来控制浇筑速度。

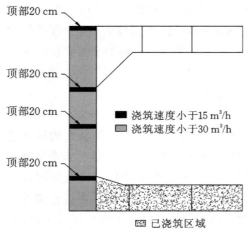

图 5.3　管节墙体隔仓浇筑速度调节位置

② 墙体浇筑速度控制

浇筑墙体每一个小隔仓时分上下两层浇筑,墙体隔仓共分为 4 个小隔仓,每个小隔仓浇筑至顶部 20 cm 时均自动变速浇筑,每个墙体隔仓浇筑完成需变速 7 次。对于墙体的每一个小隔仓,隔仓内混凝土液面距离顶板大于 20 cm 时,浇筑速度控制在 30 m³/h 以内;小于 20 cm 时,浇筑速度控制在 15 m³/h 以内(图 5.3)。

(2) 混凝土自由下落高度控制

浇筑底板隔仓时,通过设置在排气管上的 4 个激光测距仪实时监测混凝土液面上升高度,混凝土液面每上升 25 cm,智能浇筑台车浇筑下料管提升 25 cm,保证下料管距混凝土液面高度在规定范围内,此浇筑参数可通过浇筑系统进行实时控制。

浇筑顶板隔仓时,通过设置在排气管上的 4 个激光测距仪实时监测混凝土液面上升高度,布料机下料管上标识刻度线,根据混凝土液面上升高度进行布料机浇筑下料管的提升,确保隔仓浇筑的整个过程中混凝土自由下落高度都控制在规定范围内,以保证混凝土的浇筑质量。根据坞内原位试验亚克力隔仓混凝土浇筑流动状态可知,管节顶板浇筑时,布料机通过折臂降低落料高度可以有效消除浇筑孔周围气泡的产生。

浇筑墙体隔仓时,根据激光测距仪实时反馈的数据进行下料串筒的提升及浇筑速度的切换,墙体浇筑时使用串管(图 5.4)辅助进行浇筑,串管总长为 10.8 m,每节串管长 1.2 m,混凝土起始下落高度为 0.5 m,随着所浇筑的混凝土液面上升进行串管提升,串管上标识刻度线,方便浇筑过程中及时提管,控制混凝土液面与串管底部高度。

(3) 排气管液面上升高度控制

隔仓浇筑完成以排气管内混凝土液面上升高度达到 30 cm 来判定隔仓浇筑结束。实际浇筑过程中,每一条排气管在 30 cm 刻度线处都贴有胶带标示,当隔仓的排气管内混凝土液面上升高度不低于 30 cm 时,停止浇筑。

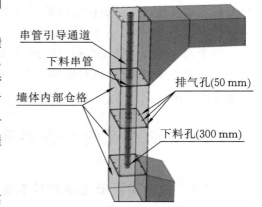

图 5.4　墙体浇筑下料串管示意图

(4) 浇筑顺序遴选

① 总体浇筑顺序

由于管节在坞内进行坐底浇筑,需尽快完成底板混凝土填充形成刚度以利于支承受力,减小管节结构变形,管节整体横断面上总体的浇筑顺序为底板→墙体→顶板,如图5.5所示。

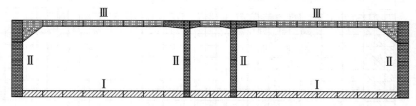

图5.5 管节整体浇筑顺序

按尽可能均匀受力、尽量减少集中荷载、相邻批次混凝土间隔尽量大于2个批次的原则,经试算多组浇筑顺序,初步优化出混凝土浇筑方案1;在此基础上参考相邻标段的方案,形成浇筑方案2和方案3;并根据底板浇筑时管面混凝土运输钢通道与管内浇筑台车的配合条件,取消了底板左右行车道孔对称浇筑原则,形成浇筑方案4;方案5的浇筑顺序与方案4的浇筑顺序一致,只是在方案4的基础上设置了管内临时支撑杆,在顶板浇筑完成后移除,以此对比考察临时支撑杆的效果。

混凝土浇筑顺序方案1:底板浇筑顺序①+墙体浇筑顺序①+顶板顺序①;

混凝土浇筑顺序方案2:底板浇筑顺序①+墙体浇筑顺序②+顶板顺序②;

混凝土浇筑顺序方案3:底板浇筑顺序①+墙体浇筑顺序②+顶板顺序③;

混凝土浇筑顺序方案4:底板浇筑顺序②+墙体浇筑顺序①+顶板顺序①;

混凝土浇筑顺序方案5:底板浇筑顺序②+墙体浇筑顺序①+顶板顺序①(管内设置临时内支撑杆)。

② 底板浇筑顺序

底板浇筑顺序①(近似对称跳仓浇筑):行车道孔沿纵向划分为9个环区,以H5环区为分界线,管节两边各4个环区,即H1~H4,按相对对称、均匀、跳仓的原则进行浇筑;中管廊从两侧端部跳仓浇筑,共需14批次,每批次具体浇筑隔仓示意如图5.6所示(不逐一列出)。

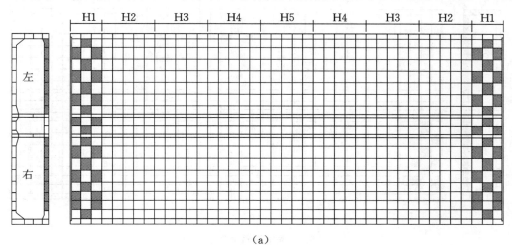

(a)

图5.6 底板浇筑顺序①示意

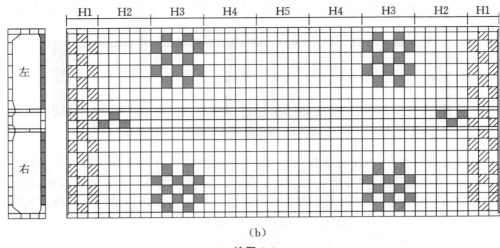

(b)

续图 5.6

底板浇筑顺序②（非对称跳仓浇筑）：采用前后尽量对称、左右不对称的浇筑顺序，尽可能高效地利用顶板贯通孔，总体上减小浇筑台车的行走距离，以尽早提供出一次压舱混凝土浇筑的区域。整个管节沿纵向共划分为 13 个环区，以 H7 环区为分界线，管节两边各 6 个环区，即 H1～H6，共需 18 批次，每批次具体浇筑隔仓示意如图 5.7(a)所示（不逐一列出）。

③ 墙体浇筑顺序

墙体浇筑顺序①（分环区浇筑）：沿管节纵向将 41 环划分为 19 个环区，除 H1 及 H10 为三个环段外，其他均为两个环段。按对称的原则进行浇筑，共 10 个批次。环区划分及浇筑顺序示意如图 5.8 所示。

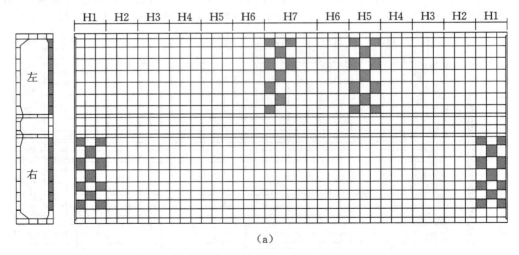

(a)

图 5.7　底板浇筑顺序②示意

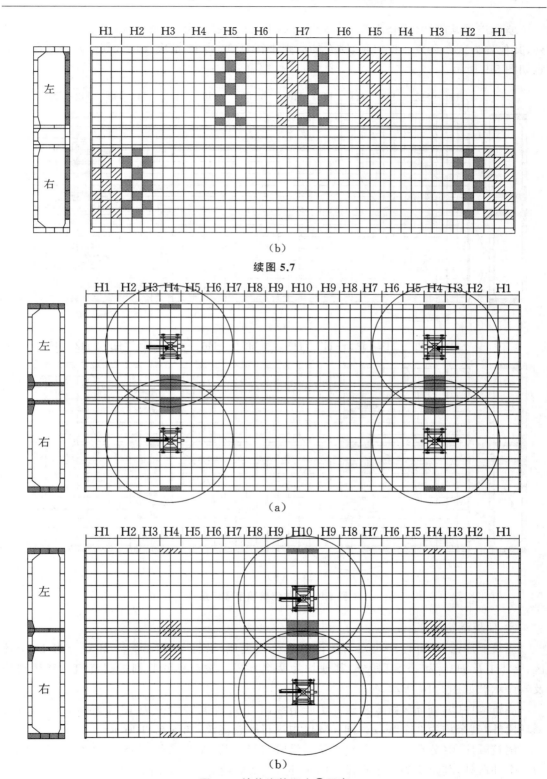

(b)

续图 5.7

(a)

(b)

图 5.8 墙体浇筑顺序①示意

墙体浇筑顺序②（跳仓浇筑）：沿管节纵向将 41 环划分为 13 个环区，除 H7 为五个环段外，其他均为三个环段。按对称、跳仓的原则进行浇筑，共 11 批次。环区划分及浇筑顺序示意如图 5.9 所示。

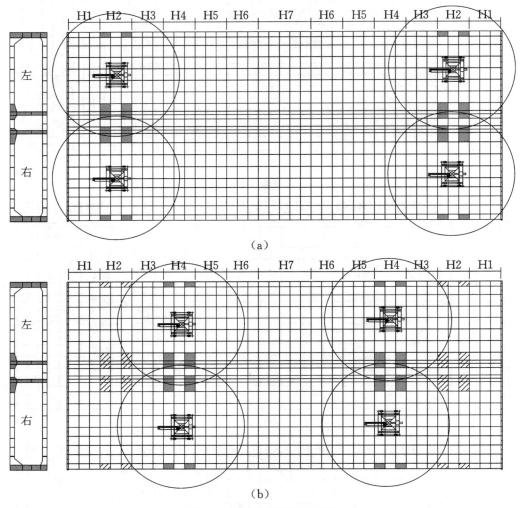

（a）

（b）

图 5.9　墙体浇筑顺序②示意

④ 顶板浇筑顺序

浇筑顺序①（分环区浇筑）：与墙体隔仓分区类似，沿管节纵向将 41 环划分为 19 个环区，除 H1 及 H10 为三个环段外，其他均为两个环段。按对称的原则进行浇筑。环区划分及顺序示意如图 5.10 所示。

浇筑顺序②（分环区跳仓浇筑）：沿管节纵向将 41 个环段划分为 13 个环区，除 H7 为 5 个环段外，其余均为 3 个环段。同一环区内进行跳仓浇筑，如图 5.11 所示。

浇筑顺序③（分环区均匀跳仓浇筑）：沿管节纵向将 41 个环段划分为 13 个环区，除 H7 为 5 个环段外，其余均为 3 个环段。同一环区内进行跳仓浇筑，如图 5.12 所示。

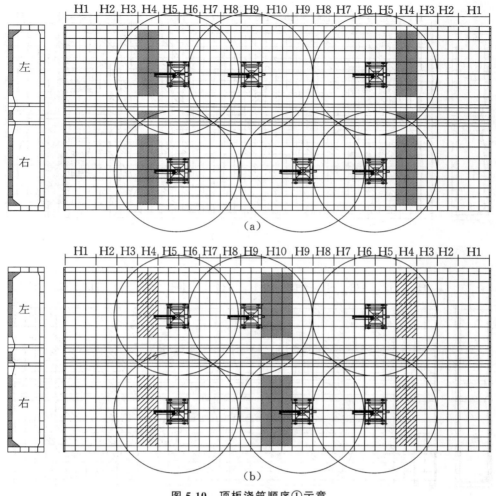

图 5.10　顶板浇筑顺序①示意

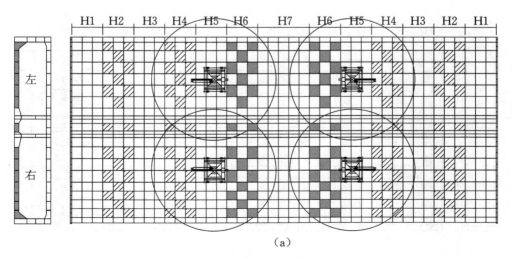

图 5.11　顶板浇筑顺序②示意

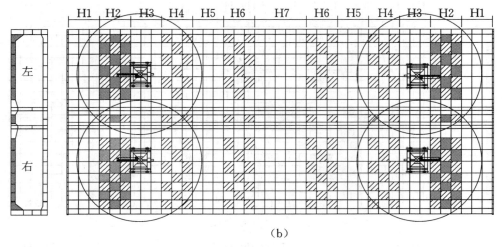

(b)

续图 5.11

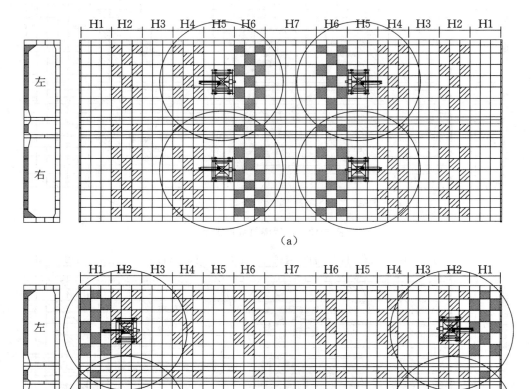

(a)

(b)

图 5.12 顶板浇筑顺序③示意

⑤ 浇筑计算结果分析

经过精细的三维有限元计算,5 个浇筑方案的计算结果对比见表 5.4。由于混凝土的重力作用对管节顶板挠度的影响较大,管节行车道孔内净高的变形是主控变形指标,其他指标(特别是横向尺寸的偏差)主要由钢壳制造控制。

表 5.4　浇筑顺序方案计算结果对比

浇筑顺序方案	内净高减小值/mm	布料机移机次数		布料机移机总次数	备注
方案 1	9.1	墙体	30	44	初步优化方案
		顶板	14		
方案 2	9.2	墙体	40	68	参考相邻标段方案
		顶板	28		
方案 3	8.8	墙体	40	68	参考相邻标段方案
		顶板	28		
方案 4	9.56	墙体	30	44	推荐方案,底板非对称浇筑
		顶板	14		
方案 5	7.5	墙体	30	44	管内增设临时支撑
		顶板	14		

因此,经过本合同段工程部与两所高校的平行计算分析,兼顾施工效率,选择浇筑顺序方案 4 作为最宽管节 E32 的浇筑顺序,同时也在钢壳制造阶段设置了一定预抬高量尽量减少负偏差,降低不合格率风险。管节 E32 竖向位移分布如图 5.13 所示(注:内孔净高变化值为顶、底板的位移差值,并非某位置的非绝对位移值)。

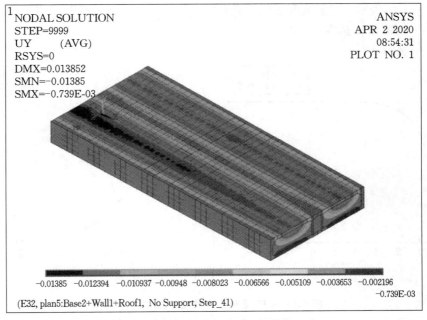

图 5.13　管节 E32 竖向位移分布

5.2.2 自密实混凝土温度控制措施及方法

管节的混凝土浇筑施工过程受水泥水化放热与昼间太阳辐射周期影响,整体传热模式复杂,固-固热传导、固-气热对流以及热辐射等传热模式同时存在,再考虑到混凝土初凝过程弹性模量的变化,管节施工过程的温度场异常复杂,结构受温度场作用下的受力与变形分析难以使用传统方式完成。

5.2.2.1 施工阶段温度场及变形计算

(1)计算方法选取

混凝土的膨胀系数为 $1×10^{-5}℃$,钢材的膨胀系数为 $1.2×10^{-5}℃$,两者相当接近,因此,两者的温升、温降过程的变形几乎是同步的,只要浇筑过程不受沉余约束,温度变形基本可以恢复。传统大体积混凝土施工过程主要是控制混凝土温度裂缝,其原因为混凝土内外温差引起内外膨胀差异,以及外表失水自收缩而引起的表面裂缝。除了裂缝影响,目前并未发现较大的不可恢复的温度变形(或其变形对工程造成明显影响)的有关信息。

计算采用 ANSYS Mechanical APDL 分析模块进行,结构内力计算采用以弹性力学为基础的有限元计算方法,混凝土材料不考虑开裂,钢板与混凝土之间无黏结滑移。计算内容分为拟采用浇筑顺序的施工阶段标准组合下 1/4 管节结构温度场计算及变形计算。

(2)施工阶段温度场计算分析

温度场分析中热边界条件包含管节表面与外界大气的接触对流;热荷载为混凝土水化放热,混凝土水化热采用混凝土生热率参数 $hgen(t)$ 表示单位时间单位体积混凝土释放的热量。不同龄期下混凝土生热率可通过 C50 混凝土的绝热温升曲线(图 5.14)换算得到。

$$hgen(t)=c\rho\theta'(t)$$

式中　$\theta'(t)$——表示 t 时刻混凝土绝热温升值;

　　c——混凝土比热容;

　　ρ——密度。

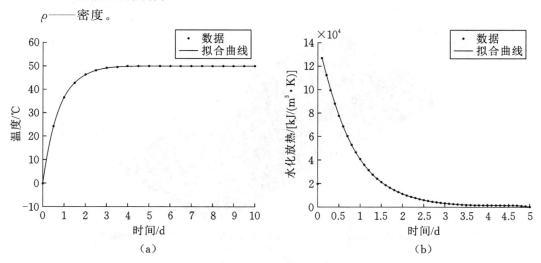

图 5.14　C50 混凝土绝热温升、生热率曲线

(a) 绝热温升曲线;(b) 混凝土生热率曲线

图 5.15 为管节浇筑施工各阶段温度场计算分析结果。

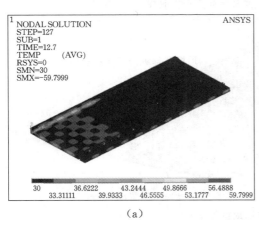
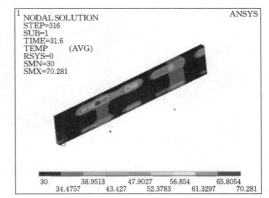

（a）　　　　　　　　　　　　（b）

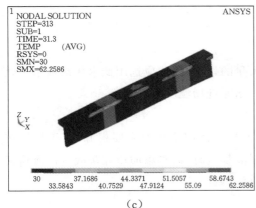
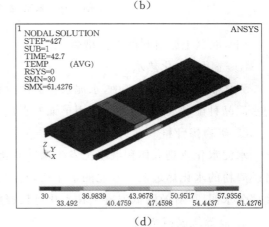

（c）　　　　　　　　　　　　（d）

图 5.15　管节浇筑施工各阶段温度场计算分析结果

（a）底板 59.8 ℃；（b）外侧墙 70.3 ℃；（c）中墙 62.3 ℃；（d）顶板 61.4 ℃

　　由于管节底板采用跳仓浇筑，墙体及顶板采用跳环段浇筑，对隔仓混凝土水化热的消散起到了非常重要的作用，也有效控制了管节顶板的变形，从而保证隔仓混凝土浇筑完成后管节整体变形及温度控制均满足设计及相关规范要求，证明了管节跳仓浇筑和跳环段浇筑设置的合理性。由于管节墙体隔仓混凝土方量较大，且侧墙厚度约等于中墙厚度的 2 倍，故管节浇筑完成后侧墙温度最高，约为 70.3 ℃，其余隔仓温度均在 60 ℃左右。

（3）施工阶段变形计算分析

　　针对拟采用的施工浇筑顺序，对管节的各个施工阶段变形进行分析，并分别提取顶板及底板边部横向变形量、顶板及底板端部纵向变形量、顶板底部及底板顶部相对竖向变形量，变形的提取位置如图 5.16 所示。竖向变形的提取位置为距左端部 12.65 m 的跨中位置。

5.2.2.2　温度控制措施

　　大体积混凝土浇筑温度控制，常规的技术手段主要是针对模板、拌合料及其浇筑和养护阶段进行降温，本工程结合钢壳结构以及船坞的场地特点，采取以下温控措施：

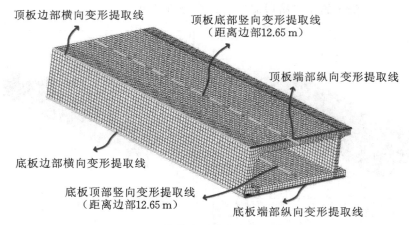

图 5.16　管节变形提取位置示意图

（1）混凝土原材料的温控措施

① 选用低水化热水泥

大体积混凝土在施工中，水泥水化会产生大量的热量，因此应选用低水化热或中水化热的水泥品种配制混凝土，不宜使用早强型水泥。水泥进场温度不宜高于 60 ℃。

② 矿物掺合料

水泥水化热是大体积混凝土发生温度变化而导致体积变化的主要根源，由于粉煤灰或者矿渣粉的水化热远低于水泥的水化热，在配制混凝土时，适当添加粉煤灰或者矿渣粉来取代部分水泥，可有效降低混凝土在水化过程释放的热量。

③ 高效缓凝减水剂

掺减水剂可有效降低混凝土的单位用水量，从而降低水泥用量。缓凝型减水剂还有抑制水泥水化的作用，可降低水化温升，有利于防裂。大体积混凝土中掺加的减水剂主要是木质素磺酸钙，它对水泥颗粒有明显的分散效应，可增加混凝土拌合物的流动性，且能使水泥水化较充分，提高混凝土的强度。若保持混凝土的强度不变，可节约水泥 10%，从而降低水化热，同时明显延缓水化热释放速度，使得热峰也相应推迟。

④ 降低混凝土出机温度

粗集料和混凝土用水的温度对混凝土浇筑温度的影响最大，工程中常采用加片冰（最大加冰量为 60 kg/m³）和制冷水（制冷水温度≤10 ℃）拌和混凝土为主、喷淋冷却水冷却粗集料为辅的措施来控制混凝土的浇筑温度，本工程钢壳混凝土拌合场根据混凝土拌和需求量配置相应的制冷系统，来满足原材料的降温要求。

（2）混凝土浇筑、养护的温控措施

本工程沉管采用钢壳结构，钢板吸收太阳辐射后比普通钢筋混凝土结构温升快，这样相当于提高了混凝土的入模温度，不利于钢壳混凝土浇筑质量的控制。

参考桥梁工程的制梁施工经验，本工程钢壳混凝土浇筑施工布置在船坞，场地空间宽敞,完全可以建造专用遮阳系统并配备自动喷淋设施(图 5.17),从而达到给钢壳降温的目的。

图 5.17 简易式遮阳网施工

5.3 钢壳沉管自密实混凝土质量检测技术研究

5.3.1 非破坏性质量检测技术分析

钢混夹层结构中的混凝土必须均匀地填充到钢壳(隔仓)的每个角落,其填充性必须超过结构设计允许的范围。经各种试验证明,如果生产可实现规定填充性的高流动混凝土,并且在该性能的保持期限内搬运,同时为防止破坏填充性而连续浇筑每个隔仓时,可以确保混凝土超过规定的填充性。

但是,由于钢混夹层结构形态的原因,无法目视确认混凝土填充中的状态或硬化后的填充性,可以说,从品质保证的观点出发,单靠施工管理和证明是远远不够的。因此,为进一步确认钢壳混凝土填充性,通过非破坏性测试测量钢壳上钢板和混凝土之间产生的间隙,以此评价钢壳内高流动混凝土的填充性。[133-137]

目前对混凝土厚度、内部缺陷非破坏检测方法主要有超声波法、冲击波法、电磁波法、红外线法和放射线法等。日本在施工管理示范试验中给出了 4 种非破坏性测试,并且对其适用性进行了比较和分析,结果见表 5.5。从表 5.5 中可以看出,作为非破坏性测试方法,最理想的是放射线法。另外,放射线法在实际施工中也被用于非破坏性测试。该方法在测试过程中没有出现任何特殊的问题,并且获得了良好的结果。

5.3.2 非破坏性质量检测技术评价及优选

表 5.5 为一般的混凝土构件非破坏性试验法,表 5.6 为钢混夹层构件非破坏性试验法。

表 5.5 一般的混凝土构件非破坏性试验法

目的	非破坏性试验法的种类		测量内容	优点	缺点	使用时的注意事项等
混凝土的厚度、内部缺陷的非破坏测量法	声速法	超声波法 ①超声波法。②声波法。③超声波检测仪法	测量超声波脉冲(纵波、横波)的传播时间(速度)和波形一段面	被测物的形状、尺寸基本没有限制,可反复使用于同一段面	使用频率越高越定向越好,但超声波的传播装置减小	①测量原理、手法取决于测量机种。②有的机种可用于冲击弹性波法。③声源是振荡器
		冲击弹性波法	测量传播波(纵波、横波)的传播时间(速度)和波形一段面	被测物的形状、尺寸基本没有限制,可反复使用于同一段面	传播波变形因物性而发生变化,因此很难评估测量值	①冲击波法可以探测厚混凝土。②原理与超声波法相同。③声源是锤子等产生的冲击波
	电磁波法	激光波法	测量电磁脉冲	测量比较容易。作为图像可以看到调查位置的断面形态	使用频率越低,越需要更大的装置	①必须根据检测对象的缺陷深度范围选择机种。②保留调查位置断面
	放射线法	①X射线透射试验法。②γ射线透射试验法。③中子散射法	①放射线透射片摄影。②测量散射在混凝土表面的中子量	可直接观察混凝土内部的状况	存在因射线导致的危险。大型装置需要摄影资格证	①检查目标物的安装空间。②X射线适用界线约为40 cm,γ射线约为60 cm。因此,γ射线的作业效率高,但X射线的安全性更好。③需事先制定校正曲线
	红外线法	红外线摄像机	使用红外线摄像机拍摄检查目标物的表面温度分布状况	①可检查非常广的范围。②不需要接触被测物,可以远距离测量	①拍摄内部缺陷导致的表面温度分布的变化,图像随时间发生变化。②导致变化的基本上是温度变化发生的部位,不是不存在缺陷的部位	①必须熟练掌握装置的操作和温度差异处理。②差异处理需要25 min左右。③可根据温度分布图像划分缺陷部位,但很难掌握正确的缺陷的位置

表5.6　钢混夹层构件非破坏性试验法

	敲击法	超声波法	红外线法	放射线法
原理	使用试验锤敲击钢板表面,通过人耳判断其声音差异	在钢板表面设置发送、接收用探头,检测并判断超声波到达接收用探头时的时间以及超声波量	由于混凝土和间隙之间的传热率不同,因此需要将发生的温度差视为红外线放射量,利用热敏感摄像系统检测并判断	将安装在钢板上的测量仪中子源放射出的中子散射到混凝土上,然后测量并判断返回到测量仪上的中子量(强度)
优点缺点	①操作简单。②不需要限制检查时间。③由于检查人员的熟练程度不同,判断会出现偏差。④很难掌握间隙的深度	①操作简单。②不需要限制检查时间。③很难掌握间隙的深度	①可一次性观测到一定范围内的状况。②很难掌握间隙的深度。③不需要限制检查时间	①根据计数和间隙深度之间的关系,可定量求出一定范围内的深度。②不需要限制检查时间。③检查时间大概是1 min
应用于本结构时的注意事项	检查人员必须完全了解间隙和敲击声之间的关系	①确认超声波→混凝土传递到钢板→钢板间隙的关系②确认L形钢对L形钢附近的间隙的影响	①掌握可检测的间隙尺寸。②掌握干扰因素和清除方法。③掌握红外线对L形钢调查结果的影响	①掌握包括L形钢影响在内的放射线强度和距离间的关系。②因顶板上面的偏棒影响,可能无法测量某些部位
现状评价　测量技术完成度	非常高	非常高	高	高
费用	约6000日元/m²	约7000日元/m²	约10000日元/m²	约7000日元/m²
测量以及分析所需的时间	短	短	短	短
测量的简易性	非常简易	简易	根据测量位置而定	简易
预测精度	稍差	需要分析	高	高

5.3.3 非破坏性质量检测技术应用实例

5.3.3.1 中子射线法检测

由于放射线法在日本钢壳混凝土施工中对脱空检测中获得了较好的效果,因此本次试验选择中子射线法来检测。

（1）检测仪器及技术指标

本次检测采用南京水利科学研究院自行研制的便携式多功能混凝土质检仪,该设备可以探测厚度 60 mm 以内钢板下的混凝土脱空,脱空深度分辨率可达 3 mm,单点平面探测范围约 30 cm×30 cm。

（2）仪器组成

用于本次钢衬下混凝土脱空检测的便携式多功能混凝土质检仪由中子源探头和采集热中子计数的主机组成,其中仪器探头包括 Am-241/Be 中子源、热中子探测器。其测量技术参数为:

① 衬砌钢板厚度不大于 60 mm 条件下,钢板下浇筑混凝土脱空深度的测量;

② 脱空探测深度范围:0~100 mm;

③ 测量精度:3 mm。

5.3.3.2 现场检测测试及数据处理

本次现场检测测试试验分为标准块和随机样块,其中标准块进行了 2 cm 和 4 cm 两种不同厚度衬砌钢板下热中子计数率与脱空深度相关性的测试,随机样块只采用 2 cm 厚衬砌钢板进行了测试,但选择了两块表面平整度不一致的检测面(图 5.18)进行测试,其中检测面 2 明显较检测面 1 空洞缺陷多,同时在检测面 2 上进行了增加 3 mm 脱空和 5 mm 脱空的测试。本次测试单次采集时间步长为 1 min,由于中子无损检测方法本身存在一定的热中子计数率涨落变化,因此同一条件下取 3 次测量的平均值作为测量值。标准块和随机样块脱空深度与热中子计数率对应关系分别参见表 5.7 和表 5.8。对于标准块计算的相对变化率是指同一钢板厚度条件下,不同脱空深度的热中子计数率相对不脱空条件下热中子计数率的变化,相对变化率越高,仪器对该脱空深度的辨识度越高,检测结果越可靠。

表 5.7 标准块脱空深度与热中子计数率对应表

钢板厚度/mm	脱空深度/mm	热中子计数率			平均值	相对变化率
20	0	10374	10345	10352	10357	0
	5	10048	10030	10032	10037	3.09%
	10	9348	9305	9276	9310	10.11%
	15	8810	8829	8887	8842	14.63%
	20	8356	8241	8367	8321	19.65%

钢板厚度/mm	脱空深度/mm	热中子计数率			平均值	相对变化率
40	0	6227	6283	6385	6298	0
	5	6006	5992	6059	6019	4.44%
	10	5847	5851	5784	5827	7.48%
	15	5596	5565	5578	5580	11.41%
	20	5254	5363	5294	5304	15.79%

表 5.8 随机样块脱空深度与热中子计数率对应表

钢板厚度/mm	脱空深度/mm	热中子计数率			平均值
20	检测面 1	11176	11421	11264	11287
	检测面 2	9614	9682	9696	9664
	检测面(2+3) mm	9127	9135	9200	9154
	检测面(2+5) mm	8800	8811	8744	8785

图 5.18 中子射线法现场检测

5.3.3.3 缺陷处理技术分析

钢混夹层结构是一种合成结构,与钢壳以及钢壳围成的混凝土形成一体,以此来抵抗外力。混凝土的填充不充分,并且残留有空隙时,将降低构件的承重能力。因此,如果构件设计上存在不允许的脱空时,需要采取补救措施来修复脱空的部分。

通过非破坏试验等发现钢壳内存在未填充部分时,需要掌握未填充的位置、规模(大小、范围厚度等),通过注入填充材料等处理方法修复脱空部位。

6 钢壳沉管自密实混凝土智能浇筑装备与系统

6.1 智能浇筑装备总体设计

管节智能化浇筑是混凝土智能浇筑系统中非常重要的一环,其中涉及智能浇筑台车研发、混凝土输送泵智能化改造、监测设备的研发、浇筑现场智能化控制室等几方面。[138-140]

6.1.1 智能浇筑装备——台车

智能浇筑台车是专门针对管节底板浇筑而研发的,此设备主体采用门架式钢构形式,主要由主梁结构、大小车行走机构、料斗及其称重系统、浇筑调速模块(闸阀)、下料控制机构、提管机构、电气控制系统组成,并配以工控机检测智能浇筑台车的运行状况,还配有无线传输功能,可以连接外部装置传送接收数据,浇筑全过程可实现自动化、智能化。图6.1为智能浇筑台车研发效果图。

图 6.1 智能浇筑台车研发效果图

智能浇筑台车的核心功能主要有以下四点:

(1) 自寻位

大、小车行走机构采用交流变频专用电机作为行走电机,利用行程编码器原理可实现粗定位,再配合图像识别技术可进行二次精准定位。只要提供浇筑孔或者接料点的坐标,台车就能在管面上精准定位,自动接料并自动浇筑隔仓,过程全自动化、智能化。

其原理是一种用位移传感器测量接投料实际位置并建立数学模型,管节浇筑前,将各隔仓与下料点相对位置输入浇筑台车工控机系统存储。当平板发送指令信息到智能浇筑台车控制系统后,PLC 根据设定程序驱动台车的行走系统行走指定的距离。浇筑台车自动行走至指定隔仓上方,实现粗定位。此时,台车浇筑下料管口圆心与隔仓压头管圆心偏差在±30 mm 以内,如图 6.2 所示。

图 6.2 浇筑台车自动寻位

智能浇筑台车采用图形识别技术,利用安装在前端的智能分析摄像机、智能分析视频服务器以及智能算法 DSP 来实现识别与计算,进行精准定位。摄像头将下料浇筑管口的圆形以及压头管的圆形记录到视频服务器,台车在粗定位完成后,服务器通过摄像头拍摄上传的视频进行分析比较,计算得出两圆心的位移,并发送指令到 PLC 处。PLC 重新驱动智能浇筑台车行走机构,微调,实现两圆心平面位置偏差在±10 mm 以内。

此时,下料管与浇筑口内壁之间保证有 20 mm 的间隙,满足智能浇筑台车自动下管要求,进而实现智能寻位和自动下管的无人操作。

(2)自动调整浇筑速度

智能浇筑台车调速机构主要由带称重功能的储料斗、电控闸阀、液面高度激光测距仪以及 PLC 控制系统组成(图 6.3)。采用激光测距采集隔仓混凝土的液面高度,经数据处理,形成模拟信号并发送给智能浇筑台车。智能浇筑台车接收到信号后,自动调整闸阀开口度的大小来控制浇筑速度。

混凝土浇筑调速是通过 PLC 控制闸阀电机往复驱动闸阀,微调开口度来实现的。浇筑速度等于单位时间内混凝土的质量差除以混凝土容积密度。

$$V = \frac{\Delta T / \Delta t}{\rho}$$

式中　V——混凝土下料速度,即浇筑速度;

　　　ΔT——采集周期内,料斗混凝土质量差;

　　　Δt——两次采集的时间间隔;

　　　ρ——混凝土容积密度。

说明:智能浇筑台车调速时,每 20 s 采集一次料斗质量信息。

PLC 控制系统根据反馈回来的质量差信号计算浇筑速度是否达标,否则将驱动闸阀电机来调整开口度,达到智能调速的目的。

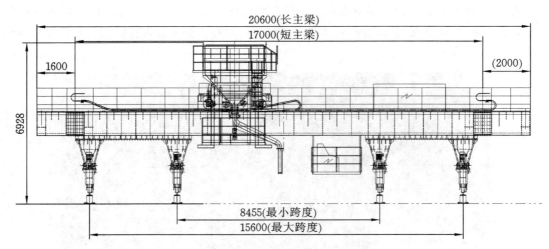

图 6.3　智能浇筑台车设计构造图

（3）智能收放浇筑管

隔仓浇筑时对台车下料管和混凝土液面的高差有着严格的要求,可精确控制在 0.5 m 以内。下料管的驱动电机采用行程编码器定位,浇筑台车可以通过激光测距实时反馈的浇筑液面高度来计算下料管和液面的高差,以此作为参考值来实时调整管液高差。

（4）可变跨径

管节有非标准管节,需要根据不同管节的宽度来调整浇筑台车的跨径以实现管节底板隔仓的全覆盖。智能浇筑台车柱结构采用龙门架式结构,配置行走机构和动力机构后可自行行走。主梁长度可变,分 20.6 m、19 m、18.6 m 和 17 m 几种,支腿间距可在 8.45～15.58 m 之间调整,浇筑料斗可处于支腿外侧,实现悬臂浇筑,故名可变跨径悬臂式智能浇筑台车。此台车可满足工程中变宽管节(46～53 m)的行车道孔内底板浇筑。

管节预制过程中,通过浇筑台车与智能浇筑系统相结合实现管节智能化浇筑,即智能浇筑系统通过设置在管节隔仓四边角的激光测距仪实时反馈的混凝土液面上升数据,并经系统处理后形成指令信号,发送给浇筑台车控制系统,控制系统接收信号并控制浇筑台车实现其自动寻位、下料速度自动切换、下料高度控制、浇筑结束时机控制等功能。智能浇筑台车在足尺模型浇筑试验中得到应用,并进行优化提升,在坞内原位试验中得到了进一步验证,可满足管节预制需求。

6.1.2　智能浇筑装备——泵送系统

（1）混凝土输送泵智能化改造

实际工程中,混凝土输送泵设备仅具备近端操作功能,且混凝土泵送速度不稳定,不满足浇钢壳管节顶板和墙体的浇筑需求。对此,在原有混凝土输送泵基础上进行控制系统改造升级,增加了远程控制、智能变速模块;关联了激光测距模块,可对浇筑液面进行实时监控。系统改造升级后的混凝土输送泵的核心功能主要有以下三点:

① 远程控制:可在混凝土浇筑过程中通过控制平板远程操控混凝土智能输送泵发送命

令来远程控制,浇筑现场存在突发状况时,可以及时停止或开启泵送;在自动浇筑模式下,施工人员在浇筑隔仓前仅需在终端设备屏幕中点击开始,即可自动根据液面高度调整浇筑速度和停止浇筑,从而完成整个浇筑过程。在单个隔仓浇筑过程中无须人工操作输送泵,极大地降低了人工控制的难度。

② 智能识别变速:根据浇筑工艺要求,隔仓浇筑到不同阶段时需要采用不同的泵送速度(图 6.4),以保证浇筑质量。现有的智能浇筑系统可设定变速线,通过激光测距仪的液面反馈来进行变速判定,到达判定条件后设备可自行切换泵速,即浇筑速度由 30 m³/h 降至 15 m³/h。

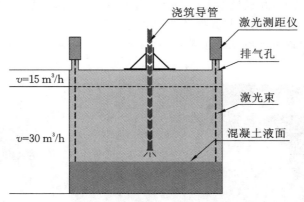

图 6.4　隔仓浇筑工艺示意图

③ 控制终端平板的运用:将输送泵的状态信息接引到控制平板,通过控制平板远程启动设备开始泵送混凝土,当隔仓浇满时通过激光测距仪的液面反馈可自行停止泵送,同时控制平板实时监控设备的运行状态,并设有报警装置,可提前规避设备故障对混凝土浇筑带来的影响。

(2)布料机智能化改造

根据管节预制特点进行布料设备的定制,布料机臂架总长 17 m,由三节臂杆组成,前端可实现 10 m 软管的提升,满足管节墙体、顶板及端钢壳隔仓浇筑需求,如图 6.5 所示。

图 6.5　布料机优化升级

"混凝土智能输送泵＋布料机"浇筑方式的样机在钢壳模型浇筑试验中已研制完成,并在足尺模型浇筑试验中得到验证,运用于后续正式管节浇筑,得到较好的施工效果。

6.1.3　智能浇筑装备——激光测距设备

(1) 激光测距设备的研发(图 6.6)

为了实时监控密闭隔仓内的浇筑情况,本工程中依据浇筑工艺定制设计、研发了激光测距设备,采用物联网技术实时采集液位高度,通过 Wi-Fi 网络将激光高度数据传输给终端平板,得到隔仓的浇筑高度,并且根据隔仓的高度体积函数计算出隔仓的实时浇筑数据,并反馈到中央控制单元,系统根据这些数据智能调节浇筑速度。

激光测距设备配备可充电工业电池,可连续使用 24 h 以上,且具有防震、防摔、防污染等特性。

图 6.6　激光测距仪工装展示

(2) 激光测距设备的运用

① 底板、顶板浇筑

根据前期钢壳沉管自密实混凝土浇筑对比试验,为得到最佳混凝土成型质量,浇筑底板隔仓及顶板隔仓时分上下两层浇筑(隔仓总高 150 cm)。隔仓下层浇筑 130 cm 厚混凝土,按 30 m³/h 的速度浇筑;剩余上层 20 cm 厚混凝土,按 15 m³/h 的速度浇筑(图 6.7)。浇筑底板隔仓时通过控制智能浇筑台车的闸阀度来调整混凝土浇筑速度,浇筑顶板隔仓时通过调整混凝土输送泵挡位的大小来实现浇筑速度的改变。

图 6.7　管节底板及顶板隔仓浇筑变速示意图

② 墙体浇筑

如图 6.8 所示,由于墙体上下贯通,共分为 4 个纵向小隔仓,故在墙体浇筑时,每个小隔仓浇筑至顶部 20 cm 时均需自动变速浇筑,每个墙体隔仓浇筑完成需变速 7 次。对于墙体的每一个小隔仓,隔仓内混凝土液面距离顶板大于 20 cm 时,浇筑速度控制在 30 m³/h;小于 20 cm 时,浇筑速度控制在 15 m³/h 以内。

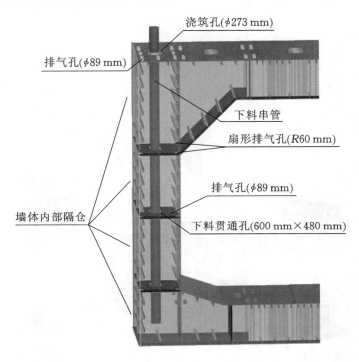

图 6.8 管节墙体浇筑速度变化区间示意图

6.2 智能浇筑系统研发应用

钢壳沉管自密实混凝土在实际浇筑过程中,每一节沉管管节有 2000 多个隔仓,在施工高峰期时会有 4 个浇筑点同时浇筑施工,且混凝土从生产到完成浇筑有严格的时间限制。通过总结发现,钢壳沉管自密实混凝土浇筑主要存在以下几个问题,这也在一定程度上,阐明了智能浇筑系统研发的必要性。

① 管理对象多:每节标准管节有 2255 个隔仓,每节管节布置 4 个浇筑点,隔仓浇筑过程管理对象多。

② 时间要求高:混凝土从出机到浇筑完成有严格时间限制(90 min);同时单个隔仓浇筑开始到浇筑完成也有严格的时间限制(90 min)。

③ 接入数据多:有生产系统数据、混凝土性能指标数据和浇筑过程中监控数据。

④ 智能化要求高:混凝土自动化浇筑,混凝土生产、运输与浇筑的智能化协调等。

沉管管节监管过程中,每个沉管管节含有 2000 多个隔仓,每一个隔仓在浇筑过程中都会产生一系列的生产数据、混凝土性能指标数据、浇筑过程中监控数据等。为了精确处理这些庞大的生产数据,实现对浇筑过程的高效化、精细化、标准化管理,本工程联合"BIM+物联网+智能传感"技术,开发了一个涵盖原材料库存管理、混凝土生产管理、混凝土指标检测、混凝土智能浇筑、视频监控等工序的信息化智能控制平台,操控各终端设备完成管节的浇筑任务,具体如图 6.9 所示。

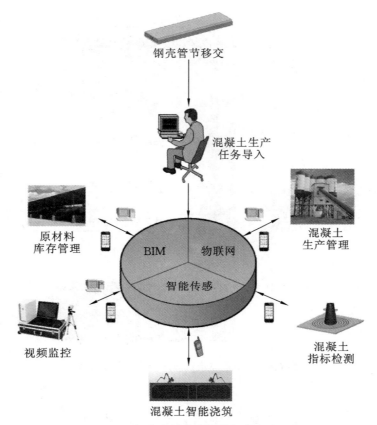

图 6.9　智能浇筑系统模块组成示意图

6.2.1　智能浇筑系统功能模块设计

智能数字门户是智能浇筑系统数据集成和展示的平台,在业务数据积累的基础上,按需摘录出与浇筑业务相关的关键性指标和信息,通过汇总统计后以图、表的方式进行数据可视化展现,总体把握管节的浇筑情况。

（1）信息化管理概述

信息化管理引入 BIM 技术的应用,拟基于大数据云平台技术,使用 CATIA 软件对沉管、地形、施工设备等对象进行三维建模,并在 BIM 平台与监测数据对接,及时发现和预警潜在的危险,对沉管安装施工组织设计,沉管隧道基础、基槽清淤,沉管浮运,沉管安装,安全风险,测量控制等施工专项方案和系统进行修改,从而消除设计中隐藏的问题,优化施工进程,提高施工效率。

（2）信息化管理系统

以管节相关信息数据为基础,在计算机中创建虚拟模型,形成一个完整的、包含逻辑关系的信息库。基于 BIM 软件将数据集成,将这些信息数据贯穿管节浇筑的全过程,进行可视化展示,实时显示管节的浇筑状态和作业过程,从而总体把握工程情况。

信息管理系统对现场施工信息和数据进行收集、整理、传送和存储,增强对各种工地的质量管理、安全管理、现场管理、进度管理、投资等方面的管理力度,及时发现并解决问题。

此外接入视频监控,实时查看运输和浇筑状态,接入视频点包括:搅拌站、运输全线、检测站、浇筑点,管理员根据预警信息实时切换视频监控点查看现场情况。

（3）信息化管理系统应用方案

根据工程实际的需求,具体应用 BIM 技术的信息化管理内容包括"航道开挖""沉管拖航""沉管施工"和"项目管理系统"。信息化管理平台功能如图 6.10 所示。

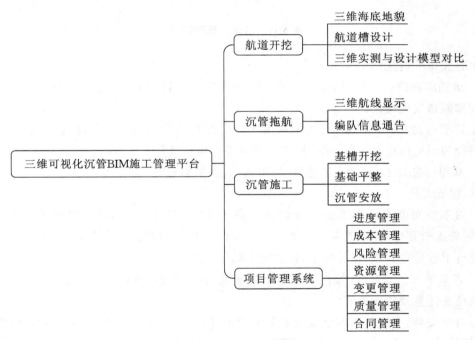

图 6.10　信息化管理平台功能

① 航道开挖

航道开挖主要包括:将三维海地地貌模型和航道槽模型结合,根据三维地质输出来指导施工的分层放坡方案以及各个分层的挖填方量。

实际开工后定期扫描标高情况以建立实际海底地貌模型,将其与设计模型对比从而检验施工质量,进行全面质量管理。航道分层开挖如图 6.11 所示。

② 拖航管理

拖航管理主要包括:

a. 路径跟踪:在拖航过程中,根据三维航道槽模型设定预定拖航轨迹。并结合上传的实时定位信息,显示实际的拖航路径。系统图形显示潜驳与管节的姿态,并通过视频分享到

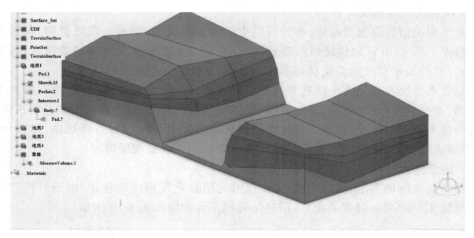

图 6.11　航道分层开挖图

控制中心及每一艘拖船上。

b. 运输防碰撞：实时剖切显示三维地貌和沉管的位置关系（竖直方向和水平方向），预防沉管和航道发生碰撞。

c. 管节运动实时监控显示：以俯视角实时监控管节的动态位置及速度信息，并绘制其实际路径与预定航线对比图，显示偏差并给出潜在风险预警。

d. 其他信息显示：显示水流速度、风浪信息、剩余航程等。

③　管节安装

a. 管节空间位置监控：根据施工图建立参数化安装基槽模型，获取管节平面坐标与标高；实际施工过程中，监测管节与基槽及前一节已安装管节的相对位置，结合模型可视化标识来进行工程进度管理，指导施工，检验施工结果。

b. 管节下沉信息监控：监控下沉管节的速度、位置信息、水流速度信息、沉放时其他施工机械位置信息及碰撞预警。

c. 管节安装：下沉管节与已安装管节位置信息；下沉管节与基槽中心线、边线的位置信息；安装的关键工艺动态展示；安装过程中其他施工机械位置信息及碰撞预警。沉管沉放安装如图 6.12 所示。

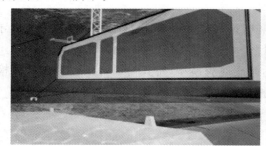

图 6.12　沉管沉放安装

④ 项目管理系统

智能浇筑首页（图 6.13）：显示当前浇筑点状态，按浇筑点显示已浇筑的生产任务（显示当日）。

图 6.13　智能浇筑首页

项目管理系统包括：施工进度管理（图 6.14）、成本管理、风险管理、资源管理、变更管理、质量管理、合同管理等。

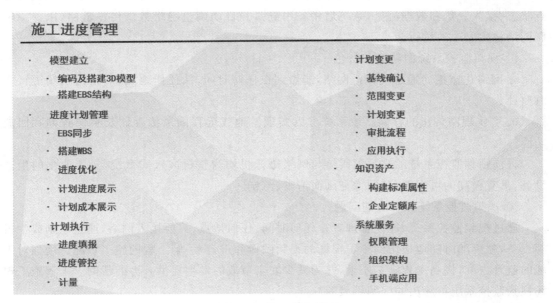

图 6.14　施工进度管理

6.2.2 智能浇筑系统辅助模块设计

（1）激光测距设备

设备依据浇筑工艺定制设计、研发，采用物联网技术实时采集液位高度，通过 Wi-Fi 和 IOT 两种方式实现毫秒级传输，具有可移动、可替换、防震、防摔、防污染、断网时自动重新连接、待机时间长等优点。

（2）视频监控系统

工程视频监控系统融合了通信技术、网络传输技术、视频编码技术、数据库技术等技术的综合应用技术系统，具有数字化、智能化、网络化、集成化、信息化的集成系统。工程视频监控系统端口多，可方便实现数据和信息的共享（图 6.15）。

（a）　　　　　　　　　　　　　　　（b）

图 6.15　监控设备

本工程中还安装了网络监控软件，并实时显示在监控中心监控系统平台，显示网络各节点状态、接入数量和数据流量，系统启用备用链路并自动调整网络数据传输链路，以保障物联网络稳定安全地运行。

① 视频监控系统的功能和特色

a. 网络化监控。通过计算机网络，能做到在任何时间、从任何地点、对任何现场进行实时监控。

b. 可实现网络化的存储。该系统可以实现本地或远程的录像存储及录像查询和回放功能。

目前视频监控系统的视频编码器与网络摄像机均为整机嵌入式系统，是工业化的生产设备，具有极高的可靠性，其图像与画面清晰、流畅。

② 视频监控系统拟解决的问题

通过视频监控系统，能使管理者在任何时间、任何地点，只要接入网络，通过电脑或手机等设备，就可随时随地地访问施工现场的视频图像和声音，了解工程的施工状况。增强对工地的监管力度，提高工程施工质量，并为减少安全事故的发生提供有力的帮助。工程施工现场视频监控系统可解决的问题见表 6.1。

表 6.1 视频监控系统可解决的问题

序号	服务对象	拟解决的问题
1	公司领导	① 可随时随地掌握工程建设施工生产进度计划的实施状况； ② 能与工程经理与主管副经理及时沟通和解决工程施工生产中急需解决的问题
2	工程经理	① 可以及时掌握工地施工现场的工程施工生产进度，可与工地工程副经理协调生产调整与安排，以便更好地完成公司下达的施工生产计划； ② 及时掌握工地施工现场的工程施工质量、安全方面的情况及施工现场的环境卫生与文明施工状况，并及时地解决工程施工生产过程中的施工质量、安全等问题
3	生产管理部、机材与采购部	① 及时掌握工地施工现场的材料、物资供应与现场材料、物资的到货和使用情况，以保证工程施工现场材料、物资的供应与使用和协调工程材料、物资的到货与供应情况； ② 及时掌握工地施工现场大型施工机械（如智能浇筑小车、汽车泵、沉放驳等）的安全使用与维修情况
4	质量管理部、安全管理部	① 对现场工人施工作业时有无使用安全防护用品（安全帽、安全带）或现场人员出入等情况进行实时监控，其电子检测录像可为安全生产奖罚提供依据； ② 对施工过程作业、机械使用情况进行实时监控，并重点监控重点环节和关键部位； ③ 对大型工程机械（如智能浇筑小车、沉放驳）的拆装、使用、防护等情况进行实时监控； ④ 对施工现场人员未戴安全帽的，或未在施工现场入口处、施工起重机械、临时用电设施、出入通道口等设置明显的安全警示标志及施工现场乱接、乱拉或电线、电缆随意拖地等情况进行实时监控； ⑤ 对监控中发现的安全隐患或其他违规行为，可责令施工现场立即整改； ⑥ 通过监控若发现施工便道扬尘、施工废弃物、生活污水的，可及时派出机械或人员进行清理，减少环境污染

6.3 智能浇筑管理系统模块运行流程

管节预制智能业务控制流程如图 6.16 所示。智能浇筑系统采用国际先进的多层技术构架，通过 C/S（Client/Server，客户端/服务器模式）、B/S（Browser/Server，浏览器/服务器模式）、App、微服务等多种技术融合来建立智能化浇筑控制系统，以便准确、高效地控制浇筑设备，并与拌合站和运输车辆实时联动，实现智能的生产管控和物料运输的动态调配。其中，C/S 架构：指激光测距传感器、浇筑设备、射频识别传感器设备；B/S 架构：指系统应用、系统支撑的所有模块；App：指质量检测模块移动终端、车载定位移动终端；微服务：其功能为使系统中各模块服务耦合。

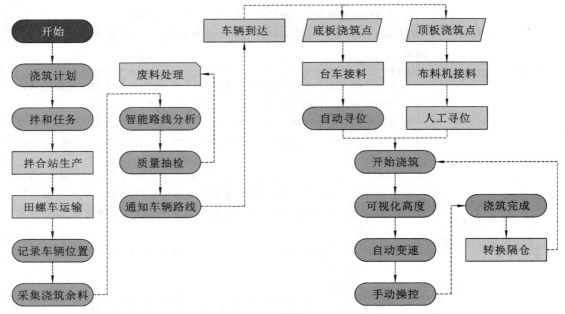

图 6.16 管节预制智能化业务控制流程图

同时，系统可以处理海量的数据，实时完成大容量数据处理，可提供具有开放性数据接口，具备与其他业务系统进行各类型数据对接的能力。

7 钢壳沉管自密实混凝土工程应用案例

7.1 施工建设条件

（1）施工地理位置

深中通道北距虎门大桥约 30 km，南距港珠澳大桥约 38 km。该工程起于广深沿江高速机场互通立交，在深圳机场南侧跨越珠江口，西至中山马鞍岛，终于横门互通立交，与中开高速公路对接；通过中山东部外环高速与中江高速公路衔接；通过连接线实现在深圳、中山及广州南沙登陆，主体工程长约 24.03 km，其中，沉管隧道长 6.8 km[141-145]。

（2）水文

本工程水域水下地形具有西部浅、东部深的横向分布趋势，水下地形呈"三滩两槽"的基本格局，平面上由西向东依次为西滩、西槽、中滩、东槽、东滩。

工程水域潮汐属不规则半日潮，平均潮差 0.85～1.70 m。横门水道、横门东水道和伶仃水道的历史最高潮位分别为 3.41 m、3.21 m 和 3.01 m，理论最低潮位分别为 −0.41 m、−0.56 m 和 −1.03 m。受上游径流影响，各口门和伶仃洋海域流速多为落潮流速大于涨潮流速，其中伶仃洋西槽航道流速较大，最大值约 1 m/s。

工程水域风浪常浪向为 N，频率为 32.44%，其次为 SE，频率为 16.91%；涌浪常浪向 ESE，频率为 71.22%，其次为 E，频率为 12.77%。受珠江口万山列岛、佳蓬列岛、蜘洲列岛、淇澳岛等岛屿掩护，外海波浪传播过程中能量衰减较为明显，其工程区域波高比外海波高显著减小。各工况下外海波高 5 m 以上海浪传至工程海域时，波高均衰减至 3.5 m 以下。

伶仃洋水体含盐度随潮位涨高而增大，又随潮位退落而减小，其变化趋势和周期与潮位基本一致；此外，还有由朔月到望月的半月周期变化，朔望月潮差大，盐度较高，上下弦月潮差小，盐度较低。

（3）工程地质

龙穴船厂港池内外及伶仃航道以西部分航道参考龙穴船厂港池初步探摸孔进行航道疏浚设计。依据土层的地质时代、岩性、分布规律和物理力学性质等，场区岩土层分布与特征描述如下：

淤泥：灰色，流塑，滑腻，有腥臭味。该层见于场区表层，连续分布，层顶高程 −5.34～−8.89 m，层厚 3.80～8.00 m，平均厚度 5.44 m。

淤泥质黏土：灰色，流塑，土质较均匀。层顶高程 −13.73 m，层厚 2.40 m。

残积土：花岗岩残积土。褐红色，硬塑，岩芯呈粉质黏土状。该层局部分布，层顶高程 −11.40～−14.49 m，层厚 1.00～4.40 m，平均厚度 2.76 m。

全风化花岗岩：褐红色，中粗粒结构，块状构造，风化强烈，原岩结构大部分已破坏，岩芯呈砂土状,遇水易软化崩解。层顶高程—12.00 m,层厚 1.00 m。

砂土状强风化花岗岩:褐红色,中粗粒结构,块状构造,风化强烈,原岩结构已破坏,风化裂隙发育,遇水易软化崩解,岩芯呈砂土状,局部呈半岩半土状,含少许中等风化岩碎块,块径 2~8 cm 不等。该层分布较广,层顶高程—11.31~—16.13 m,层厚 3.90~10.45 m,平均厚度 6.57 m。

碎块状中风化花岗岩:灰白色,中粗粒花岗岩结构,块状构造,岩体较破碎,裂隙发育,部分裂隙面浸染呈铁锈色,较硬,锤击声较脆。该层未揭穿,层顶高程—12.40~—14.04 m,揭露层厚 0.30~0.60 m。

根据各岩土层现场原位测试指标,依据《疏浚与吹填工程设计规范》(JTS181-5-2012)和工程经验综合确定勘察深度范围内所揭露各岩土层疏浚级别,见表 7.1。

表 7.1 疏浚岩土工程分级表

地层名称	密实度或状态	标贯击数平均值 N	疏浚等级
淤泥	流塑	<1	1
淤泥质黏土	流塑	3.0	2
粉质黏土(残积土)	硬塑	25.5	7
全风化花岗岩		38.0	11
砂土状强风化花岗岩(局部碎块状)		95.8(换算成 30 cm 的击数)	12~13;>13
碎块状中风化花岗岩			>13

(4)地形地貌

伶仃洋水下地形具有西部浅、东部深的横向分布趋势和湾顶窄深、湾腰宽浅、湾口宽深的纵向分布特点,滩槽分布呈"三滩两槽"的基本格局,三滩指西滩、中滩和东滩,两槽指东槽和西槽。伶仃洋内三滩两槽是海洋动力地貌长期作用的结果,这种格局还将长期存在下去。东槽又称矾石水道,位于东滩和中滩之间;西槽又称伶仃水道,位于中滩和西滩之间,该深槽长期以来作为广州港的出海深水航道一直在使用和维护。东滩沿东岸呈条带状分布,紧靠东槽东侧;中滩又称矾石浅滩,形状为南宽北窄狭长状;西滩位于西槽以西,面积广阔。

伶仃洋周围和水下地质地貌情况:在伶仃洋北岸和东岸为东莞市、深圳市和香港地区的花岗岩和黑云母片麻岩的丘陵山地,海拔在 300~500 m,沿岸有狭长的海积平原,地势低平。西岸,横门以北为珠江三角洲平原,河网密布,松散沉积物厚达 40~50 m。横门以南是海拔为 200~400 m 的山丘,主要由燕山期花岗岩构成。

7.2 深中通道沉管隧道设计基本情况

深中通道是连接珠江两岸的战略性跨江通道,是集超宽海底隧道、超大跨桥梁、深水人工岛、水下互通"四位"一体的集群工程,规模空前、建设条件异常复杂、综合技术难度再上新高,是继港珠澳大桥之后,我国又一项世界级重大跨海交通工程。

深中通道与广深沿江高速、中开高速、中山东外环以及万顷沙枢纽对接,预测交通量大、货车比例高,对隧道通行能力和行车断面需求大。同时,沉管隧道穿越矾石水道采砂区,其原状土层已破坏殆尽,且基岩起伏较大,地质条件极为复杂。这些不利条件对深中通道超宽沉管隧道设计、施工提出了极大挑战[141-145]。

沉管预制场选址在广州南沙龙穴岛黄埔文冲造船基地。管节浇筑期间按功能主要划分为2片区域:混凝土生产区和管节预制区。施工总平面布置如图7.1所示。

龙穴港池

坞内管节预制区

项目营地

混凝土搅拌站

黄埔文冲造船厂

图7.1　管节预制施工总平面布置

7.2.1　工程特点

该工程除了具有规模大、难度高、工期紧、风险大和社会关注度高等超大型工程普遍具有的特点外,还具有主体结构形式新、水上水下作业多和施工阶段增设施工图联合设计等特点。

（1）主体结构形式新

深中通道沉管隧道管节在国内首次采用矩形双层钢壳内部填充混凝土的"三明治"结构形式,要建成世界首例的双向八车道的高速公路沉管隧道,其设计理论、新设备、施工工艺、质量验收标准等在国内无成熟的经验或可直接参照使用的规范,需要对国内外已有的建设成果和经验进行消化吸收再创新,实现跨越式发展。

（2）水上水下作业多

工程中水上水下施工内容众多,如管节二次舾装、管节水密性检验等作业需要在水上进行;管节运输航道开挖、基础垫层铺设、管节沉放安装、锁定与覆盖回填作业等,则需要在水下实施,作业最大水深达30 m。水上水下作业比陆上施工测量条件差,易受水文气象条件的影响,并与外部航运船只存在一定的相互干扰,存在较多的不确定因素和安全风险。

（3）施工图联合设计

大型沉管隧道工程的另一特点是施工方案与施工组织设计确定后,施工图设计才能真正确定。在施工队伍进场后,需结合自身的技术优势和装备资源,在优化施工方案的同时与设计单位进行联合设计,进一步优化和细化施工图设计。

7.2.2 施工重点、难点及其应对策略

综合考虑实际施工过程中所遇到的问题,将深中通道沉管隧道施工的重点、难点及应对措施列于表 7.2 中,以供参考学习。

表 7.2 深中通道沉管隧道施工的重难点及应对措施

序号	重难点	工程重难点分析	应对措施
1	接口多、管理复杂	(1) 与设计单位进行联合设计; (2) 与 GK02 合同段钢壳生产存在工序接口,钢壳总拼完成后再进行混凝土浇筑,需提前进行辅助设施预留预埋; (3) 与沉管 S09 合同段存在沉管基槽交接、最终接头对接接口以及气象窗口协调; (4) 与东岛 S03 标存在堰筑段对接段接口; (5) 与海事部门协调在浮运航道转换、通航管理等事宜; (6) 与第三方混凝土脱空检测存在交叉作业	(1) 提前规划联合设计需求,合理提出诉求,加强同业主及设计单位的沟通与协调; (2) 在业主的统筹规划下,确保钢壳制作完成节点满足本标段施工衔接要求,钢壳移交达到验收标准; (3) 加强同 S09、S03 标段的有效沟通; (4) 加强与海事部门的联系,保障海事通航方面的接口工作顺利进行
2	自密实混凝土配制	单个标准管节隔仓数量超过 2000 个,隔仓型号多达 17 种,混凝土用量约 2.9 万 m^3,自密实混凝土性能要求高,性能易受材料品质、环境、时间影响,工艺参数控制及施工组织难度大	(1) 开展钢壳混凝土足尺模型试验研究,稳定材料参数,严格把控原材料参数、混凝土运输及浇筑过程中的性能; (2) 制定并落实品质管理制度,确保混凝土性能符合设计要求
3	钢壳混凝土浇筑工艺及设备研发	混凝土浇筑过程中混凝土原材料、制备流程及工作性能、出机温度、入仓温度、浇筑速度等参数均会影响浇筑质量。钢壳结构也易受温度影响,即应考虑混凝土水化热和受力变形等因素	(1) 为保障自密实混凝土的浇筑质量和工效,研发智能浇筑设备,并结合 BIM 技术研发涵盖混凝土生产、运输、浇筑检测全过程的信息管理系统; (2) 选取合理的浇筑顺序,控制管节变形
4	钢壳混凝土脱空检测	钢壳结构复杂且尺寸庞大,浇筑后补焊位置多,检测工作量大、周期长。钢板厚度大(14~40 mm);浇筑后脱空无损检测难度大、时间长,国内仍缺乏成熟且高效的检测手段,后续缺陷检测及修复难度大	(1) 配合业主完善自密实混凝土缺陷检测工作,及时修复; (2) 合理协调作业工序

序号	重难点	工程重难点分析	应对措施
5	碎石基床铺设	（1）本标段管节碎石基床面超宽、变宽，要求碎石基床铺设设备可适应从 60 m 到 50 m 变宽的基床面铺设作业要求； （2）东岛侧自然水深浅，回淤强度大，外部水沙条件复杂，水沙条件变化（如洪水、临近水域采砂活动、台风等）易引起基槽突淤，对基床铺设工效及基床面清淤技术要求高	（1）在以往工程基础铺设施工装备的基础上，研发适用于深中通道工程超大、变宽基床面的专用碎石基础整平清淤装备； （2）根据回淤强度大的特点选取合适的施工窗口期，提高基础铺设工效，减少回淤量； （3）加强回淤检测，发现回淤量超过技术标准时，及时展开清淤工作，保证碎石基础的铺设质量
6	管节监控量测	（1）施工区域远离陆地，水上测量平台施工受风浪等影响，使得建立准确的平面控制基准难度大，长距离跨海高程传递难度大； （2）深水长距离条件的沉管水下定位测控难度大，洞内贯通测量精度要求高	（1）施工过程中定期对控制基准点加强动态监测，同时加强前期的控制网的检测与复测； （2）开展测量风险管理和标准化管理，优化水下定位及贯通测量技术，提高控制精度，在沉管安装过程中做好线性及管节运动姿态控制
7	管节浮运和沉放窗口分析预报	（1）管节超宽、变宽，管节浮运时下方净空小，拖航阻力大； （2）非标准管节的不对称性明显，增加了管节拖航操控难度； （3）管节浮运航道斜插段、横拖段距离长，管节横拖作业时间长，拖力需求大、拖轮编队作业协同性要求高； （4）浮运沉放的气象作业窗口期有限，容错率低	（1）需联合科研单位进一步收集并分析区域内水文、气象、潮流、泥沙等资料，做好气象窗口预报准备工作，选择合适的作业窗口期； （2）委托科研单位展开管节浮运的拖航阻力研究，并分析管节偏航时的纠偏运动响应，为航道尺度设计提供依据，确保管节浮运航道有足够的有效宽度和深度； （3）管节出运前，对管节浮运航道全线进行水深扫测，确保水深、宽度足够，不合格处立即处理； （4）管节浮运期间应用精准导航系统，使整个浮运作业过程中各拖轮、管节位置及航道边线可视，一旦发现偏航即可采取纠偏措施； （5）成立通航管理领导小组，组织编制《施工期通航组织管理方案》等方案与应急预案，并组织学习或在现场进行应急演练； （6）采用精度高、可靠性强的管节沉放对接测量系统；充分考虑东岛附近机场干扰的因素，配置备用测量系统；采取多种测量监控手段，确保管节沉放对接过程可控

续表 7.2

序号	重难点	工程重难点分析	应对措施
8	管节沉放安装对接	(1) 管节安装为水下施工对接作业,安装对接主要依靠设备的性能及专业技术人员的操作把控; (2) 水流的流速、流态及波浪对管节对接时超宽、非对称管节的姿态控制有较大的影响	(1) 结合气象窗口预报需精准预报安装作业小窗口,采用先进的安装设备和精准可靠的测控定位系统,利用智能指挥辅助决策系统软件,实现沉放安装过程管节相对位置可视化模型成像; (2) 配备足够的经验丰富的潜水员辅助沉管安装精度控制
9	通航安全管理	(1) 龙穴至隧址水域范围内属于珠江口水域,两岸分布多个港口,水上交通繁忙,多条航道、多个船舶防台锚地、船舶转运货锚地分布其中; (2) 管节浮运航道不可避免地将利用部分航道、穿越部分航道、穿越部分锚地。同时隧址处也与深圳机场航道等小型船舶航道有交叉	(1) 协调与各通航管理部门的工作对接;与船厂、港口生产企业等沟通协调,获取通过施工水域的船舶信息; (2) 针对航道疏浚、管节运输、管节浮运、施工大型船舶通过等向通航管理部门申请发布航行警(通)告; (3) 合理规划施工工期,选择自动化、智能化程度高的大型高效船舶参与作业,减少同时作业的船舶数量

7.3 施工技术标准

(1) 公路等级:双向八车道高速公路。

(2) 设计时速:100 km/h。

(3) 行车道孔建筑限界:净宽 2×[0.75(左侧检修道)+0.75(左侧侧向宽度)+4×3.75(行车道)+1.0(右侧侧向宽度)+0.5(右侧余宽)]=2×18 m;净高 5.0 m。

(4) 汽车荷载:《公路桥涵设计通用规范》(JTG D60—2015)公路-Ⅰ级。

(5) 主体结构使用年限:100 年。

(6) 主体结构安全等级:一级。

(7) 主体结构防水等级:一级。

(8) 主体结构耐火等级:一类隧道,按 RABT 标准升温曲线要求,耐火极限不低于 2 h。在耐火极限时间内,混凝土表面不大于 380 ℃,钢壳表面温度不大于 300 ℃;橡胶止水带温度不得持续 1 小时以上超过 100 ℃ 或不得持续 2 小时以上超过 70 ℃,且其最高温度不得超过 150 ℃。

(9) 结构抗震:按 100 年超越概率为 10% 进行抗震验算。

(10) 管节抗浮安全系数:

① 管节沉放期间:1.01~1.02;

② 管节沉放就位后:≥1.05;

③ 管节回填覆盖完成后:≥1.15。

(11) 浮运时管节的干舷高度:≥15 cm。

7.4 钢壳沉管隧道结构设计

深中通道钢壳混凝土沉管段总长 5035 m,拟划分为 33 个节段(26×165 m＋6×123.8 m ＋2.2 m),标准横断面尺寸为 46.0 m×10.6 m,钢壳管节总重约 32 万 t,混凝土用量约为 93.5 万 m³。工程规模和结构尺寸均为世界第一,钢壳沉管标准横断面布置如图 7.2 所示。

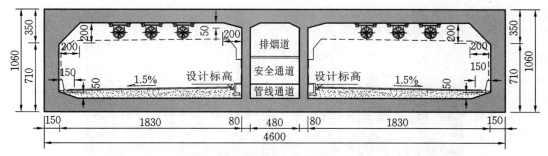

图 7.2 钢壳沉管标准横断面示意图(单位:cm)

沉管隧道采用钢壳混凝土组合结构,钢壳构造主要由内外面板、横纵隔板、横纵加劲肋 及焊钉组成。内外面板和横纵隔板连接成受力整体、形成混凝土浇筑独立隔仓;纵向加劲肋 采用 T 型钢及角钢,与焊钉共同作用以保证面板与混凝土的有效连接,纵向加劲肋与横向 扁肋共同作用增强面板刚度,隔仓上预留浇筑孔和排气孔,混凝土浇筑完成后进行等强水密 封堵。钢壳结构形式如图 7.3 所示。

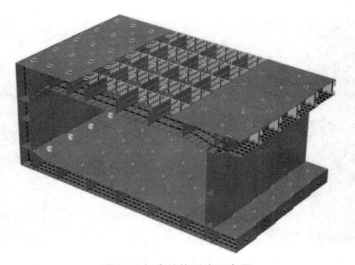

图 7.3 钢壳结构形式示意图

7.5 管节自密实混凝土施工工艺选择

管节底板采用"混凝土运输钢通道＋混凝土运输车＋漏斗导管＋浇筑台车"的施工工艺浇筑，中管廊底板采用浇筑小车浇筑，墙体及顶板采用"拖泵＋布料机"的施工工艺浇筑。具体步骤为：

（1）钢壳总拼及坞墩安装：管节浇筑前，管节坞墩定位安装及钢壳小环段总拼，如图7.4所示。

图7.4 钢壳总拼及坞墩安装

（2）管节行车道孔底板浇筑：在管面搭设混凝土运输钢通道，运输混凝土至管内智能浇筑台车料斗内，进行行车道孔底板浇筑，如图7.5所示。

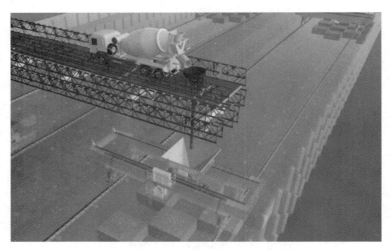

图7.5 管节行车道孔底板浇筑

（3）中管廊底板浇筑：安装中管廊底板浇筑小车，利用管面下料贯通孔，运输混凝土至中管廊浇筑小车料斗内，实现管廊底板浇筑，如图7.6所示。

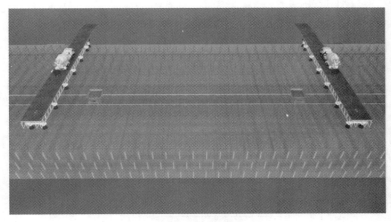

图 7.6　中管廊底板浇筑

　　（4）墙体及顶板浇筑：采用"拖泵＋布料机"的施工工艺浇筑管节墙体及顶板，如图 7.7 所示。

图 7.7　墙体及顶板浇筑

7.6　管节混凝土浇筑方案

　　标段管节预制包括 4 节二类标准管节和 5 节非标准管节，混凝土总方量为 23.67 万 m³。管节底板浇筑拟采用"钢通道＋混凝土搅拌运输车＋漏斗＋智能浇筑台车"施工工艺，墙体及顶板浇筑拟采用"拖泵＋布料机"施工工艺。

　　（1）工艺流程

　　单节管节预制施工流程如图 7.8 所示。

　　（2）浇筑的总体原则

　　综合考虑足尺模型浇筑的试验总结及管节浇筑过程结构受力分析等因素，本工程的浇筑主要遵循以下几点原则：

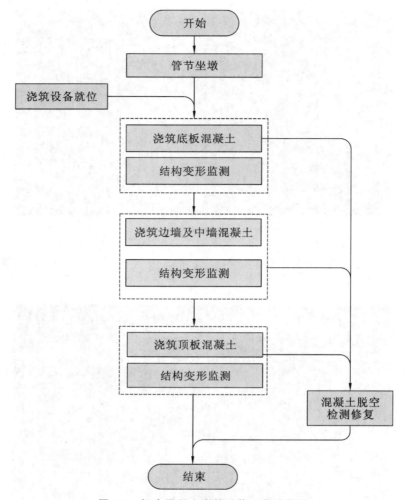

图 7.8　钢壳混凝土浇筑总体工艺流程图

① 管节浇筑按部位分 3 次浇筑成型,先浇筑底板,后浇筑墙体及顶板,最后浇筑端钢壳,如图 7.9 所示。

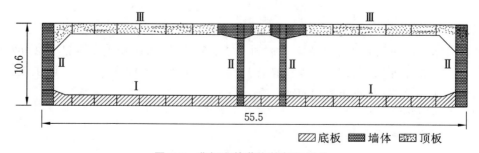

图 7.9　非标准管节浇筑部位划分

② 为避免大体积水化热影响,隔仓浇筑采用跳仓或跳区域、对称浇筑。

7.7   施工应用效果

从 2020 年 7 月 25 日,深中通道 S08 标首节沉管 E32 管节顺利出坞,至 2022 年 7 月 1 日,深中通道 S08 标最后一节沉管 E24 管节顺利出坞,深中通道工程共完成了近 25 万 m³ 钢壳沉管自密实混凝土的浇筑工作。深中通道沉管隧道为国内首次大规模采用内外钢壳加中间填充自密实混凝土的"三明治"结构,施工技术难度大。同时,管节对自密实混凝土性能要求非常严格,需采用一种与施工环境条件相适应的自密实混凝土浇筑工艺,以满足管节预制需求。深中通道工程针对深中通道沉管管节特定的结构型式,结合预制场选址条件,因地制宜地提出了钢壳沉管自密实混凝土浇筑关键技术。该技术在研制智能浇筑台车和折臂布料机的基础上联合"BIM+物联网+智能传感"的信息化和自动化技术,有效解决了管节预制过程中混凝土性能控制难度大及管节浇筑参数难控制等问题,大幅节约了人工成本,提高了施工效率,减少了浇筑过程中人为因素引起的质量风险及机械伤害,有利于提高管节预制质量、降低施工安全风险。

要使钢壳沉管自密实混凝土在无需振捣的情况下实现在钢壳隔仓内的流动和自动填充密实,就必须严格要求自密实混凝土的工作性能和隔仓浇筑过程的参数控制。为适应船坞内外高差以及尽可能降低自密实混凝土工作性能的损失,管节底板隔仓浇筑采用"混凝土运输钢通道+漏斗+浇筑台车"工艺,墙体和顶板隔仓浇筑采用"混凝土输送泵+布料机"工艺,避免了长距离泵送对混凝土工作性能的影响。通过融合智能化技术,降低了传统人为操作不稳定性因素风险,使得浇筑过程中每一个关键参数均能得到有效控制,从而保障管节的浇筑质量。管节浇筑智能管理系统可实现原材料库存、混凝土生产、混凝土指标检测、混凝土智能浇筑及视频监控等工序的统一协调管理,有助于工程项目提质增效和实现多元化管理模式,从而减少人力资源投入,提高浇筑施工效率、车辆运输效率和资源利用效率。

此外,利用"生死单元"精细三维有限元模拟仿真沉管的浇筑过程,结合混凝土布料施工设备的特点,寻求出满足变形验收条件和提高施工效率的相对最优浇筑顺序,实现了毫米级的变形控制,优化了管节浇筑预制施工方案,大大节约了坞期从而保障总体施工工期。

第三方检测机构对管节隔仓浇筑质量的检测结果表明,结合智能化技术的两种自密实混凝土浇筑施工工艺,均可有效保证管节隔仓浇筑密实度,实施效果良好。

参 考 文 献

[1] OKAMURA H. Self-compacting high-performance Concrete[J]. Concrete International, 1997, 19 (7): 50-54.

[2] OKAMURA H, OUCHI M. Self-compacting Concrete—development, present use and future, RILEM [A]. In: SKARENDAHLA, PETERSSONO eds. Proceedings of 1st International RILEM Symposium on Self-Compacting Concrete, Paris: RILEM Publication SARL, 1999: 3-14.

[3] OKAMURA H, OUCHI M. Self-compacting concrete[J]. Journal of Advanced Concrete Technology, 2003, 1(1): 5-15.

[4] OZAWA K, MAEKAWA K, KUNISHIMA M, et al. Development of high performance concrete based on the durability design of concrete structures[C]. The Second East-Asia and Pacific Concrete on Structural Engineering and Construction (EASEC-2), Tokyo, Japan, 1989: 445-450.

[5] ATTIOGBE E K, SEE H T, DACZKO J A. Engineering properties of self-consolidating concrete. In: Proceedings of the 1st North American conference on the design and use of SCC[C]. Chicago, 2002: 331-336.

[6] BILLBERG P. Development of SCC static yield stress at rest and its effect on the lateral form pressure. In: SCC 2005, combining the second North American conference on the design and use of self-consolidating concrete and the fourth international RILEM symposium on self-compacting concrete[C]. RILEM Publications SARL, 2005: 583-589.

[7] 德国标准化学会(DE-DIN). 混凝土. 第 9 部分: 自密实混凝土(SCC)的附加规范. 德文版本 EN 206-9-2010[S]. 德国, 2010.

[8] 德国标准化学会(DE-DIN). 新拌混凝土试验. 第 3 部分: 维比稠度试验. 德文版本 EN 12350-3-1999[S]. 德国, 2009.

[9] 陈宗严. 发展密实混凝土的意义和措施[J]. 土木工程学报, 1995, 28(2): 72-75.

[10] 刘运华, 谢友均, 龙广成. 自密实混凝土研究进展[J]. 硅酸盐学报, 2007(5): 671-678.

[11] 王栋民. 自密实混凝土(SCC)从科研向应用的转化——《自密实混凝土应用技术规程》CECS203: 2006 介绍[J]. 商品混凝土, 2007(1): 48-51.

[12] 中国土木工程学会标准. 自密实混凝土设计与施工指南: CECS 02—2004[S]. 北京: 中国建筑工业出版社, 2012.

[13] 中华人民共和国住房和城乡建设部. 自密实混凝土应用技术规程: JGJ/T 283—2012 [S]. 北京: 中国建筑工业出版社, 2012.

[14] ZENDA A A, MOMIN A I A, KHADIRANAIKAR R B, et al. Mechanical properties of high-strength self-compacting Concrete[J]. ACS Omega, 2023, 8(20): 180-188.

[15] BARI J A, KRITHIGA K S. Self-compacting Concrete: A Review [J]. Lecture Notes in Civil Engineering, 2021, 78: 377-386.

[16] MAHAKAVI P, CHITHRA R. Impact resistance, microstructures and digital image processing on self-compacting concrete with hooked end and crimped steel fiber[J]. Construction and Building Materials, 2019, 220: 651-666.

[17] SAHMARAN M,YAMAN I O.Hybrid fiber reinforced self-compacting concrete with a high-volume coarse fly ash[J].Construction and Building Materials,2007,21(1):150-156.

[18] PARVIZ S, KI-BONG C, ABDULAZIZ A.Dynamic constitutive behavior of concrete[J].Journal Proceedings,1986,83(2):251-259.

[19] LEE K,CHAN D,LAM K.Constitutive model for cement treated clay in a critical state frame work[J]. The Japanese Geotechnical Society,2004,44(3):69-77.

[20] EZELDIN A S, BALAGURU P N. Normal and high-strength fiber-reinforced concrete under compression[J].Journal of Materials in Civil Engineering,1992,4(4):415-429.

[21] EZELDIN A S.Optimum design of reinforced fiber concrete subjected to bending and geometrical constraints[J].Computers and Structures,1991,41(5):1095-1100.

[22] BALAGURU P.Fiber-reinforced-plastic (FRP) Reinforcement for concrete structures:Properties and applications[J].Cement and Concrete Composites,1994,16(1):65-66.

[23] NAJM H,BALAGURU P.Effect of large-diameter polymeric fibers on shrinkage cracking of cement composites[J].Materials Journal,2002,99(4):345-351.

[24] TATTERSALL G H,BANFILL P.The rheology of fresh concrete[M].Pitman:Advanced Publishing Program,1983.

[25] BIRD R B,DAI G C,YARUSSO B J.The rheology and flow of viscoplastic materials[J].Reviews in Chemical Engineering,1983,1(1):1-70.

[26] CHIDIAC S E, MAHMOODZADEH F. Plastic viscosity of fresh concrete-a critical review of predictions methods[J].Cement and Concrete Composites,2009,31(8):535-544.

[27] DE LARRARD F, FERRARIS C F, SEDRAN T.Fresh concrete: a Herschel-Bulkley material[J]. Materials and Structures,1998,31(7):494-498.

[28] SCHOWALTER W R, CHRISTENSEN G. Toward a rationalization of the slump test for fresh concrete:Comparisons of calculations and experiments[J].Journal of Rheology,1998,42(4):865-870.

[29] ROUSSEL K N.Properties of fresh and hardened concrete[J].Cement and Concrete Research,2011,41 (7):775-792.

[30] NG I Y T, WONG H H C, KWAN A K H. Passing ability and segregation stability of self-consolidating concrete with different aggregate proportions[J].Magazine of Concrete Research,2006, 58(7):447-457.

[31] NOGUCHI T,OH S G,TOMOSAWA F.Rheological approach to passing ability between reinforcing bars of self-compacting concrete[C] //SKARENDAHL A,PETERSSON O.Proceedings of the First International RILEM Symposium on Self-Compacting Concrete.Stockholm,Sweden,1999:59-70.

[32] ROUSSEL N,NGUYEN T L H,YAZOGHLI O,et al.Passing ability of fresh concrete:A probabilistic approach[J].Cement and Concrete Research,2009,39(3):227-232.

[33] ZURIGUEL I,GARCIMARTIN A,MAZA D,et al.Jamming during the discharge of granular matter from a silo[J].Physical Review E,2005,71(5):51-58.

[34] KHAYAT K H,ASSAAD J,DACZKO J.Comparison of field-oriented test methods to assess dynamic stability of self-consolidating concrete[J].Materials Journal,2004,101(2):168-176.

[35] VANHOVE Y, DJELAL C, SCHWENDENMANN G, et al. Study of self consolidating concretes stability during their placement[J].Construction and Building Materials,2012,35:101-108.

[36] SAAK A W,JENNINGS H M,SHAH S P.New methodology for designing self-compacting concrete [J].Materials Journal,2001,98(6):429-439.

[37] 吴玉杰,姜国庆.实用型自密实高性能混凝土配制技术[J].混凝土与水泥制品,2000(5):49-50.

[38] 刘娜.自密实混凝土配制及剪切性能研究[D].湖南大学,2011.

[39] 李悦.自密实混凝土技术与工程应用[M].北京:中国电力出版社,2013.

[40] 吕卫清,王胜年,吕黄,等.钢壳沉管自密实混凝土配制技术研究[J].硅酸盐通报,2016,35(12):3952-3958.

[41] LONG G C,GAO Y,XIE Y J.Designing more sustainable and greener self-compacting concrete[J].Construction and Building Materials,2015,84:301-306.

[42] FERRARA L,PARK Y D,SHAH S P.A method for mix-design of fiber-reinforced self-compacting concrete[J].Cement & Concrete Research,2007,37(6):957-971.

[43] PARATIBHA A,RAFAT S,YOGESH A,et al.Self-compacting concrete - procedure for mix design [J].Leonardo Electronic Journal of Practices & Technologies,2008,7(12):15-24.

[44] PEREIRA E N B,BARROS J A O,CAMOES A.Steel fiber-reinforced self-compacting concrete: Experimental research and numerical simulation[J].Journal of Structural Engineering,2008,134(8):1310-1321.

[45] TUTIKIAN B F,MOLIN D D,CREMONINI R A.A practical mix design method for self-compacting concrete[C] // 5th Aci/canmet/ibracon International Conference on High-performance Concrete Structures and Materials,2008.

[46] LE H T,MÜLLER M,SIEWERT K,et al.The mix design for self-compacting high performance concrete containing various mineral admixtures[J].Materials & Design,2015,72(5):51-62.

[47] DANISH P,GANESH G M.Self-compacting concrete—optimization of mix design procedure by the modifications of rational method[C] //3rd International Conference on Innovative Technologies for Clean and Sustainable Development:ITCSD 2020 3.Springer International Publishing,2021:369-396.

[48] EFNARC.Specification and Guidelines for Self-Compacting Concrete [S].https://efnarc.org/publications.

[49] SEDRAN T.Rheologie et rheometrie des betons.Application aux betons autonivelants[D].Universite de soutenance,1999.

[50] DE LARRARD F.Concrete mixture proportioning:a scientific approach [M].London:Taylor & Francis,1999.

[51] MU E B,KUDER K G,OZYURT N,et al.Rheology of fiber-reinforced cementitious materials[J].Cement & Concrete Research,2007,37(2):191-199.

[52] OH S G,NOGUCHI T,TOMOSAWA F.Toward mix design for rheology of self-compacting concrete [A]. 1st International RILEM Symposium on Self-compacting Concrete [C].Cachan:RILEM Publications,1999:361-372.

[53] BUI V K,SHAH S P,GEIKER M R.Rheology of fiber-reinforced cementitious materials[A].4th International RILEM Workshop on High Performance Fiber Reinforced Cement Composites (HPFRCC4)[C].Bagneux:RILEM Publications,2003:221-232.

[54] KHAYAT K H,HWANG S D,LEMIEUX G,et al.Guidelines for design and construction of self-consolidating concrete for precast,prestressed concrete members[C] // International Symposium on Cement and Concrete,2010.

[55] KHAYAT K H,GHEZAL A,HADRICHE M S.Factorial design model for proportioning self-consolidating concrete[J].Materials and Structures,1999,32(9):679-686.

[56] KHAYAT K H,SONEBI M,YAHIA A,et al.Statistical models to predict flowability, washout

resistance, and strength of underwater concrete[C] // RILEM Int. Conf. on Production Methods and Workability of Concrete, Rilem report 32,1996.

[57] ROONEY M, BARTOS P. In-situ compressive strength of self-compacting concrete[J]. Concrete,2002, 36(3):48-49.

[58] KASEMCHAISIRI R, TANGTERMSIRIKUL S. Properties of self-compacting concrete incorporating bottom ash as a partial replacement of fine aggregate[J]. Science Asia,2008,34(1):87-95.

[59] KASEMCHAISIRI R, TANGTERMSIRIKUL S. A method to determine water retainability of porous fine aggregate for design and quality control of fresh concrete[J]. Construction and Building Materials, 2007,21(6):1322-1334.

[60] 李崇智,李永德,冯乃谦.聚羧酸系高性能减水剂的研制及其性能[J].混凝土与水泥制品,2002(2): 3-6.

[61] 杨钱荣,张树青,杨全兵,等.引气剂对混凝土气泡特征参数的影响[J].同济大学学报(自然科学版), 2008(3):374-378.

[62] 张帅,张英华.增稠剂对超高韧性纤维增强水泥基复合材料性能的影响[J].混凝土与水泥制品,2008 (1):34-37.

[63] 胡曙光,丁庆军.钢管混凝土[M].北京:人民交通出版社,2007.

[64] SANO Q, SHIGEKI B. Development of semi-selfcompacting concrete that is filled in composite structural members of immersed tube unit for immersed tunnel[J]. Cement and Concrete,2005 (698): 25-32.

[65] 陈伟乐,宋神友,金文良,等.深中通道钢壳混凝土沉管隧道智能建造体系策划与实践[J].隧道建设(中英文),2020,40(4):465-474.

[66] 余志武,潘志宏,谢友均,等.浅谈自密实高性能混凝土配合比的计算方法[J].混凝土,2004(1):54-57,67.

[67] NORIYUKI N, HIDEKI T, MAKOTO I, et al. Properties of super workable concrete with fine grained live stone on rc arch bridge-jyoshin-etsu high way kangawa bridge part-2[J]. Proceedings of Annual Conference of the Japan Society of Civil Engineers,1995(50):1034-1035.

[68] HIDEKI T, YASUHIRO M, NORIYUKI N, et al. Field mearuenent of super workable concrete with fine grained limistone on rc arch bridge-jyoshin-etsu high way kangawa bridge part-3[J]. Proceedings of Annual Conference of the Japan Society of Civil Engineers,1995(50):1160-1161.

[69] BABA S, ISHIDA K, SUZUKI K, et al. Experimental study on self-compactable concrete with segregation controlling admixture:part 9. Compressive strength, static modulus of elasticity, resistance to freezing, carbonation, drying shrinkage [C] // Summaries of Technical Papers of Meeting Architectural Institute of Japan A. Architectural Institute of Japan,1995.

[70] TAKAHASHI H, NISHIDA N, SONOYAMA T, et al. Inspection method and self-compactability of high-fluidity concrete in a model of sandwich composite structure construction[J]. Doboku Gakkai Ronbunshu,2000(651):11-26.

[71] HIDEO K, OSAMU K, HIDEO W, et al. The bending test of steel-concrete sandwich beam that has unfilled part with concrete [J]. Proceedings of Annual Conference of the Japan Society of Civil Engineers,1995(50):874-875.

[72] HIDEO W, OSAMU K, HIDEO K. The shearing test of steel-concrete sandwich beam that has unfilled part with concrete[J]. Proceedings of Annual Conference of the Japan Society of Civil Engineers,1995 (50):876-877.

[73] TADAKI Y,TANAKA R,DAFANG L,et al.Experimental and analytical study on HHRC structure part 12：Seismic loading tests of one span-two stories frame reinforced with high strength reinforcements I[C] // Summaries of Technical Papers of Meeting Architectural Institute of Japan Structures II.Architectural Institute of Japan,1994.

[74] 王燕谋,苏慕珍,张量.硫铝酸盐水泥的分类及其各品种间的区别[J].中国水泥,2007(2)：32-36.

[75] 韩磊.硫铝酸盐水泥基胶凝材料的研究[D].武汉理工大学,2015.

[76] 施惠生,黄小亚.硅酸盐水泥水化热的研究及其进展[J].水泥,2009(12)：4-10.

[77] 阎培渝,郑峰.水泥基材料的水化动力学模型[J].硅酸盐学报,2006(5)：555-559.

[78] 吕鹏,翟建平,聂荣,等.环境扫描电镜用于硅酸盐水泥早期水化的研究[J].硅酸盐学报,2004(4)：530-536.

[79] 钱觉时,吴传明,王智.粉煤灰的矿物组成(上)[J].粉煤灰综合利用,2001(1)：26-31.

[80] 沈旦申,张荫济.粉煤灰效应的探讨[J].硅酸盐学报,1981(1)：57-63.

[81] 姜奉华.碱激发矿渣微粉胶凝材料的组成、结构和性能的研究[D].西安建筑科技大学,2008.

[82] 潘庆林.粒化高炉矿渣的水化机理探讨[J].水泥,2004(9)：6-10.

[83] 李顺,余其俊,韦江雄.聚羧酸减水剂的分子结构对水泥水化过程的影响[J].硅酸盐学报,2012(4)：613-619.

[84] LI C,LI Y,FENG N.Development and properties of polycarbosylic type high performance water-reducer[J].China Concrete and Cement Products,2002,2：3-6.

[85] JIN L X,SONG W M,SHU X,et al.Use of water reducer to enhance the mechanical and durability properties of cement-treated soil[J].Construction and Building Materials,2018,159：690-694.

[86] 钟善桐.钢管混凝土结构[M].哈尔滨：黑龙江科技出版社,1994.

[87] 李超,丁庆军.新型硫铝酸钙类膨胀剂的研究及其应用[J].新型建筑材料,2015,42(2)：37-40,60.

[88] 江云安,王延生,马魁宏.铝酸钙膨胀剂的性能与应用[J].中国建材科技,1994(1)：31-35.

[89] 李建杰.铝酸钙膨胀剂的性能及水化机理[J].山东建材,2007(4)：21-25.

[90] 孙江安.明矾石膨胀剂性能与作用机理[J].化学建材,1995(2)：74-75.

[91] 宋神友,聂建国,徐国平,等.双钢板-混凝土组合结构在沉管隧道中的发展与应用[J].土木工程学报,2019,52(4)：109-120.

[92] AHMAD,S,UMAR A,MASOOD A.Properties of normal concrete,self-compacting concrete and glass fibre-reinforced self-compacting concrete：An experimental study[J].Procedia Engineering,2017,173：807-813.

[93] 韩先福,李清和,段雄辉,等.免振捣自密实混凝土的研制与应用[J].混凝土,1996(6)：4-15.

[94] 吴红娟,李志国.自密实混凝土及其工作性评价[J].武汉工业学院学报,2004(2)：68-72.

[95] 吴红娟,左金库.自密实混凝土配合比设计方法研究[J].混凝土,2008(6)：77-79,93.

[96] DOMONE P L.Self-compacting concrete：An analysis of 11 years of case studies[J].Cement and Concrete Composites,2006,28(2)：197-208.

[97] ALBERTI M G,ENFEDAQUE A,GÁLVEZ J C.The effect of fibres in the rheology of self-compacting concrete[J].Construction and Building Materials,2019(219)：144-153.

[98] 王彭生,黄文慧,嵇廷,等.深中通道钢壳管节自密实混凝土制备及浇筑技术[J].隧道建设(中英文),2021,41(6)：1039-1046.

[99] American Concrete Institute.Guide for modeling and calculating shrinkage and creep in hardened concrete[S].Michigan：American Concrete Institute,2008.

[100] GILLILAND J A.Thermal and shrinkage effects in high performance concrete structures during

construction[D].University of Calgary.2001.

[101] BAZANT Z P,PANULA L.Practical prediction of time-dependent deformation of concrete[J]. Materials and Structures,1978(9):317-328.

[102] GARDNER N J,LOCKMAN M J.Design provisions for drying shrinkage and creep of normal strength concrete[J].ACI Materials Journal,2001,98(2):159-167.

[103] CEN national member.Eurocode 2:Design of concrete structures(Part 1-1):General rules and rules for buildings:BS EN 1992-1-1:2014[S].Brussels:European Committee for Standardization,2014.

[104] CEN national member.Eurocode 2:Design of concrete structures(Part 2):Concrete bridges-design and detailing rules:BS EN 1992-2:2005[S].Brussels:European Committee for Standardization,2005.

[105] American Association of State Highway & Transportation Officials.Aashto Lrfd bridge design specifications:978-1-56051-493-1 [S].Washington:American Association of State Highway and Transportation Officials,2010.

[106] Japan Society of Civil Engineers.Standard specifications for concrete structure(2007):978-4-8106-0752-9[S].Tokyo:Japan Society of Civil Engineers,2010.

[107] 中华人民共和国交通运输部.公路钢筋混凝土及预应力混凝土桥涵设计规范:JTG 3362—2018 [S]. 北京:人民交通出版社,2018.

[108] 王铁梦.工程结构裂缝控制[M].北京:中国建筑工业出版社,1997.

[109] 邵正明,张超,仲晓林,等.国外减缩剂技术的发展与应用[J].混凝土,2000(10):60-63.

[110] 韩建国,杨富民.混凝土减缩剂的作用机理及其应用效果[J].混凝土,2001(4):25-29.

[111] 刘加平,田倩,唐明述.膨胀剂和减缩剂对于高性能混凝土收缩开裂的影响[J].东南大学学报(自然科 学版),2006(A2):195-199.

[112] 钱春香,耿飞,李丽.减缩剂的作用及其机理[J].功能材料,2006,37(2):287-292.

[113] 乔墩.减缩剂对水泥基材料收缩抑制作用及机理研究[D].重庆大学,2010.

[114] 张志宾,徐玲玲,唐明述.减缩剂对水泥基材料水化和孔结构的影响(英文)[J].硅酸盐学报,2009(7): 1244-1248.

[115] 郝兵,赵文丽,臧圣国.水化热抑制剂对大体积混凝土性能的影响研究[J].建筑技术,2017,48(10): 1073-1075.

[116] 王文彬,谢彪,苏忠纯,等.混凝土水化温升抑制剂对深中通道大体积混凝土性能影响的研究[J].隧道 与轨道交通,2021(A2):45-48.

[117] 辜振睿,刘晓琴,王海龙.水化热抑制剂对水泥水化的调控作用[J].新型建筑材料,2021,48(8):47-50,54.

[118] 刘方华.水化温升抑制剂在大体积混凝土中的应用[J].公路,2022,67(3):143-147.

[119] 薛峰,王瑞,王文彬,等.水剂混凝土水化温升抑制剂的制备工艺研究[J].广州化工,2019,47(19): 53-56.

[120] 彭英俊,赵伟.钢壳沉管自密实混凝土浇筑质量控制[J].广东公路交通,2022,48(2):38-43.

[121] 张守祺,傅宇方,赵尚传,等.浇筑密实度和均匀度对结构混凝土耐久性的影响[J].建筑材料学报, 2014(5):797-803.

[122] 李韶江.大体积混凝土施工技术质量控制要点探讨[J].中国城市经济,2011(14):230,232.

[123] SHI C J,WU Z M,LV K X,et al.A review on mixture design methods for self-compacting concrete [J].Construction and Building Materials,2015(84):387-398.

[124] BARLUENGA G,GIMÉNEZ M,RODRÍGUEZ A,et al.Quality control parameters for on-site evaluation of pumped self-compacting concrete[J].Construction and Building Materials,2017(154):

1112-1120.

[125] 陈灿,王雪刚,范志宏,等.大断面钢壳自密实混凝土管节浮态浇筑模型试验研究[J].硅酸盐通报,2021,40(4):1238-1242,1265.

[126] 林鸣,林巍,刘晓东,等.日本交通沉管隧道的发展与经验[J].水道港口,2017,38(1):1-7.

[127] 林巍,林鸣,梁杰忠,等.沉管隧道整体管节工厂预制方法[J].中国港湾建设,2021,41(2):7.

[128] 马得森,王伟,锁旭宏,等.钢壳沉管管内舾装件拆除工艺[J].中国港湾建设,2021,41(5):56-59,69.

[129] 冷艺,曾俊杰,吕黄,等.钢壳沉管自密实混凝土质量控制研究[J].中国港湾建设,2018,38(9):50-54.

[130] 芮伟国,彭英俊,何涛,等.微膨胀钢壳沉管自密实混凝土的设计[J].武汉理工大学学报,2021,43(4):20-26,56.

[131] 何涛,陈伟乐,吴旭东,等.钢壳沉管自密实混凝土性能指标工艺试验研究[J].施工技术,2021,50(14):58-61,84.

[132] 于方,宋神友,李汉渤,等.钢壳沉管自密实混凝土工作性能评价方法的对比试验研究[J].硅酸盐通报,2021,40(4):1228-1237.

[133] BELATTAR S,RHAZI J,BALLOUTI A E.Non-destructive testing by infrared thermography of the void and honeycomb type defect in the concrete[J].International Journal of Microstructure and Materials Properties,2012,7(2-3):235-253.

[134] CHENG C C,CHENG T M,CHIANG C H.Defect detection of concrete structures using both infrared thermography and elastic waves[J].Automation in Construction,2008,18(1):87-92.

[135] 刘建波,张磊.钢壳沉管混凝土脱空缺陷检测方法试验研究[J].施工技术,2019,48(9):32-35.

[136] 邬晓光,傅立军.钢管混凝土拱桥拱肋脱空缺陷超声波检测定量评估[J].无损检测,2013,35(2):42-45.

[137] 骆勇鹏,谢隆博,廖飞宇,等.基于时序分析理论的钢管混凝土脱空缺陷检测方法研究[J].工业建筑,2019,49(10):48-53.

[138] 陈伟乐,宋神友,金文良,等.深中通道钢壳混凝土沉管隧道智能建造体系策划与实践[J].隧道建设(中英文),2020,40(4):465-474.

[139] 吴旭东,席俊杰,刘辉,等.深中通道钢壳沉管管节自密实混凝土智能化浇筑工艺[J].隧道建设(中英文),2022,42(2):328-335.

[140] 韦东进,陈伟乐,吴旭东,等.深中通道钢壳沉管智能浇筑台车研制及应用[J].公路,2022,67(1):235-240.

[141] 徐国平,黄清飞.深圳至中山跨江通道工程总体设计[J].隧道建设(中英文),2018,38(4):627-637.

[142] 陈越,陈伟乐,宋神友,等.深中通道沉管隧道主要建造技术[J].隧道建设(中英文),2020,40(4):603-610.

[143] 彭英俊,吴旭东,何涛.深圳至中山跨江通道钢壳沉管施工关键技术[J].武汉理工大学学报,2020(12):13-20.

[144] 宋神友,陈伟乐,金文良,等.深中通道工程关键技术及挑战[J].隧道建设(中英文),2020,40(1):143-152.

[145] 金文良,宋神友,陈伟乐,等.深中通道钢壳混凝土沉管隧道总体设计综述[J].中国港湾建设,2021,41(3):35-40.

[146] 邓建林.沈家门港海底沉管隧道浮运、沉放施工控制技术[J].隧道建设,2015,35(9):914-919.

[147] 詹德新,张乐文,赵成璧,等.大型管节水面浮运及沉放数值模拟和可视化实现[J].武汉理工大学学报(交通科学与工程版),2001(1):16-20.

[148] 任朝军,吕黄,苏林王,等.沉管隧道管节沉放实时定位测量技术现状分析[J].现代隧道技术,2012,49(1):44-49.

[149] 陈韶章.沉管隧道设计与施工[M].北京:科学出版社,2002.